OEUVRES
DE
LE SAGE.

TOME XI.

DE L'IMPRIMERIE DE RIGNOUX.

ŒUVRES

DE

LE SAGE.

THÉATRE.

A PARIS,

CHEZ ANTOINE AUGUSTIN RENOUARD.

M. DCCC. XXI.

LE TRAITRE PUNI,

COMÉDIE

EN CINQ ACTES.

(Cette Pièce, qui a pour titre, en espagnol, *la Traicion busca el oastigo*, LA TRAHISON CHERCHE LE CHATIMENT, est de don Francisco de Roxas. Je la traduisis en 1700, et la fis imprimer telle qu'elle est ici. M. Dancourt, dans la suite, la mit en vers, et la donna au Théâtre-François, sous le titre de *la Trahison punie*.)

PERSONNAGES.

DON FÉLIX DE CABRERA, gentilhomme de Valence.
LÉONOR, sa fille.
DON JUAN OSORIO, amant de Léonor.
DON GARCIE DE TORELLAS, cavalier amoureux de Léonor.
DON ANDRÉ D'ALVARADE, cavalier amoureux de Léonor.
ISABELLE, sœur de don Garcie, amie de Léonor.
INÈS, suivante de Léonor.
MOGICON, valet de don André.
GALINDO, valet de don Garcie.

La scène est à Valence.

LE TRAITRE PUNI,

COMÉDIE

EN CINQ ACTES.

ACTE PREMIER.

La scène est chez don André.

SCÈNE PREMIÈRE.

DON ANDRÉ, MOGICON.

MOGICON *fuyant don André qui le suit pour le battre.*

Ahi, ahi, ahi!

DON ANDRÉ.

Je te rouerai de coups, maraud, si jamais tu t'avises....

MOGICON.

Doucement, seigneur don André, doucement.

DON ANDRÉ.

Ou tu me prends pour un grand sot, ou tu me crois bien endurant.

MOGICON.

Pour endurant, non, vous me donnez tous les jours trop de marques du contraire.

DON ANDRÉ.

Coquin, t'ai-je pris pour conseiller ou pour valet?

MOGICON.

Vous ne m'avez pris, je l'avoue, que pour vous servir; mais croyez-moi, mon maître, mes conseils vous sont aussi utiles que mes services. Avec tout le respect que je vous dois, vos mœurs ne sont pas irrépréhensibles, et je crains....

DON ANDRÉ.

Ne vas-tu pas encore moraliser? Oh! je suis las d'un raisonneur comme toi. Je te donne ton congé.

MOGICON.

Est-ce un arrêt définitif?

DON ANDRÉ.

Oui, je te chasse.

MOGICON.

Hé bien! comptons donc, s'il vous plaît.

DON ANDRÉ.

Comment compter? Sais-tu bien que tu m'as plus fatigué par ta morale que tu ne m'as satisfait d'ailleurs? Tu m'en dois de reste, paie-moi toi-même l'ennui que tu m'as causé.

MOGICON.

Prenons un tempérament pour nous accommoder tous deux. Puisque vous ne voulez pas que je moralise, permettez-moi donc de vous faire quelques questions sur votre conduite, qui, sans contredit, est curieuse et nouvelle.

DON ANDRÉ.

Ah! j'y consens; mais point de conseils, monsieur Mogicon.

ACTE I, SCÈNE I.

MOGICON.

Vous aurez contentement. Çà, dites-moi pourquoi vous en contez à toutes les femmes que vous rencontrez. Vous cajolez depuis la plus noble jusqu'à la grisette : les vieilles et les jeunes, tout vous est bon; les unes parce qu'elles ont de l'expérience, et les autres parce qu'elles n'en ont point.

DON ANDRÉ.

Il est vrai que je me suis fait une habitude de paroître amoureux de toutes les femmes que je vois; et que, sans être épris d'aucune d'elles, je me conforme à tous leurs caractères. J'appelle divinité celle dont la beauté me plaît; et, pour m'insinuer dans l'esprit d'une laide, je lui dis qu'elle auroit beaucoup d'amants, si sa vertu ne les éloignoit d'elle.

MOGICON.

Que dites-vous à la sérieuse?

DON ANDRÉ.

Que je suis charmé de sa modestie.

MOGICON.

Fort bien. Et vous badinez avec la badine.

DON ANDRÉ.

Sans doute. J'élève jusqu'aux cieux le mérite de la vertueuse; je l'aborde d'un air composé, et je m'approche de la coquette en petit-maître. Quelle majesté! dis-je à la géante. A la petite, quelle gentillesse! La grosse est une femme qui inspire du respect par sa gravité; la maigre est tout feu; et la folle tout esprit.

MOGICON.

Je me mêle aussi quelquefois de donner de l'encensoir par le nez; et je disois l'autre jour à une tamponne, qui n'a point de taille, que c'étoit un vrai petit peloton de graisse.

DON ANDRÉ.

Tu ne t'y prenois pas mal.

MOGICON.

Tout de bon?

DON ANDRÉ.

Assurément.

MOGICON.

Vivat, Mogicon...... Mais, seigneur don André, quel vernis mettez-vous sur le front des dames surannées.

DON ANDRÉ.

Je vante leur expérience. C'est ainsi que, donnant aux défauts des noms favorables, je trompe toutes les femmes; pendant que je conserve mon cœur libre, je me moque des sottes qui m'aiment, et me ris de celles qui ne m'aiment pas.

MOGICON.

La chose étant comme vous me la contez, je ne vous condamne plus tant. Il n'y a point de mal à cela. Cette occupation vaut bien celle de prendre du tabac en fumée. Il y a autant de solidité dans l'une que dans l'autre. Mais quel plaisir trouvez-vous à faire le galant d'une dame que vous savez engagée avec un autre? Que vous promettez-vous?

DON ANDRÉ.

Tout. Que tu connois peu le génie des femmes! Elles ne sont jamais si prêtes à nous trahir, que quand nous les aimons de bonne foi. Le changement a des appas pour elles.

ACTE I, SCÈNE I.

MOGICON.

Je sais bien qu'il y en a dont le cœur et la tête tournent à tout vent comme une girouette ; mais il en est aussi de moins changeantes et de vertueuses. Et ces dernières ne sont pas plus que les autres à l'abri de vos galanteries.

DON ANDRÉ.

J'en conviens.

MOGICON.

Si quelqu'une vous paroît favoriser les soins d'un cavalier, dont elle a dessein de se faire un époux, vous ne manquez pas aussitôt de la coucher en joue. Si vous ne l'aimez pas, que ne la laissez-vous en repos ? Quel fruit tirez-vous de l'inquiétude que vous causez à son pauvre diable d'amant ?

DON ANDRÉ.

Je le rends jaloux. Je me fais un plaisir extrême de penser que, par mes feints empressements, je mets la division entre l'amant et la maîtresse. Je me le représente qui jure, qui tempête, et qui la bat même quelquefois.

MOGICON.

Oui ; mais vous devez vous représenter aussi la maîtresse qui se radoucit pour l'apaiser, qui le caresse et fait tous les frais de la réconciliation. Croyez-moi, leurs affaires n'en vont pas plus mal.

DON ANDRÉ.

J'avoue que leurs brouilleries ne font souvent que rendre leur amour plus vif.

MOGICON.

Plus vif, oui, plus vif ; mais si, en vous donnant de

pareils divertissements, vous trouviez en votre chemin quelque jeune éventé qui fût aussi prompt à dégaîner qu'à prendre de la jalousie.... hay?

DON ANDRÉ.

Nous nous battrions. Le grand malheur! Est-ce que je ne me suis jamais battu?

MOGICON.

Pardonnez-moi; mais vous n'avez jamais été tué, et si cela vous arrivoit une fois....

DON ANDRÉ.

Je cesserois de vivre; mon pauvre Mogicon, nous sommes tous mortels. Ne faut-il pas mourir tôt ou tard?

MOGICON.

La consolation est touchante...... (On frappe à la porte.) Qui diable frappe à la porte si rudement?

DON ANDRÉ.

Va voir qui c'est.

MOGICON.

Il faut qu'on nous croie sourds...... Qui est là?

(Il ouvre la porte.)

SCÈNE II.

DON ANDRÉ, DON GARCIE, MOGICON.

DON GARCIE entrant.

Don André d'Alvarade y est-il?

MOGICON lui montrant son maître.

Le voilà.

DON ANDRÉ.

Que vous plaît-il, seigneur cavalier?

ACTE I, SCÈNE II.

DON GARCIE.

Seigneur don André, je voudrois vous parler sans témoins.

DON ANDRÉ.

Ce valet est discret et fidèle, il ne doit point vous être suspect.

DON GARCIE.

Il s'agit d'une affaire d'honneur.

DON ANDRÉ.

Retire-toi, Mogicon.

MOGICON se retirant au bout de la chambre.

Je vais demeurer ici. Je suis curieux d'entendre leur conversation.

DON GARCIE croyant Mogicon sorti.

Je me nomme don Garcie de Torellas. Vous savez de quel sang je sors. Je suis cadet, et par conséquent peu riche; mais je suis estimé de la noblesse, qui m'a toujours vu ardent à m'exposer aux périls de la guerre, et à mériter dans nos fêtes les applaudissements du public.

DON ANDRÉ.

Vous avez beaucoup de mérite, j'en conviens; mais quelle conséquence voulez-vous tirer de là?

DON GARCIE.

Écoutez-moi, je vous prie. J'aime Léonor depuis mon enfance. J'en suis regardé favorablement, et il ne manque plus à mon bonheur que l'aveu de son père que mon peu de fortune m'empêche d'obtenir. Comme nos maisons se joignent et que l'appartement de Léonor n'est séparé du mien que par une foible cloison, j'y ai fait une petite ouverture qu'une tapisserie cache et par où nous nous parlons tous les jours. Je vous confie ce secret important, Alvarade; ami ou ennemi, vous êtes noble; gardez-le moi : j'en charge votre honneur. Tout Valence instruit de mon amour semble le respecter : vous seul don André, feignant de l'ignorer, vous osez le traverser.

MOGICON bas.

Je crains la fin de ce discours.

DON GARCIE.

Vous êtes l'argus de notre rue. Dans quelque lieu que Léonor porte ses pas, vous la suivez comme son ombre. Outre cela vous affectez de m'imiter en toutes choses. Je ne fais pas une démarche que je ne vous la voie faire dans le moment. Enfin vous êtes le singe de mes actions; et je crois que si je me perçois le sein de mon épée, vous seriez tenté d'en faire autant.

MOGICON bas.

Oh! pour cela non. Voilà ce que le singe ne feroit pas, sur ma parole.

DON GARCIE.

Il faut finir, Alvarade, la patience m'échappe; et je vous déclare que si je vous vois passer et repasser encore sous les fenêtres de Léonor, qui ne pense point à vous, j'en saurai tirer raison par les voies de l'honneur. Souffrir plus long-temps vos importunités seroit une lâcheté; ne vous pas avertir de mes intentions seroit un procédé peu régulier. Vous m'entendez. Déterminez-vous là-dessus. Je vous laisse y rêver à loisir.

(Il sort.)

DON ANDRÉ allant après lui.

Arrêtez, don Garcie; je suis tout prêt à vous faire raison, pourquoi remettre à un autre temps?

MOGICON *le retenant.*

Ne le suivez pas, seigneur don André, vous feriez la même chose que lui.

SCÈNE III.

DON ANDRÉ, MOGICON.

DON ANDRÉ.

J'ai cru d'abord qu'il me cherchoit pour un autre sujet qui m'auroit bien plus embarrassé.

MOGICON.

Bien plus? ma foi, je n'en crois rien.

DON ANDRÉ.

Je craignois qu'il ne vînt me défendre de voir sa sœur Isabelle, à qui je fais l'amour, et dont je suis écouté.

MOGICON.

Puisque sa sœur vous aime, vous devriez cesser de poursuivre sa maîtresse.

DON ANDRÉ.

Et pourquoi, fat?

MOGICON.

Ah! il est vrai que ce seroit faire une action sensée; donnez-vous en bien de garde.

DON ANDRÉ.

Don Garcie souhaite que je le laisse en repos : cela suffit pour m'engager à le tourmenter. Oui, Mogicon, quand je serois dégoûté de Léonor, les chagrins d'un rival me donneroient un nouveau goût pour elle.

MOGICON.

Des sentiments si raisonnables ne peuvent manquer d'avoir une bonne fin.

DON ANDRÉ.

Je n'y saurois que faire. Dès ce moment je brûle pour Léonor; je ne suis occupé que de Léonor.

MOGICON.

Paix. Voici son père qui vient vous visiter. Vous verrez que le vieux pénard trouve aussi à redire à notre façon de vivre.

SCÈNE IV.

DON ANDRÉ, MOGICON, DON FÉLIX.

DON FÉLIX.

Seigneur don André?

DON ANDRÉ.

Vous chez moi, seigneur don Félix! Que votre présence me cause de joie! Quel sujet me procure l'honneur de vous voir?

DON FÉLIX.

Faites éloigner ce valet.

MOGICON.

Que diable leur ai-je fait? Ils se défient tous de moi.

DON ANDRÉ à Mogicon.

Donne-nous des siéges, et laisse-nous.

MOGICON bas, donnant des siéges.

Parbleu! si celui-ci vient aussi nous quereller, ce sera du moins plus doucement.

ACTE I, SCÈNE IV.

DON FÉLIX assis, regarde derrière lui, et voit Mogicon.
Tu ne t'en vas pas.

MOGICON.

Pardonnez-moi.... (bas) La peste te crève, maudit vieillard. Mais je t'attraperai bien ; car je vais écouter de la porte. (Il va se mettre auprès de la porte pour écouter.)

DON FÉLIX.

Vous me connoissez ?

DON ANDRÉ.

Parfaitement.

DON FÉLIX.

Vous savez que je me nomme....

DON ANDRÉ.

Don Félix.

DON FÉLIX.

Que ma maison est....

DON ANDRÉ.

Cabrera, une des premières de Valence.

DON FÉLIX.

Que mon bien....

DON ANDRÉ.

Est très considérable.

DON FÉLIX.

Vous savez que le Ciel m'a donné, pour la consolation de mes vieux ans, une fille unique qui est belle...

DON ANDRÉ.

Plus belle que le jour.

DON FÉLIX.

Bien faite, spirituelle, et douée de....

DON ANDRÉ.

De toutes les bonnes qualités du corps et de l'esprit.

DON FÉLIX.

Puisque tout cela vous est connu, je m'étonne que vous en usiez comme vous faites avec moi. Vous passez les nuits entières sous les fenêtres de Léonor, comme si vous cherchiez à vous introduire dans ma maison. Quel est votre dessein? Vous ne regardez pas, je crois, ma fille sur le pied de galanterie? Vous connoissez trop sa vertu et ma noblesse. D'un autre côté, vous ne m'en faites pas la demande. Que puis-je penser de ce procédé? On vous a dit peut-être que je l'ai accordée aux vœux d'un gentilhomme de Tolède, et cela est véritable. J'attends ce cavalier de jour en jour; mais, Alvarade, si c'est cette raison qui vous empêche de vous déclarer dans les formes, je veux bien avoir égard à cette discrétion, en vous épargnant tous les pas que la bienséance et l'usage veulent que vous fassiez. En un mot, je romprai l'engagement où je suis avec un autre, et je vous offre Léonor...... Vous ne me répondez point. La proposition que je vous fais vous déplairoit-elle? Parlez.

DON ANDRÉ se levant brusquement.

Je suis un grand sot de vous écouter avec tant de patience.

DON FÉLIX.

Que dites-vous, Alvarade?

DON ANDRÉ.

Vous parlez de mariage à l'homme du monde qui l'a le plus en horreur.

DON FÉLIX se levant.

Je vous entends, don André. L'outrage est violent. Vous m'insultez chez vous; mais....

ACTE I, SCÈNE IV.

DON ANDRÉ.

Oh! mais ceci ne doit point tourner en querelle, s'il vous plaît. Je vous honore infiniment, seigneur don Félix; j'estime Léonor; mais pour l'épouser, je suis son très humble serviteur.

DON FÉLIX.

Don Garcie de Torellas n'a pas moins de mérite que vous.

DON ANDRÉ.

Qui vous dit le contraire?

DON FÉLIX.

Cependant j'ai refusé ma fille à ses vœux; et, vous traitant plus favorablement....

DON ANDRÉ.

C'est à don Garcie à vous remercier de vos refus; pour moi, je n'ai que des plaintes à vous faire de me proposer une femme.

DON FÉLIX.

Quel entêtement!

DON ANDRÉ.

Quelle persécution!

DON FÉLIX.

N'aurai-je point d'autre réponse de vous?

DON ANDRÉ.

Celle-là est assez précise.

DON FÉLIX.

Promettez-moi du moins que vous cesserez d'importuner ma fille.

DON ANDRÉ.

Je vous le promettrai, si vous voulez; mais je ne vous tiendrai pas peut-être exactement parole.

DON FÉLIX.

C'en est trop, Alvarade ; vous me poussez à bout.....
Craignez que mon honneur offensé ne punisse votre
audace.

DON ANDRÉ.

Vous me ferez tout ce qu'il vous plaira, pourvu que
vous ne me mariez point.

DON FÉLIX.

Sachez qu'il est des vengeances pour des procédés
de cette nature..... Tenez-vous sur vos gardes.....

(Il sort.)

DON ANDRÉ.

Et vous, sur vos béquilles.

SCÈNE V.

DON ANDRÉ, MOGICON.

MOGICON.

Enfin le vieillard est sorti ; il remporte vraiment une
réponse bien satisfaisante.

DON ANDRÉ.

Mogicon ?

MOGICON.

Seigneur.

DON ANDRÉ.

Il vouloit me marier, moi, moi !

MOGICON.

Bon, il avoit bien trouvé son homme. Aussi vous
l'avez relancé !

DON ANDRÉ.

Tu nous as donc écoutés ?

MOGICON.

Oubliez-vous que je suis valet? Hé bien! qu'allez-vous faire à présent? Continuerez-vous d'assiéger une place dont on va probablement augmenter les fortifications.

DON ANDRÉ.

Je vais, n'en doute pas, mettre de nouveau l'alarme au quartier; faire plus que jamais le passionné de Léonor. Les obstacles m'encouragent au lieu de me rebuter.

MOGICON.

Vous avez raison; les difficultés sont la rocambole de l'amour. Je suis de votre goût; je fais peu de cas d'une conquête aisée. Il faut, pour me piquer, que la dame s'écrie en baissant la voix : Prenez garde, mon cher, ma mère nous a vus; mes frères me soupçonnent; la voisine en cause; mon mari pourra nous surprendre. Voilà ce qui rappelle son buveur. Mais lorsque chez la belle je n'ai aucun sujet de crainte, je m'ennuie, je bâille, je m'endors.

DON ANDRÉ.

Je commençois à n'aimer plus Léonor; mais don Garcie et don Félix ont rallumé mes feux. Je vais employer tous mes soins à causer de nouvelles frayeurs au père, et à désespérer mon rival.

MOGICON.

L'entreprise est héroïque et digne de vous; mais, seigneur don André, bon pied, bon œil. Ce don Garcie m'a paru terriblement hargneux; et d'ailleurs don Félix est redoutable. Ces vieux routiers sont de dangereux ennemis. Un coup d'arquebuse est bientôt lâché par une lucarne.

DON ANDRÉ.

Voilà de tes frayeurs ordinaires. Le poltron!.. Suis-moi sans raisonner davantage.... Mais quel fâcheux vient ici me retenir à contre-temps?

SCÈNE VI.

DON ANDRÉ, MOGICON, DON JUAN.

MOGICON.

C'est don Juan Osorio, ou je meure.

DON ANDRÉ.

Que vois-je? Don Juan à Valence! Ma joie est extrême de vous embrasser. (Ils s'embrassent.)

DON JUAN.

Et la mienne ne peut s'exprimer... Ami Mogicon, me reconnois-tu bien encore?

MOGICON.

Comme la signature de mon père quand il m'envoie de l'argent.

DON JUAN.

Tu es toujours gaillard.

MOGICON.

La joie est la mère nourrice de la santé.

DON ANDRÉ.

Vous avez donc quitté le service de Flandre?

DON JUAN.

C'en est fait, je quitte les drapeaux de Mars pour suivre une autre milice.

ACTE I, SCÈNE VI. 19

DON ANDRÉ.

Je ne vous entends point.

DON JUAN.

Je vais m'expliquer plus clairement. Il y a environ deux mois que mon père m'écrivit de Tolède, qu'il m'avoit avantageusement marié à Valence par l'entremise de ses amis. Il m'envoya le portrait de la personne qu'il me destinoit, et j'en fus si content que je ne pensai plus qu'à obtenir mon congé. L'ayant obtenu, je m'embarquai à Dunkerque, et vins descendre à la Corogne, d'où, prenant le chemin de Madrid, je me suis rendu ici en diligence. Je m'y suis tenu caché pendant deux jours, pour m'informer des mœurs de la personne que je dois épouser. J'ai découvert qu'elle est servie par deux cavaliers égaux en naissance et en mérite, et dont elle n'a jusqu'ici payé les soins que d'indifférence. Cette découverte m'a fait tant de plaisir, que je suis dans la résolution de hâter mon bonheur.

DON ANDRÉ.

Le Ciel m'est témoin, don Juan, que j'ai de la joie de vous revoir; mais je ne puis apprendre sans douleur que vous vous mariez.

DON JUAN.

Arrêtez, Alvarade, vous êtes toujours le même. Je ne viens pas vous demander conseil sur mon mariage : mon parti est pris.

DON ANDRÉ.

Peut-on savoir le nom de cette beauté que vous allez si joyeusement épouser?

DON JUAN.

Vous le saurez bientôt, puisque je prétends vous mener chez elle.

DON ANDRÉ.

Vous me direz du moins qui sont les deux galants dont elle récompense si mal la tendresse.

DON JUAN.

Je ne le sais point encore. On n'a pu me les nommer; mais je ne tarderai guère à les connoître. En attendant, j'ai une prière à vous faire : laissez-moi disposer de Mogicon jusqu'au retour d'un valet que je fis partir il y a trois jours pour aller porter de mes nouvelles à mon père, que je n'ai point vu depuis six ans, et qui est à vingt lieues d'ici.

DON ANDRÉ.

Mogicon, va servir le seigneur don Juan.

MOGICON.

Volontiers. C'est une suspension de soufflets et de coups de pied au cul.

DON JUAN.

Ami Mogicon, avec la permission du seigneur don André, va voir à l'hôtellerie des *Trois-Rois* si mon valet n'est point encore arrivé. J'irai bientôt t'y joindre pour te charger d'une commission plus importante.

MOGICON.

J'y vais attendre vos ordres.

SCÈNE VII.

DON JUAN, DON ANDRÉ.

DON ANDRÉ.

Hé bien, nous allons donc nous marier ? La chose est résolue.

ACTE I, SCENE VII.

DON JUAN.

Ainsi le veut mon étoile.

DON ANDRÉ.

Sans vous offenser, notre ami, vous avez une sotte étoile.

DON JUAN.

Pour vous, Alvarade, vous avez plus que jamais le bizarre entêtement de ne vouloir rien aimer.

DON ANDRÉ.

Moi! j'aime une dame.

DON JUAN.

Vous m'étonnez. Et! comment avez-vous pu vous résoudre à encenser les autels de l'Amour?

DON ANDRÉ.

C'est parce qu'on veut me contraindre à ne pas aimer cette dame.

DON JUAN.

C'est moins amour que caprice.

DON ANDRÉ.

Ce sera tout ce que vous voudrez.

DON JUAN.

Ne saurai-je point le nom de cette heureuse mortelle?

DON ANDRÉ.

Je vous l'apprendrai quand vous m'aurez fait connoître le charmant objet de vos amours.

DON JUAN.

Je vous prie de m'attendre ici jusqu'à ce que j'aie envoyé Mogicon chez mon beau-père. Je reviens vous prendre dans un moment. Adieu, cher ami.

DON ANDRÉ.

Je me pique de l'être, et le plus fidèle de tous.

DON JUAN.

Veuille le Ciel!....

DON ANDRÉ.

Le Ciel permette!....

DON JUAN.

Que je vous voye bientôt amoureux.

DON ANDRÉ.

Que je vous voye bientôt veuf.

(Don Juan s'en va.)

SCÈNE VIII.

DON ANDRÉ seul.

Il vient, dit-il, épouser une fille de qualité qui a deux amants.... Si c'étoit Léonor.... Mais non, je ne puis le croire.... Il y a sans doute à Valence bien d'autres filles dans le même cas.... Cela ne laisse pas de m'embarrasser. J'attends avec impatience que don Juan soit revenu.... Je vais au-devant de lui pour être plus tôt éclairci de la vérité.

FIN DU PREMIER ACTE.

ACTE II.

La scène est dans l'appartement de Léonor.

SCENE PREMIERE.

LÉONOR, ISABELLE, INÈS.

LÉONOR.

Entrez, ma chère Isabelle...... Inès, que cet importun me fatigue! As-tu fermé la porte de la rue?

INÈS.

Oh! je n'y ai pas manqué.

LÉONOR.

Ferme aussi ces fenêtres...... Faut-il que j'aie encore ce chagrin!

ISABELLE.

Qu'avez-vous, Léonor? Ne saurai-je point ce qui vous agite ainsi?

LÉONOR.

Ce n'est rien.

ISABELLE.

Vous dissimulez. N'entre-t-il pas en tout ceci un peu d'amour?

LÉONOR.

Au contraire, c'est aversion toute pure. Ma mauvaise étoile m'a pourvue d'un amant de garde qui assiége sans cesse mes fenêtres, et qui me suit partout. J'ai beau le maltraiter de cent manières différentes, il ne se rebute point. Il persiste à m'aimer autant que je le hais.

ISABELLE.

J'avoue que cela impatiente à la fin.

LÉONOR.

Vous me paroissez triste.

ISABELLE.

Je vous trouve rêveuse.

LÉONOR.

Dites-m'en la cause, Isabelle?

ISABELLE.

Ayez de la confiance en moi, Léonor.

LÉONOR.

Mon cœur n'est pas content.

ISABELLE.

Le mien ressent mille alarmes.

LÉONOR.

Mon père exerce sur moi toute la rigueur de son autorité. Il me marie contre mon inclination.

ISABELLE.

Mon père s'oppose à mes désirs. Il me défend d'écouter un cavalier pour qui je me sens du penchant.

LÉONOR.

Vous n'ignorez pas que j'ai du goût pour don Garcie, votre frère.

ISABELLE.

Et vous saurez que je soupire pour don André.

LÉONOR.

Don André d'Alvarade?

ISABELLE.

Lui-même.

LÉONOR.

Je crains, ma chère, que vous ne vous soyiez abusée.

ISABELLE.

Pourquoi donc?

LÉONOR.

C'est que ce cavalier est amoureux.....

ISABELLE.

De qui?

LÉONOR.

De moi.

ISABELLE.

Léonor, croyez-moi, ne faites pas trophée de cette conquête : Alvarade ne brûle que pour moi.

LÉONOR.

C'est pourtant lui qui est cet amant de garde dont je me plains. C'est pour lui que je fais fermer ma porte et mes fenêtres avec tant de soin.

ISABELLE.

Ah! je vais vous dire ce qui a causé votre erreur : comme nos maisons se joignent, vous vous imaginez qu'il regarde vos fenêtres, lorsqu'il n'a d'attention que pour les miennes.

LÉONOR.

Oh! persuadez-vous, si vous voulez, qu'il n'en veut qu'à vous.

ISABELLE.

Flattez-vous, j'y consens, que vous seule l'occupez.

LÉONOR.

Vous êtes donc bien sûre de votre fait?

ISABELLE.

Je ne crois pas en devoir douter : puisque j'aime don André, j'en suis aimée.

LÉONOR.

La certitude est merveilleuse. Reconnois ton erreur, ma pauvre Isabelle, c'est moi qu'il aime pour mes péchés.

ISABELLE.

C'est moi, te dis-je ; pour t'en convaincre, apprends que don Garcie, alarmé de la passion d'Alvarade, veut lui défendre notre rue.

LÉONOR.

Ne vois-tu pas que ton frère est jaloux de don André ?

ISABELLE.

Mais si mon frère te plaît, que te doit importer qu'Alvarade ait des desseins sur moi ?

LÉONOR.

Il ne m'importe en aucune façon. Je te l'abandonne volontiers.

ISABELLE.

Tu n'y prends donc plus d'intérêt ?

LÉONOR.

Au contraire, je suis fatiguée de ses empressements.

ISABELLE.

Pourquoi t'es-tu donc fâchée ?

LÉONOR.

Pourquoi m'as-tu dit qu'il ne faisoit attention qu'à tes fenêtres ?

ISABELLE.

Hé bien, pour t'apaiser, je te dirai seulement que j'aime don André.

LÉONOR.

Nous sommes d'accord. Plains-moi, ma chère : mon père me destine pour époux un cavalier de Tolède, et je ne puis chasser don Garcie de mon cœur.

SCÈNE II.

LÉONOR, ISABELLE, INÈS, DON GARCIE.

INÈS arrêtant à la porte don Garcie qui veut entrer.

Seigneur don Garcie.

DON GARCIE.

Laisse-moi entrer, Inès.

INÈS.

Qu'allez-vous faire?

DON GARCIE entrant par force.

Laisse-moi, te dis-je, tes efforts sont superflus.

INÈS.

Madame, Madame, il a forcé la garde, je vous en avertis. Ces pestes d'amants sont des animaux bien vifs.

LÉONOR.

Arrêtez, don Garcie, quelle est votre audace? Vous perdez le respect.....

DON GARCIE se jetant aux genoux de Léonor.

Pardonnez, divine Léonor, je viens vous prier à genoux d'être touchée de mon désespoir. Essayez de fléchir votre père en lui découvrant vos sentiments; peut-être qu'il s'attendrira quand il verra couler vos larmes. Une seule seroit capable de désarmer le plus cruel ennemi.

LÉONOR.

Hélas!

INÈS effrayée.

Madame.

LÉONOR.

Qu'y a-t-il?

INÈS.

Tout est perdu : votre père vient ici.

LÉONOR.

A-t-il vu entrer don Garcie?

INÈS.

Je ne sais. Où se cachera-t-il?

LÉONOR.

Il ne faut pas qu'il se cache.

ISABELLE.

D'où vient, Léonor? Il me semble qu'il vaudroit mieux qu'il ne parût pas.

LÉONOR.

Non, non, ce seroit rendre mon innocence suspecte. Inès, tiens la porte ouverte.

DON GARCIE.

Quel embarras!

ISABELLE.

Ouvrez-lui ce cabinet.

LÉONOR.

Je n'en ferai rien.

SCÈNE III.

LÉONOR, ISABELLE, DON GARCIE, INÈS, DON FÉLIX.

DON FÉLIX.

Bonnes nouvelles, ma fille : je viens vous apprendre... Mais que vois-je ? don Garcie dans cet appartement !

DON GARCIE.

Seigneur, je viens d'entrer ; une affaire pressante me fait chercher ici ma sœur.

DON FÉLIX.

Je suis bien aise de vous y trouver. Vous allez voir que je ne néglige pas les soins qu'exige de moi mon honneur. Je veux marier Léonor dès ce jour.

DON GARCIE.

Que dites-vous, Seigneur !

DON FÉLIX.

Que vous n'aurez plus rien à désirer.

LÉONOR bas.

Qu'entends-je !

DON GARCIE bas.

Quel bonheur ! Don Félix apparemment a connu la violence de mes feux ; il en aura craint les conséquences.

DON FÉLIX.

Préparez-vous, Léonor, à donner votre cœur et votre main.

LÉONOR.

Seigneur, vous me ravissez, en me choisissant pour époux celui que.....

DON GARCIE.

Souffrez que je laisse éclater ma joie, et que je vous assure d'une éternelle reconnoissance.

DON FÉLIX.

Il n'en est pas besoin. Vous ne devez pas l'un et l'autre me remercier d'une chose que je fais pour ma propre satisfaction.

INÈS bas.

Je crois qu'ils ne s'entendent pas.

SCÈNE IV.

DON FÉLIX, DON GARCIE, LÉONOR, ISABELLE, INÈS, MOGICON.

MOGICON.

Salut; don Juan Osorio, par moi, digne substitut de son valet, vous demande, seigneur don Félix, la permission de venir prendre en bonne et due forme possession de la loyale épouse que vous lui gardez.

DON FÉLIX.

J'ai déjà dit qu'on le fît entrer.

LÉONOR bas.

Juste Ciel!

DON GARCIE bas.

Un coup plus accablant pouvoit-il frapper mes esprits!

SCÈNE V.

DON FÉLIX, DON GARCIE, DON JUAN, DON ANDRÉ, LÉONOR, ISABELLE, INÈS.

DON FÉLIX.

Soyez le bienvenu, seigneur don Juan. Je suis ravi de vous embrasser.

DON JUAN.

Quels termes peuvent exprimer, Seigneur, le ressentiment que j'ai de vos bontés.

DON FÉLIX.

Votre recherche me fait honneur..... (Lui présentant Léonor.) Voilà ma fille.

DON JUAN à Léonor.

Recevez, Madame, mes premiers hommages. Que ne dois-je point aux amis de mon père de m'avoir fait un si beau choix? J'y souscris avec toute l'ardeur dont je suis capable. Votre portrait a fait une forte impression sur moi, et votre vue achève de me rendre le plus amoureux des hommes.

LÉONOR.

Cessez de me prodiguer des douceurs. Je connois mes défauts, et je n'espère pas qu'ils échappent à des yeux aussi pénétrants que les vôtres..... (bas.) Que je sais mal cacher les peines que je ressens!

DON FÉLIX à don André.

Quelle est votre audace, Alvarade, de venir chez moi? Qui vous amène ici?

DON JUAN.

C'est moi, Seigneur.

DON FÉLIX.

Mais sachez que don André.....

DON JUAN.

C'est le meilleur de mes amis.

DON FÉLIX.

A voulu.....

DON JUAN.

M'empêcher de me marier. Il est vrai. Il voit avec peine que ses amis subissent le joug de l'hyménée.

DON FÉLIX.

Brisons là; ma fille, donnez votre main au seigneur don Juan.

DON ANDRÉ bas.

Cache, mon cœur, la fureur jalouse qui te possède.

LÉONOR bas.

Quelle tyrannie!

DON JUAN à Léonor.

Qui vous retient, Madame?

DON GARCIE bas, se retournant pour ne pas voir Léonor donner sa main à don Juan.

J'attends le coup de la mort.

ISABELLE bas.

Que je les plains!

INÈS bas à Léonor.

Allons, Madame, il faut vous tirer de ce mauvais pas.

LÉONOR donne sa main à don Juan; mais dans son trouble elle nomme don Garcie.

(bas.).... Je te perds, cher amant! Quelle rigueur!...
(haut.) Voici ma main, seigneur don Garcie.

ACTE II, SCÈNE V.

DON JUAN bas.

Que viens-je d'entendre, juste Ciel! Dissimulons.

DON FÉLIX bas.

Qu'as-tu dit, fille insensée?

LÉONOR bas.

Hélas! mon cœur a passé sur mes lèvres.

DON GARCIE sortant.

Sortons, ma sœur. (bas.) Elle est perdue pour moi. Je vais l'oublier, si je puis.

INÈS.

Voilà un commencement de noces bien triste.

DON FÉLIX.

Allons, Léonor, don Juan, entrons dans mon appartement.

DON JUAN.

Je vous suis.... (bas.) Comment sortir de cet embarras?

DON ANDRÉ bas.

Je veux l'aimer, quoi qu'il m'en puisse arriver.

SCÈNE VI.

DON ANDRÉ, DON JUAN.

(Don Juan et don André demeurent tous deux rêveurs chacun de son côté.)

DON JUAN à part.

Il est sorti de sa bouche un autre nom que le mien! Ah! sans doute j'ai toute son aversion, et don Garcie a toute sa tendresse.

DON ANDRÉ à part.

La bévue de Léonor lui fait faire des réflexions un peu amères. De mon côté, je ne suis pas tranquille. Retirons-nous, et dérobons mon trouble à ses yeux... (haut.) Adieu, cher ami, nous nous reverrons.

DON JUAN.

De grâce, arrêtez. J'ai besoin de conseil.

DON ANDRÉ.

Déjà?

DON JUAN.

Oui, je l'avoue.

DON ANDRÉ.

C'est-à-dire que vous vous repentez de votre mariage.

DON JUAN.

Je ne me connois guère dans l'état où je me trouve.

SCÈNE VII.

DON JUAN, DON ANDRÉ, MOGICON.

MOGICON à don Juan.

Bertrand, votre valet, vient d'arriver.

DON JUAN.

Il m'apporte des nouvelles de mon père?

MOGICON lui présentant une lettre.

En attendant qu'il ait terminé une petite affaire qui le retient à l'hôtellerie, il m'a chargé de vous rendre cette lettre.

DON JUAN prenant la lettre.

Elle est de mon père, voyons ce qu'elle contient. (Il ouvre la lettre, la lit tout bas, et en la lisant il paroît étonné et affligé tout ensemble). Toutes sortes de malheurs m'arrivent en même temps.

DON ANDRÉ.

Apprenez-vous quelque mauvaise nouvelle?

DON JUAN.

Mon père se meurt.

DON ANDRÉ.

Don Juan, je compatis à votre douleur. Le coup est rude, je l'avoue; mais que faire? il faut prendre son parti avec courage.

DON JUAN.

Que vous parlez bien, Alvarade, en homme qui ne sent guère les mouvements de cette affection qu'un fils doit à son père : pour moi, qui ai reçu du mien mille marques de tendresse, je sens vivement le danger où il est. Le temps presse; je vais essayer de contribuer par mes soins au rétablissement de sa santé.

DON ANDRÉ

Vous allez donc partir?

DON JUAN.

C'est une nécessité; l'amour même ne peut m'en dispenser. L'ennui que le bon-homme a souffert de ma longue absence est peut-être la cause de sa maladie. Quelle dureté ne seroit-ce point à moi de lui refuser la consolation de m'embrasser pour la dernière fois? Et que sait-on si la joie qu'il aura de me voir, ne pourra pas ranimer un reste de vie prêt à s'éteindre?

MOGICON.

Cela n'est pas impossible, seigneur don Juan; car j'ai ouï dire à un vieux médecin d'Alcala, que les tendresses d'un fils reconnoissant adoucissent les maux d'un père malade.

DON JUAN.

Enfin, don André, je me détermine à partir tout à l'heure; mais, avant mon départ, je veux une preuve de votre amitié.

DON ANDRÉ.

Parlez, il n'y a rien que je puisse vous refuser.

DON JUAN.

Mogicon, laisse-nous seuls.

SCÈNE VIII.

DON JUAN, DON ANDRÉ.

DON JUAN.

Je viens de recevoir la foi de Léonor et de lui donner la mienne : peut-être ai-je mal fait; mais la chose est trop avancée pour m'en dédire. Je vais à l'autel achever mon hymen, et je partirai le moment d'après pour aller remplir les devoirs du sang. Je laisse donc ici mon épouse; et ce qui perce mon cœur de la plus vive douleur, je la laisse prévenue pour un autre. Don Garcie ne manquera pas de chercher à profiter de mon absence. Alvarade, je crains un rival aimé. Vous êtes le meilleur de mes amis, je mets entre vos mains mon honneur et le repos de ma vie.

DON ANDRÉ.

Parbleu, notre ami, vous me donnez une bonne commission. J'aimerois mieux défendre seul un poste contre une armée entière, que de garder une femme : cela me paroît moins difficile. Quand les femmes ont naturellement la volonté portée au mal, vous savez bien que tous les surveillants du monde ne pourroient empêcher leur vertu de faire des éclipses.

DON JUAN.

J'en conviens; mais Léonor est vertueuse, et je croirois lui faire une injure, si j'avois une autre pensée. Cependant, comme il n'y a point de difficultés dont une constante poursuite ne puisse venir à bout, veillez sur don Garcie, et surtout retranchez-lui, par votre vigilance, les occasions de parler à Léonor.

DON ANDRÉ.

Pour don Garcie, ne vous en embarrassez pas, je vous rendrai bon compte de ses actions.

DON JUAN.

Je puis donc me reposer sur vos soins?

DON ANDRÉ.

Oh! pour cela, oui.

DON JUAN.

Adieu, cher ami, le Ciel veuille les favoriser.

DON ANDRÉ bas.

Je le souhaite plus que toi.

SCÈNE IX.

DON ANDRÉ seul.

Oui, oui, j'observerai Léonor; n'en doute nullement. Je sens que je ne suis plus maître de moi. L'amour de don Garcie irrite le mien; et le bonheur prochain de don Juan excite dans mon âme une fureur qui me rend capable de tout entreprendre. (Il tombe dans une profonde rêverie.)

SCÈNE X.

DON ANDRÉ, MOGICON.

MOGICON.

Le seigneur don Juan va donc partir, et laissant Léonor sur la bonne bouche.... (*apercevant son maître.*) Mais je vois don André rêveur. C'est du fruit nouveau. Seroit-il devenu amoureux tout de bon ?

DON ANDRÉ *rêvant.*

Abuserai-je de la bonne foi d'un ami ? Pendant qu'il me croit attentif à la conservation de son honneur, dois-je penser à le lui ôter ? Mais que dis-je à le lui ôter ? N'aimois-je pas Léonor avant qu'il songeât à l'épouser ? C'est lui qui me trahit, qui me fait une infidélité en m'enlevant une maîtresse.

MOGICON *bas.*

Léonor lui tient au cœur, je crois qu'il se repent de l'avoir refusée ; mais la balle est perdue pour lui.

DON ANDRÉ *rêvant.*

Qu'aucun scrupule ne me retienne donc plus. Faisons ce que mon amour m'inspirera.

MOGICON *abordant son maître.*

C'est bien dit, seigneur don André ; poussez votre pointe.

DON ANDRÉ *soupirant.*

Ahi !

MOGICON.

Vous avez bien fait de laisser sortir ce soupir ; il alloit vous étouffer.

ACTE II, SCÈNE X.

DON ANDRÉ.

Je soupire, il est vrai, Mogicon. Les sentiments qui m'agitent.... Mais je ne prends pas garde que je pourrois ici être entendu. Suis-moi ; j'ai quelques ordres à te donner.

MOGICON.

Ma foi, je crains les suites de cet amour qu'il se met en tête. Il a l'humeur violente, les mœurs fort corrompues. Il fera, j'en suis sûr, quelque sottise ; et moi je paierai peut-être les pots cassés.

FIN DU SECOND ACTE.

ACTE III.

SCÈNE PREMIÈRE.

DON FÉLIX, DON JUAN, LÉONOR.

DON FÉLIX.

Vous ne pouvez donc vous dispenser de partir?

DON JUAN lui présentant une lettre.

Jugez-en vous-même par cette lettre que mon père m'a écrite.

DON FÉLIX ouvre la lettre et lit.

« Mon cher fils, Bertrand m'a appris votre retour.
« Je n'attends que l'heure de sortir de ce monde. Hâ-
« tez-vous de vous rendre auprès de moi, si vous vou-
« lez recevoir mes derniers embrassements. Je mour-
« rois content si je pouvois avoir cette consolation.

« DON ALVAR OSORIO. »

J'approuve votre départ, don Juan, et je me ferois un scrupule de vous arrêter plus long-temps. Allez vous acquitter des obligations que le sang et la reconnoissance vous imposent. Puissiez-vous, mon gendre, faire un heureux voyage, et rendre, par votre présence, la santé à un père qui vous est si cher. Je vous laisse faire en liberté vos adieux à ma fille.

(Il embrasse don Juan et sort.)

SCÈNE II.

LÉONOR, DON JUAN, INÈS.

DON JUAN.

Je vous quitte, belle Léonor, le sort me condamne à cette dure séparation, et, ce qui achève de me désespérer, je pars accablé de votre haine. J'en ai trop vu pour n'en être pas persuadé.

LÉONOR.

Les apparences nous abusent souvent; il ne faut pas toujours les croire.

DON JUAN.

Votre trouble, et l'inquiétude qui paroît dans vos yeux, peuvent-ils m'abuser?

LÉONOR.

Attribuez-les à votre absence.

DON JUAN.

Non, non, votre froid accueil m'a d'abord annoncé mon malheur, et votre bouche, Madame, ne me l'a que trop confirmé.

LÉONOR.

Est-il nouveau que la bouche prononce un nom pour un autre?

DON JUAN.

Non, quand elle suit les mouvements du cœur

LÉONOR.

Quel tort vous font ces mouvements, si le devoir et la vertu savent les réprimer?

DON JUAN.

L'honneur n'en prend point d'alarmes, mais le cœur en gémit.

LÉONOR.

Demeurons-en là, don Juan, vos moments sont trop chers pour les perdre en vains discours.

DON JUAN.

Ah! cruelle! vous comptez les instants que vous passez avec moi. En me représentant mon devoir, vous me faites connoître ce que j'ai à craindre.

LÉONOR.

Vous outrez les choses, don Juan. Je n'ai pas pour vous les sentiments que vous vous imaginez; et si mon cœur vous a paru pencher vers un autre, vous devez songer que j'ai de la vertu.

DON JUAN.

C'est ce qui fait mon désespoir. Si je vous croyois sans vertu, je cesserois bientôt de vous aimer.... Mais il faut finir un entretien qui m'attendrit et qui vous gêne. Adieu, Madame.

SCÈNE III.

LÉONOR, INÈS.

INÈS.

En vérité, Madame, je suis touchée de son malheur. Son mérite devoit lui procurer une meilleure fortune.

LÉONOR.

Je le plaindrois aussi beaucoup, si je ne me sentois encore plus à plaindre que lui.

####### INÈS.

Hé! peut-on être plus malheureux que ce cavalier? A peine a-t-il reçu votre portrait, qu'il part de Bruxelles comme un éclair; il arrive à Valence, et lorsque, plein d'ardeur, il s'apprête à vous épouser, il apprend de votre propre bouche que vous avez du goût pour un autre. N'est-il pas bien payé de sa diligence?

####### LÉONOR.

Je suis encore, te dis-je, dans une situation plus triste que la sienne. L'invincible penchant qui m'entraîne vers don Garcie, me rend don Juan odieux; et cependant il faut que je combatte sans cesse mes sentiments. Don Juan du moins possède l'objet de ses vœux; et moi, je perds pour jamais ce que j'aime.

####### INÈS.

Don Garcie, de son côté, n'est pas dans un état moins déplorable que vous. Il me fait pitié. (*Entendant frapper à la cloison.*) Mais, si je ne me trompe, il vient de frapper à la cloison.

####### LÉONOR.

Retirons-nous, Inès, je dois l'oublier.

####### INÈS.

D'accord; mais en attendant, approchons-nous de la cloison.

####### LÉONOR *voulant s'en aller.*

Non, Inès, je ne veux plus lui parler. Je suis femme de don Juan.

####### INÈS *la retenant.*

Le pauvre garçon! Vous le ferez mourir si vous ne lui répondez.

####### LÉONOR.

Que veux-tu que je lui dise?

INÈS *entendant frapper à la porte.*

Comme il frappe ! Il se donne sans doute de la tête contre le mur.

LÉONOR *s'approchant de la cloison.*

Qui frappe ?

SCÈNE IV.

LÉONOR, INÈS, ISABELLE.

ISABELLE *que l'on ne voit pas.*

C'est Isabelle.

LÉONOR.

Que voulez-vous, ma chère ?

ISABELLE *que l'on ne voit pas.*

J'ai besoin de votre secours. Aidez-moi à remettre l'esprit de mon frère. Il est dans un désespoir affreux.

LÉONOR.

Je suis peu propre à le consoler.

ISABELLE.

Permettez-lui de vous dire un mot ; accordez-lui ce foible soulagement.

LÉONOR.

Que n'ai-je la force de le lui refuser !

SCÈNE V.

LÉONOR, INÈS, ISABELLE, DON GARCIE.

DON GARCIE *que l'on ne voit pas.*

Est-ce vous que j'entends, belle Léonor ? Puis-je encore vous parler ?

INÈS levant la tapisserie.

Courage, Madame; le son de votre voix adoucit ses peines. Poussez la charité jusqu'au bout.

DON GARCIE que l'on ne voit pas.

Vous ne répondez point; hé quoi! n'avez-vous pas pitié de ma situation?

LÉONOR.

Ah! don Garcie; que votre tendresse m'est cruelle!

DON GARCIE que l'on ne voit pas.

Ah! Madame, que mon destin est rigoureux!

LÉONOR.

Je suis mariée à don Juan. Il faut que j'aime un autre que vous.

DON GARCIE que l'on ne voit pas.

Il faut vous perdre pour jamais.

INÈS abaissant la tapisserie.

J'entends du bruit. Quelqu'un vient. Allons, seigneur don Garcie, faites retraite.

LÉONOR.

Il est déjà nuit. Entrons dans ma chambre. Je veux en liberté m'abandonner à ma douleur.

SCÈNE VI.

MOGICON seul.

Dona Léonor a la puce à l'oreille, et don Juan martel en tête au sujet de don Garcie. En vérité, c'est se livrer de gaieté de cœur à d'étranges maux, que de prendre une belle femme. Un honnête homme est bien sot de chercher pour sa peine ce qu'il ne doit souhaiter, que pour sa commodité. Si j'en étois cru, on n'épouseroit que des laides. Une belle femme paie toutes les complaisances de son mari de brusqueries et d'inégalités; au lieu qu'une laide reçoit comme des grâces toutes les caresses qu'il lui fait. Mais c'est trop moraliser. La nuit s'avance. Je suis devenu domestique de cette maison, par le prêt que don André a fait de moi à son ami. Je suis menacé de passer cette nuit en sentinelle; munissons-nous de quelques moments de sommeil. Retirons-nous dans ce coin, et dormons s'il est possible.

(Il se couche dans un coin du théâtre, et Inès sort de la chambre de sa maîtresse avec une bougie à la main.)

SCÈNE VII.

INÈS, MOGICON.

INÈS sans voir Mogicon.

Je viens de coucher ma maîtresse, qui se fait un triste plaisir d'être seule, pour soupirer et pleurer à son aise. Chacun a ses chagrins. N'ai-je pas les miens? Ce maraud de Mogicon, qui est depuis ce matin domestique de cette maison, n'a pas fait la moindre attention à mes charmes. Cela n'est-il pas bien mortifiant pour une fille telle que moi? Oh! le butor! Oui, je suis outrée de son procédé. Ce n'est pas que sa peau me tente; mais je veux qu'il m'aime ou qu'il crève. Ma réputation est intéressée à lui donner de l'amour.

MOGICON sortant du coin du théâtre et se frottant les yeux.

La maudite condition que la mienne! Je commençois

ACTE III, SCÈNE VII.

à m'assoupir; mais la peur d'être assommé de coups par don André, si je le fais attendre long-temps dans la rue, ne me permet pas de dormir tranquillement. Il m'a donné ordre de l'introduire ici cette nuit. Je dois... (apercevant Inès.) Mais j'aperçois Inès; elle n'est pas encore retirée.

INÈS, bas, entendant la voix de Mogicon, et le reconnoissant.

Voici Mogicon. Voyons s'il aura l'esprit de m'en conter.

MOGICON bas.

La drôlesse est jolie! Lions conversation avec elle, et employons ce temps pour mon compte. Aussi bien, quand don André seroit déjà à la porte, je ne pourrois le faire entrer présentement.

INÈS bas.

Il a l'air timide, il faut que je l'agace.

MOGICON bas.

Je ne vais qu'avec crainte à l'abordage. Elle me paroît fille réservée. N'importe, risquons le paquet.... Charmante Inès, beauté plus suave que l'ambre gris...

INÈS bas.

Oh! oh! il me dit des douceurs. Armons-nous de fierté.

MOGICON.

Votre bouche, plus vermeille que l'aurore, n'a fait qu'un morceau de ma liberté.

INÈS bas.

Il a mal fait de me prévenir: j'allois me jeter à sa tête.

MOGICON.

L'Amour, cet aveugle tyran, m'a.... percé.... de traits si perçants....

INÈS *lui riant au nez.*

Le beau jeune homme que voilà!

MOGICON.

Si vous voulez récompenser l'ardeur de mes feux.

INÈS *bas.*

Oh! pour cela, je n'y manquerai pas; et même tout à l'heure.

MOGICON *voulant l'embrasser.*

Vous me verrez, par mille embrassements réitérés...

INÈS *le repoussant.*

Arrêtez, insolent, vous êtes bien hardi de me demander des faveurs avant que de les avoir méritées.

MOGICON.

Mademoiselle Inès, ne vous mettez point en colère, je suis un garçon d'honneur.

INÈS.

Tais-toi, faquin. T'imagines-tu que je pourrai jeter les yeux sur un homme de ta condition, moi, pour qui d'illustres cavaliers font gloire de soupirer. Voyez un peu ce misérable valet qui veut manger à la table des maîtres! (*Elle veut s'en aller.*)

MOGICON *retenant Inès par sa robe.*

Encore un mot, de grâce.

INÈS *le repousse.*

Laisse-moi, nigaud, et ne me réplique pas..... (*Elle s'adresse aux dames.*) Vous, Mesdames, qui m'écoutez, apprenez de moi ceci pour votre instruction : Si vos époux sont vos maîtres, obéissez-leur; et si vous êtes leurs maîtresses, faites-les obéir : quand vous serez l'enclume, souffrez; et quand vous serez le marteau, frappez. (*Elle sort, et emporte la lumière.*)

SCÈNE VIII.

MOGICON seul.

Ne nous amusons point à la bagatelle, et songeons à mon maître, qui doit être à présent dans la rue. Mais que vient-il faire ici cette nuit? Est-ce qu'il voudroit achever les noces commencées? Si c'est là son dessein, je pourrois bien me repentir d'être si fidèle à ses ordres. D'un autre côté, si je lui manquois de parole, je serois sûr de recevoir de sa main cent coups de bâton à la première vue. Faisons ce qu'il me commande. Peut-être que les choses iront mieux que je ne pense.

(Il va ouvrir la porte de la rue.)

SCÈNE IX.

MOGICON, DON ANDRÉ.

MOGICON appelant son maître.

St, st, st.

DON ANDRÉ.

Est-ce toi, Mogicon?

MOGICON.

Oui; entrez doucement.

DON ANDRÉ.

Sont-ils tous retirés?

MOGICON.

Je le crois.

DON ANDRÉ.

Cela suffit. Ferme la porte.

MOGICON *après l'avoir fermée, revient.*

Elle est fermée.

DON ANDRÉ.

Tu n'as qu'à t'en aller présentement.

MOGICON.

Vous me faites fermer la porte, et vous voulez que je m'en aille?

DON ANDRÉ.

Va-t-en, te dis-je.

MOGICON.

(bas.) Quel homme! Il est fou, ou je meure... (haut.) Mais, ne puis-je savoir, mon maître, ce que vous venez faire ici?

DON ANDRÉ.

Ne me le demande point, et sors... Hé bien! don André, t'es-tu bien consulté? As-tu surmonté les remords?...

MOGICON *ayant ouvert la porte, revient.*

Vous attendrai-je dans la rue?

DON ANDRÉ.

Non, je te défends de sortir de la maison.

MOGICON.

Eh! Monsieur, de grâce, permettez moi de m'en aller.

DON ANDRÉ *s'emportant.*

Je te casse les bras, si tu me désobéis.

MOGIGON.

Ne vous mettez point en colère; je vais sortir, je ne sortirai pas, je ferai tout ce que vous voudrez; comptez sur mon obéissance.

DON ANDRÉ.

Tu as peur, à ce que je vois.

MOGICON.

Passablement.

DON ANDRÉ.

Oh bien! peur ou non, je ne veux pas que tu sortes du logis. Retire-toi dans la chambre où l'on te croit couché.

MOGICON.

Nous voilà d'accord.... (bas.) Demeurons ici pour savoir son dessein... (Il se cache dans un coin.)

DON ANDRÉ se met à rêver.

Que médites-tu? que vas-tu faire, perfide ami? Tu vas commettre le plus grand de tous les crimes. Quel outrage tu fais à don Juan? N'achève point cette perfidie. Résiste à des désirs que tu ne peux satisfaire sans irriter contre toi le Ciel, et faire horreur aux hommes. Pendant que le flambeau de la raison t'éclaire encore, fuis Léonor; sauve-toi de ces lieux.

(Il fait quelques pas comme pour sortir, puis il s'arrête.)

MOGICON bas.

Il a la tête diablement embarrassée.

DON ANDRÉ.

Mais, n'est-ce pas avoir déjà commencé le crime, que de m'être introduit ici? Et, pour abandonner cette entreprise, falloit-il attendre que je fusse sur le point de l'exécuter? Après tous les pas que j'ai faits, est-il temps de reculer? A quoi me résoudre? Pour me déterminer, mettons dans la balance, d'un côté, la confiance d'un ami, et de l'autre, la violence de mes désirs, ici la foi jurée, et là le plaisir attendu. O Ciel! que ma vertu et ma foi pèsent peu! Mon amour emporte la balance.

MOGICON bas.

Ouf! le frisson me prend pour Léonor.

DON ANDRÉ.

Faisons donc une action que d'autres après tout ont faite avant moi. J'ai tous les ferrements nécessaires pour ouvrir une porte. La chambre de Léonor, si je l'ai tantôt bien remarqué, est de ce côté-ci. (Il tire de sa poche des instruments de fer, et cherche à tâtons la chambre de Léonor.) Quoique sans lumière, en suivant le mur, je ne puis manquer de la trouver.

(Il ouvre la porte avec les ferrements, et regarde dans la chambre sans y entrer; puis il revient sur le bord du théâtre, laissant la porte entr'ouverte.)

MOGICON bas.

Il va s'introduire dans la chambre de Léonor! La pauvre femme! on lui prépare une étrange aubade.

DON ANDRÉ.

Quel saisissement vient me surprendre? D'où vient que la crainte s'empare de mes sens? Il semble que je n'ose m'engager plus avant. Quelle foiblesse de chanceler si long-temps! Ne différons plus. Tout est calme. Léonor repose. Entrons, et soufflons la lumière qui éclaire sa chambre. (Il entre.) Satisfaisons mes feux dans l'obscurité.

SCÈNE X.

MOGICON seul.

Il est entré, le scélérat; que fera-t-il là-dedans? ou plutôt que n'y fera-t-il point? Malheureux don Juan, tu as confié ta bourse à un voleur. Pendant que tu galopes pour aller rendre les derniers devoirs à ton père, don André veut rendre les premiers à ton épouse. Le perfide Ganelon! Quel châtiment ne mérite-t-il point? Approchons-nous de la porte pour écouter. (Il s'approche, et écoute un moment, et regarde par le trou de la serrure.) Je ne vois pas de lumière. Il l'a sans doute éteinte. Comment diable se terminera tout ceci? (Il s'approche encore pour écouter.) Léonor ne dit pas un petit mot; il faut qu'elle soit bien endormie. Ouais! prendra-t-elle la chose pour un songe? ou sa vertu seroit-elle tombée en apoplexie?

SCÈNE XI.

LÉONOR, MOGICON.

LÉONOR que l'on ne voit pas.

Inès, Béatrix, au secours!

MOGICON.

Ahi, ahi! la poudre prend.

LÉONOR que l'on ne voit pas.

Mon père, Alphonse, à l'aide!

MOGICON.

La catastrophe sera sanglante. De peur d'être impliqué dans cette affaire, sauvons-nous. (Il sort.)

SCÈNE XII.

LÉONOR, DON ANDRÉ.

LÉONOR en déshabillé et tenant don André par sa manche.

Qui que tu sois, insolent, tu ne m'échapperas point; et, quoique tes efforts aient été inutiles, tu recevras le châtiment dû à ton audace. Holà, Inès, de la lumière.

DON ANDRÉ *se débarrasse d'elle, cherche la porte à tâtons mais il ne peut la trouver.*

Je suis perdu ! Je ne puis trouver la porte.

LÉONOR *criant.*

Je ne le tiens plus, qu'on prenne garde qu'il ne sorte; et vite de la lumière.

SCÈNE XIII.

DON ANDRÉ, LÉONOR, DON GARCIE.

DON GARCIE *entrant l'épée à la main.*

J'accours à votre voix, Léonor.

DON ANDRÉ *mettant l'épée à la main.*

(bas.) C'est don Garcie, payons d'audace... (haut.) Où est le téméraire qui ose troubler le repos de Léonor et alarmer sa vertu ?

DON GARCIE.

Je viens punir son insolence.

DON ANDRÉ.

Je veux laver son attentat dans son sang.

DON GARCIE.

C'est par mes mains que le traître doit périr.

DON ANDRÉ.

Ce fer va lui percer le cœur.

LÉONOR.

On vient enfin. J'aperçois de la lumière.

SCÈNE XIV.

LÉONOR, DON ANDRÉ, DON GARCIE, DON JUAN, une bougie à la main.

LÉONOR apercevant don Juan.

Juste Ciel! c'est don Juan.

DON JUAN, voyant Léonor presque nue entre don Garcie et don André qui ont l'épée à la main, ferme la porte.

Quel spectacle s'offre à mes yeux!

DON GARCIE bas.

Quel contre-temps!

DON ANDRÉ bas.

Que lui dire qui puisse le satisfaire?

DON JUAN.

Quelle destinée est la mienne! au sortir de Valence, j'apprends la mort de mon père; et, quand je reviens ici chercher de la consolation, j'y trouve un plus juste sujet de douleur.

LÉONOR s'asseyant sur une chaise.

Hélas!

DON JUAN.

L'état où je vois Léonor glace mon cœur d'effroi, et semble m'annoncer la perte de mon honneur... (aux cavaliers.) Et vous, muettes statues, dont le trouble et la confusion justifient mes alarmes, éclaircissez-moi mon malheur. Comment, et pourquoi, à l'heure qu'il est, vous trouvez-vous dans l'appartement de Léonor?

DON GARCIE bas.

Que lui répondre?

DON JUAN.

Don André, vous ne me dites rien.

DON ANDRÉ.

bas.) Remettons-nous... (haut.) Mon silence ne vous en dit-il pas assez?

DON JUAN.

Il me fait assez comprendre quelle est mon infortune; mais j'en ignore les circonstances et l'auteur.

DON ANDRÉ.

Vous vous souvenez, don Juan, que vous me chargeâtes avant votre départ...

DON JUAN.

Je m'en souviens, passez...

DON ANDRÉ.

Chargé du soin de votre honneur, j'ai observé don Garcie, et je l'ai trouvé caché dans cet appartement. Vous voyez Léonor en désordre; vous me voyez l'épée à la main. Ne pouvez-vous juger du reste ?

DON JUAN mettant l'épée à la main et se tournant vers don Garcie.

C'est donc à don Garcie qu'il faut que je demande raison de l'offense...

DON GARCIE.

Attendez, don Juan.

DON JUAN.

Qu'avez-vous à me dire?

LÉONOR se levant de dessus son siége toute troublée.

O Ciel!

DON GARCIE.

Écoutez-moi. Deux mots vous feront connoître mon innocence. J'ai entendu les cris de Léonor; j'ai craint pour elle quelque pressant danger; j'ai aussitôt sauté par-dessus le mur qui nous sépare, et suis entré dans cet appartement pour la sauver du péril que pouvoit courir sa vie ou son honneur.

DON JUAN.

(bas.) Ce qu'il dit est vraisemblable; mais dois-je le croire sur sa parole, et soupçonner don André? non, l'un est mon ami, et je ne connois l'autre que pour un amant de Léonor. Ah! c'est sur don Garcie que doit tomber...Cependant ne précipitons rien. Examinons tout, et démêlons le coupable, s'il est possible... (à Léonor.) Madame, aidez-moi à découvrir lequel des deux doit être l'objet de ma vengeance.

LÉONOR.

Je ne puis vous donner de lumière là-dessus; ce qu'il y a de certain, c'est que l'un est venu pour me faire violence, et l'autre pour me secourir; mais la nuit confondant l'audace du coupable avec la générosité de l'innocent, je ne sais à qui des deux je dois ma reconnoissance ou ma haine.

DON GARCIE.

Mais, Madame, ne me suis-je pas écrié que j'accourois à votre aide?

LÉONOR.

J'en conviens.

DON ANDRÉ.

Mais, Léonor, n'ai-je pas menacé de ce fer l'audacieux qui troubloit votre repos?

LÉONOR.

Je ne le puis nier.

DON GARCIE.

J'ai donc volé à votre secours?

DON ANDRÉ.

Je suis donc venu pour vous venger?

DON JUAN.

Finissez l'un et l'autre. Vous ne faites qu'augmenter mon embarras..... (bas.) Qui des deux dois-je soupçonner? Ah! sans doute c'est don Garcie..... Mais comment don André a-t-il pu s'introduire dans cet appartement? Don Garcie, du moins, a dit par quelle voie il y est entré; et je ne vois pas qu'Alvarade ait pu s'y trouver sans trahison..... (haut.) Périsse donc....

DON GARCIE.

Qui?

DON ANDRÉ.

Qui?

DON JUAN.

Je ne sais..... Que dois-je faire?

DON GARCIE.

Punissez celui qui vous a outragé.

DON ANDRÉ.

Vengez votre honneur offensé.

SCÈNE XV.

DON JUAN, LÉONOR, DON GARCIE, DON FÉLIX que l'on ne voit pas.

DON FÉLIX frappant à la porte.

Ouvrez.

LÉONOR.

C'est mon père.

DON JUAN.

N'ouvrons pas. Épargnons à un père le chagrin

d'apprendre une aventure si désagréable. Je suspendrai ma vengeance jusqu'à ce que je sois mieux éclairci. Don Garcie, retournez chez vous. Don André, venez avec moi : sortons par cette autre porte ; et vous, Léonor, rentrez dans votre chambre.

(Don Garcie sort d'un côté, don André et don Juan sortent de l'autre.)

FIN DU TROISIÈME ACTE.

ACTE IV.

SCÈNE PREMIÈRE.

DON JUAN seul.

Dans quelle inquiétude j'ai passé la nuit! Le sommeil, qui suspend les plus grandes peines, n'a pu fermer mes yeux. Juste Ciel! Comment pourrois-je goûter la douceur du repos! L'affront fait à mon honneur se présente incessamment à ma pensée avec des circonstances si cruelles, que les plus rudes supplices n'ont pas plus de rigueur. Du moins si je n'ignorois pas l'auteur de l'offense, je pourrois, en l'immolant à mon ressentiment, soulager mes maux... Mais le Ciel en ce moment m'inspire et me le fait connoître. Oui, c'est don André d'Alvarade. Hier, quand je l'amenai ici, don Félix fut ému de colère en le voyant. Ce transport sans doute renfermoit quelque mystère..... Mais, que dis-je? insensé! Don Garcie ne peut-il avoir passé le mur que pour secourir Léonor? Ne dois-je pas plutôt le soupçonner qu'Alvarade, qui m'a toujours paru ami sincère.... Mais comment cet ami s'est-il trouvé ici pour défendre Léonor? C'est ce qui m'embarrasse et me confond. Je ne sais ce que je dois penser; ils me paroissent tous deux tour à tour innocents et coupables.

SCÈNE II.

DON FÉLIX, DON JUAN.

DON FÉLIX.

Vous me fuyez, don Juan; vous sied-il bien de me faire un mystère d'une chose qui me touche autant que vous? Ne suis-je pas votre beau-père, et, qui plus est, votre ami?

DON JUAN.

J'en suis persuadé.

DON FÉLIX.

Pour soulager vos peines, épanchez-vous donc avec moi en fils et en ami.

DON JUAN.

Il n'y a que la vengeance qui puisse me procurer du soulagement.

DON FÉLIX.

Si je souhaite d'apprendre l'aventure de cette nuit, ce n'est, don Juan, que pour m'associer à votre colère.

DON JUAN.

Je vais vous contenter : hier au soir dans cet appartement je trouvai don Garcie et don André....

DON FÉLIX.

Que m'apprenez-vous?

DON JUAN.

Et Léonor entre eux deux, presque nue, et demandant vengeance d'une insulte.

DON FÉLIX.

Étoient-ils tous deux coupables?

DON JUAN.

Non : l'un étoit venu pour triompher de son honneur, et l'autre pour la secourir.

DON FÉLIX.

Lequel est donc le criminel ?

DON JUAN.

Je l'ignore. Ils s'accusent l'un l'autre, et se justifient en même temps.

DON FÉLIX.

Et de qui se plaint Léonor ?

DON JUAN.

Les ombres de la nuit lui ont caché l'auteur de l'attentat.

DON FÉLIX.

Je dois vous aider à le découvrir; et si mon bras est trop foible pour seconder le vôtre, du moins je vais fortifier votre ressentiment par des conseils de vengeance. Sachez que don Garcie de Torellas a long-temps recherché ma fille, que je l'ai refusée à ses vœux, et que, malgré mes refus, il n'a pas cessé de chercher les occasions de la voir et de lui parler. Don André de son côté....

DON JUAN.

Don André est mon ami, et je ne puis croire....

DON FÉLIX.

Cette confiance vous aveugle. Don André aime Léonor; il me l'a dit lui-même.

DON JUAN.

De quelle manière pourrons-nous donc éclaircir nos soupçons, si don Garcie et don André nous sont également suspects?

ACTE IV, SCÈNE II.

DON FÉLIX.

Les témoins nous tireront d'incertitude.

DON JUAN.

Où les prendrons-nous ?

DON FÉLIX.

Les domestiques peuvent nous en servir. Les valets ont sans cesse les yeux ouverts sur les actions de leurs maîtres. Il faut commencer par la suivante de Léonor... Holà, Inès.

SCÈNE III.

DON FÉLIX, DON JUAN, INÈS.

INÈS.

Que vous plaît-il, Seigneur ?

DON FÉLIX.

Don Juan a besoin de toi, demeure... (bas à don Juan.) Je vais sortir, interrogez-la adroitement ; mais ne vous laissez point emporter à la colère ; et si Léonor a eu la foiblesse de trahir son devoir, quoique père, je plongerai ce fer dans son sein, avec une fermeté qui vous fera connoître que don Félix de Cabrera n'a rien au monde de plus cher que l'honneur. (Il sort.)

SCÈNE IV.

DON JUAN, INÈS.

DON JUAN bas.

Ciel ! donne-moi la force de me contraindre jusqu'à ce qu'il soit temps de faire éclater ma vengeance.

INÈS bas.

Don Juan veut avoir un tête-à-tête avec moi, cela ne vaut pas le diable.

DON JUAN.

Inès?

INÈS.

Seigneur.

DON JUAN.

Pourquoi te troubles-tu?

INÈS.

Cela m'est ordinaire, Seigneur; il me prend à ces heures-ci une légère émotion de fièvre.

DON JUAN.

Je veux savoir de toi....

INÈS.

Oh! je ne sais rien, je vous assure.

DON JUAN.

Tu réponds déjà! Tu sais donc?...

INÈS.

Je sais seulement que ce que vous m'allez demander est un secret pour moi.

DON JUAN.

Un secret?

INÈS.

Oui, seigneur.

DON JUAN lui présentant une bourse.

Inès, il ne faut pas marchander. Prends cette bourse. Dis-moi tout sans déguisement.

INÈS.

Dispensez-moi de parler.

DON JUAN tirant un poignard.

Que le Ciel me foudroie, si ce poignard....

ACTE IV, SCÈNE IV.

INÈS *effrayée*.

Ahi, ahi, ahi !

DON JUAN.

Si tu ne parles, je te tue.

INÈS.

Mais si je parle, aussi, n'ai-je rien à craindre ?

DON JUAN.

Non, je te le promets.

INÈS *tendant la main*.

Puisqu'il faut sauter le fossé, donnez-moi donc la bourse.

DON JUAN *lui donnant la bourse*.

Tiens.

INÈS *la prenant*.

Entre la bourse et la mort il n'y a pas, je crois, à balancer. J'étois enrouée, mais la voix m'est revenue. Cet accompagnement vaut mieux qu'un théorbe pour faire chanter une fille de ma sorte.

DON JUAN.

Commence donc.

INÈS.

Don Garcie aime ma maîtresse depuis cinq ou six ans.

DON JUAN.

Je sais cela ; et comment Léonor a-t-elle reçu ses services ?

INÈS.

Eh ! mais, comme une honnête fille reçoit les services d'un joli homme : d'abord assez mal, et dans la suite fort bien.

DON JUAN.

Se sont-ils souvent parlé?

INÈS.

Oh! pour cela oui, et même commodément tant la nuit que le jour, parce que, dans un endroit de la cloison qui est commune aux deux logis il s'est trouvé, par hasard ou autrement, une petite ouverture au travers de laquelle ils s'entretiennent tout à leur aise.

DON JUAN.

Que dis-tu?

INÈS.

Ce que je vous dis.

DON JUAN.

Me dis-tu la vérité?

INÈS.

Cela est si vrai, que j'entendis hier de mes propres oreilles les adieux qu'ils se firent, et qui furent, je vous assure, fort tristes. Il y eut force soupirs, plaintes réitérées, pleurs répandus. Il lui dit : Enfin, Léonor, vous êtes mariée. Elle lui répondit : Oui, je suis femme de don Juan. Adieu, don Garcie; adieu, Léonor; et là-dessus ils se séparèrent.

DON JUAN.

Ah! Inès, ton récit m'a percé le cœur.

INÈS bas.

Il n'a pourtant pas été aussi circonstancié que je l'aurois pu faire.

DON JUAN.

Où est la cloison?

ACTE IV, SCÈNE IV.

INÈS s'approchant de la cloison.

La voici; et si vous êtes curieux de voir l'ouverture dont je vous ai parlé, la voilà.

DON JUAN.

Quand ils veulent se parler, quel signe se font-ils?

INÈS.

Ils frappent de la main la cloison par deux fois.

DON JUAN.

Frappes-y.

INÈS.

Seigneur, quel est votre dessein?

DON JUAN.

Fais ce que je t'ordonne, et ne réplique pas.

INÈS frappe.

J'ai frappé.

DON JUAN bas.

Il faut que je me serve d'Inès pour interroger don Garcie... (haut.) Frappe encore.

INÈS frappe encore.

Vous êtes obéi.

DON JUAN.

Je veux surprendre son sentiment.

SCÈNE V.

DON JUAN, INÈS, DON GARCIE.

DON GARCIE que l'on ne voit pas.

Qui frappe?

DON JUAN bas à Inès.

Dis que tu es Léonor.

INÈS bas.

Que me contraint-il de faire!... (haut.) C'est Léonor.

DON GARCIE que l'on ne voit pas.

Que voulez-vous de moi, belle Léonor? tout malheureux qu'est don Garcie, peut-il encore vous être utile?

DON JUAN après avoir parlé à l'oreille d'Inès.

Dis-lui cela.

INÈS à don Garcie.

Apprenez-moi par quel motif vous êtes entré cette nuit dans mon appartement.

DON GARCIE que l'on ne voit pas.

Je l'ai fait, Léonor, pour satisfaire mon amour. Eh! pensez-vous que votre mariage le puisse éteindre? Non, non, je vous l'ai dit mille fois, il ne finira qu'avec ma vie; et je ne manquerai aucune occasion de vous en donner des marques.

DON JUAN bas.

Le traître se découvre.

DON GARCIE que l'on ne voit pas.

C'est vous qui m'attiriez, chère Léonor, et si la présence de don Juan n'eût pas mis obstacle à mon dessein, j'aurois eu la satisfaction de vous marquer à quel point je vous aime.

DON JUAN bas.

Peut-il parler plus clairement? L'insolent! Punissons sa témérité.... Mais, insensé! le peux-tu? Un mur le met à couvert de mon juste courroux. O Ciel! je connois l'offenseur, et je ne suis pas encore vengé!

SCÈNE VI.

DON JUAN, DON GARCIE que l'on ne voit pas, LÉONOR, INÈS.

LÉONOR sans voir don Juan.

Si je ne me trompe, je viens d'entendre la voix de don Garcie. Sachons ce qu'il me veut... Don Garcie... (Apercevant don Juan.) Que vois-je, malheureuse?

INÈS bas.

Voilà pour nous achever de peindre!

DON JUAN.

Qui cherchez-vous, Madame?

LÉONOR troublée.

Je cherchois...

DON GARCIE que l'on ne voit pas.

Je me persuade, Léonor, que vous m'aimez toujours.

LÉONOR bas.

Je suis perdue!

DON JUAN.

Pourquoi vous troublez-vous, Madame? Puisque ce mur sait vos sentiments, ne vous étonnez pas qu'il en rende témoignage à votre époux.

LÉONOR bas.

Il faut sauver mon honneur... (haut.) Que dis-tu, misérable? Quelle est ton audace? Ta bouche s'efforce en vain de souiller ma gloire. Mon cœur dément tes paroles. Don Juan est le seul que j'aime et que je veux aimer. Ne te le dis-je pas hier?

DON GARCIE que l'on ne voit pas.

Je l'avoue.

LÉONOR.

Au travers de ce même mur?

DON GARCIE que l'on ne voit pas.

Il est vrai.

LÉONOR.

Que prétends-tu de moi?

DON GARCIE que l'on ne voit pas.

Je n'espère rien.

LÉONOR.

Laisse-moi donc en repos.

DON GARCIE que l'on ne voit pas.

Je vous obéirai, cruelle. Vous serez contente. Je ne me présenterai plus à vos yeux.

LÉONOR.

C'est ce que je demande... (A don Juan.) Si ces mépris, dont vous venez d'être témoin, don Juan, ne suffisent pas pour guérir votre défiance, que mes soupirs et mes pleurs apaisent votre ressentiment.

(Elle se jette à ses genoux.)

DON JUAN la relevant.

Levez-vous, Madame... (à Inès.) Sors, Inès... Léonor.

LÉONOR bas.

Je tremble.

SCÈNE VII.

DON JUAN, LÉONOR.

DON JUAN.

Je vais vous ouvrir mon cœur; et, si j'ai toute l'agitation d'un époux offensé, je vous parlerai du moins avec la modération et les ménagements d'un véritable ami. Je vous crois innocente.

LÉONOR.

Vous me rendez justice.

DON JUAN.

Aidez-moi donc à découvrir l'auteur d'un outrage qui nous est commun. Contez-m'en toutes les circonstances; il n'en faut qu'une pour faire connoître l'audacieux qui doit être l'objet de ma vengeance.

LÉONOR.

Vous le voulez?

DON JUAN.

Vous diminuerez mes peines, ou vous augmenterez ma fureur.

LÉONOR.

Je ne vous cacherai rien.

DON JUAN bas.

Que va-t-elle dire? ô Ciel!

LÉONOR.

Peu de temps après qu'un léger sommeil se fut rendu maître de mes sens, un bruit dont j'étois bien éloignée de pénétrer la cause me réveilla. J'ouvris doucement les rideaux pour regarder dans la chambre; mais je me trouvai sans lumière. J'en fus étonnée, et je me sentis saisir de quelques mouvements de crainte, que je surmontai pourtant; et le péril me donnant de la hardiesse, je me levai pour gagner la porte et appeler du monde. J'entendis marcher quelqu'un autour de moi, et, voulant l'éviter, je me jetai moi-même entre ses bras.

DON JUAN bas.

Va-t-elle révéler son déshonneur et le mien?

LÉONOR.

Alors jugeant que mon silence ne feroit que favoriser l'audace de l'insolent, je remplis l'air de cris, et j'implorai le secours de tous ceux qui pouvoient m'entendre.

DON JUAN bas.

Quel supplice!

LÉONOR.

Cependant il fit tous ses efforts pour triompher de ma résistance ; mais la colère la rendit si forte, que le téméraire fut obligé d'abandonner son dessein. Si vous fussiez venu plus tôt, le traître étoit découvert. Je le tenois par ses habits. Malheureusement il m'échappa; et, un instant après, don Garcie et don André me crièrent qu'ils accouroient à mon secours.

DON JUAN.

Qui des deux a parlé le premier?

LÉONOR.

C'est don Garcie.

DON JUAN.

Don Garcie! Ah! don André, faut-il que je te soupçonne?

SCÈNE VIII.

DON JUAN, LÉONOR, ISABELLE.

ISABELLE.

Ah! Léonor! ah! don Juan!

LÉONOR.

Qu'est-il donc arrivé, Isabelle!

ACTE IV, SCÈNE VIII.

DON JUAN.

Qui vous amène ici, Madame?

ISABELLE.

Le valet de don André vient de sortir de chez nous, et m'a laissé ce billet pour don Garcie. Comme je sais qu'il y a quelque animosité entre Alvarade et mon frère, j'ai reçu le billet en tremblant, et je l'ai ouvert.

DON JUAN.

Hé bien?

ISABELLE.

Don André fait un appel à don Garcie, et je suis dans un grand embarras : si je montre l'appel à mon frère, il ne manquera pas de courir au rendez-vous; et si je le lui cache, Alvarade l'accusera de lâcheté. Je vous prie, don Juan, de vous trouver au rendez-vous, et d'arrêter, par vos soins, l'acharnement de deux hommes que la haine anime l'un contre l'autre. Par ce service, vous reconnoîtrez celui que mon frère vous a rendu cette nuit, en volant au secours de Léonor; et vous vous acquitterez en même temps de l'obligation que vous m'avez.

DON JUAN.

De quelle obligation?

ISABELLE.

Ce fut moi qui avertis don Garcie du besoin pressant que mon amie avoit d'être secourue. De grâce, que je trouve en votre prudence ce que vous avez trouvé dans le zèle de mon frère. Ne tardez pas, je vous prie : don André l'attend déjà peut-être, et pourroit, par un second billet qu'il recevroit, lui faire un nouveau défi.

DON JUAN.

Vous serez contente, Madame; mais dites-moi si vous entendîtes effectivement les cris de Léonor avant que don Garcie franchît le mur.

ISABELLE.

Hé! sans cela il ne l'auroit point passé.

DON JUAN.

Grâce au Ciel, je suis enfin éclairci. C'est don André qui m'a trahi... (bas.) Il faut que je me serve de cette occasion pour en tirer vengeance... (haut.) Madame, apprenez-moi le lieu du rendez-vous.

ISABELLE.

C'est derrière notre jardin.

DON JUAN.

C'est assez. J'y cours. Je vais laver dans le sang d'Alvarade...

ISABELLE.

Ah! Seigneur, je ne demande point sa mort; il suffira que vous empêchiez le combat.

DON JUAN s'en allant.

Madame, je ferai ce que l'honneur exige de moi.

SCÈNE IX.

LÉONOR, ISABELLE.

LÉONOR.

Tu verses des pleurs.

ISABELLE.

Tu vois ma douleur.

LÉONOR.

Quelle en est la cause?

ISABELLE.

La crainte.

LÉONOR.

Pour qui crains-tu ?

ISABELLE.

Pour don André, que j'aime, et pour un frère qui m'est cher. Ils causent tous deux mes peines.

LÉONOR.

Ils causent tous deux mes malheurs.

FIN DU QUATRIÈME ACTE.

ACTE V.

SCÈNE PREMIÈRE.

MOGICON seul.

Oh! parbleu, seigneur don André, quand vous voudrez faire des sottises, vous les ferez, s'il vous plaît, sans ma participation. Il est à cent pas d'ici qui attend don Garcie pour se couper la gorge avec lui : je n'ai pas mal fait de me retirer; car si la justice venoit à les surprendre, comme je ne suis déjà pas trop bien avec elle, je pourrois être coffré de compagnie... J'aperçois un cavalier; sans doute c'est don Garcie qui vient au rendez-vous; mais je me trompe. C'est don Juan que je vois; c'est lui-même, ou je meure! Après ce qui s'est passé, je dois le fuir comme un créancier. Ouf! je ne puis l'éviter. Le voici. Je suis perdu.

SCÈNE II.

MOGICON, DON JUAN.

DON JUAN.
Ah! Mogicon, où vas-tu?

MOGICON.
Seigneur... (bas.) Je ne sais que lui répondre... (haut.) Je vais, avec votre permission, continuer mon chemin.

ACTE V, SCÈNE II.

DON JUAN.

D'où viens-tu?

MOGICON.

Je viens de me promener pour dissiper un mal de tête qui me tient depuis hier.

DON JUAN bas.

Ce valet a quelque part à l'aventure de la nuit passée. Tirons-en par la crainte tout l'éclaircissement que nous pourrons... (haut.) Ah! traître! infâme!

(Il le saisit au collet et tire son poignard).

MOGICON effrayé.

Je vous demande pardon, seigneur don Juan, si j'ai eu le malheur de vous déplaire.

DON JUAN lui présentant le poignard.

(bas.) Feignons... (haut.) Vous êtes un coquin.

MOGICON se jetant aux genoux de don Juan.

Eh! oui, Seigneur.

DON JUAN.

Un scélérat.

MOGICON.

Non; mais j'ai le malheur d'être son valet.

DON JUAN.

Tu n'as qu'à te préparer à mourir.

MOGICON pleurant.

Eh! Seigneur, ayez pitié de moi.

DON JUAN lui mettant le poignard à la gorge.

Non, point de quartier, je te tue.

MOGICON toujours à genoux.

Miséricorde! qu'est-ce que je vous ai fait?

DON JUAN.

Ce que tu m'as fait, maraud? N'as-tu pas ouvert la

porte cette nuit à don Garcie?... (bas.) C'est pour le faire parler de don André.

MOGICON.

A don Garcie?

DON JUAN.

Oui, misérable, à don Garcie? Pourquoi l'as-tu introduit chez Léonor? Parle, si tu ne veux que je te punisse comme tu le mérites.

(Il lui remet le poignard sur la gorge.)

MOGICON toujours pleurant.

Ahi, ahi, ahi!... Seigneur, le Ciel m'écrase à vos pieds tout à l'heure, si j'ai ouvert à don Garcie...

DON JUAN.

A qui as-tu donc ouvert? dis, malheureux. Si c'est à don André, je te le pardonne; c'est ton maître, et d'ailleurs mon ami.

MOGICON se relevant et essuyant ses larmes.

Cela étant ainsi, je ne suis pas si près de ma dernière heure que je l'ai cru; oui, seigneur don Juan, c'est à don André que j'ai ouvert.

DON JUAN.

Il te l'avoit donc ordonné?... (bas.) Ah! perfide ami!

MOGICON.

Assurément... Mais rengaînez, s'il vous plaît, cette maudite dague qui me blesse la vue, et je vous parlerai sans déguisement.

DON JUAN.

C'est ce que j'exige de toi... ou bien...

MOGICON.

Vous n'avez plus besoin de me menacer. Je vais vous

conter tout ce que je sais, pourvu que vous ne me preniez point à partie, quelque chose que je vous puisse dire.

DON JUAN remettant son poignard.

Je te le promets.

MOGICON.

Sitôt que vous fûtes parti, don André me dit : Retourne chez le bonhomme don Félix. On t'y croit valet de don Juan, et l'on s'imaginera qu'il t'aura fait rester à Valence. Tu m'ouvriras cette nuit la porte de la rue, et m'introduiras dans l'appartement de Léonor.

DON JUAN bas.

Le traître !

MOGICON.

Je refusai d'abord mon ministère, à cause de l'importance de la chose ; mais, comme il sait aussi bien que vous me prendre par mon foible, il m'engagea à lui rendre ce service à peu près de la même manière que vous m'engagez à vous l'avouer.

DON JUAN.

Tu le fis donc entrer ?

MOGICON.

Vous n'en devez pas douter. Je lui ouvris, quand tout le monde au logis fut retiré ; et, dans l'obscurité, se glissant jusqu'à la chambre de Léonor, il entra dedans, et quelques moments après, j'entendis des cris. La boule m'échappa sur ces entrefaites, je me sauvai... Mais voici don André qui vient. Il peut vous dire la fin de cette aventure ; car il la sait d'original.

DON JUAN.

Je rends grâces au Ciel de m'avoir fait connoître enfin la victime que je dois m'immoler.

MOGICON s'en allant.

Et moi, je ne puis trop le remercier de m'avoir tiré de vos pates... (bas.) Il faut que je les observe de loin. Ils vont avoir ensemble un entretien fort sérieux.

SCÈNE III.

DON JUAN, DON ANDRÉ.

DON JUAN mettant l'épée à la main.

Je suis instruit de ta trahison, perfide.

DON ANDRÉ.

Que voulez-vous faire?

DON JUAN.

Punir ton crime.

DON ANDRÉ.

Quel crime? (bas.) Mogicon lui aura tout dit.

DON JUAN.

Peux-tu l'ignorer, toi qui as eu la lâcheté de le commettre?

DON ANDRÉ.

(bas.) Il faut jouer ici d'adresse... (haut.) Quoi! c'est moi que vous soupçonnez?

DON JUAN.

Songe à te défendre.

DON ANDRÉ.

Vous me connoissez, don Juan; vous savez que je ne suis pas homme à refuser de vous donner la satisfaction que vous me demandez; mais je veux auparavant vous faire voir que, pour un homme d'esprit et de bon sens, vous vous laissez furieusement prévenir.

DON JUAN.

Que direz-vous qui puisse vous justifier?

DON ANDRÉ.

Comment, justifier! Au lieu de me rendre grâces, vous me faites des reproches! Je vois bien que j'ai poussé l'amitié trop loin.

DON JUAN.

Oh! ne pensez pas, don André, éluder par une fable la vengeance que je médite. Après ce que votre valet vient de m'apprendre...

DON ANDRÉ.

Mon valet, justement mon valet; c'est ce que j'attendois... (bas.) Otons-lui l'impression que Mogicon lui a donnée... (haut.) Est-ce être raisonnable, don Juan, que de s'arrêter aux rapports des valets, qui ne savent pas ordinairement les secrets motifs qui font agir leurs maîtres. Un autre à ma place se brouilleroit avec vous. Mais moi, qui me pique d'avoir une amitié à toute épreuve, je compatis à vos peines; j'excuse votre erreur, et je veux bien vous pardonner l'injustice que vous me faites de me soupçonner de la plus grande de toutes les perfidies.

DON JUAN.

Faites-moi donc connoître la fausseté de mes soupçons.

DON ANDRÉ.

Cela ne me sera pas difficile, si vous m'écoutez sans prévention.

DON JUAN.

Je souhaite plutôt de vous trouver innocent que coupable.

DON ANDRÉ.

Je vous dirai donc que pour commencer à m'acquitter des soins que je vous avois promis de prendre pendant votre absence, hier, à l'entrée de la nuit, j'allai observer les avenues de votre maison. Je remarquai à quelques pas de la porte deux personnes qui s'entretenoient. Je m'approche d'elles, et à la faveur d'une avance que fait le mur en cet endroit, et qui m'empêchoit d'être vu, je prêtai une oreille attentive à leurs discours. C'étoit don Garcie qui parloit à la suivante de Léonor : ce cavalier faisoit de grandes plaintes, et disoit entre autres choses qu'il vouloit obtenir par la force ce que l'on avoit jusque-là refusé à ses prières et à ses soupirs. Que, cette même nuit, il prétendoit profiter de votre absence, et s'introduire dans l'appartement de Léonor, pour contenter sa passion malgré sa résistance.

DON JUAN bas.

Voilà un grand scélérat, ou je suis bien injuste.

DON ANDRÉ.

La suivante, au lieu de le détourner de ce dessein, me parut l'approuver. Elle lui dit même, sur la fin de leur conversation, qu'elle l'avertiroit par l'ouverture de la cloison quand sa maîtresse seroit couchée. Je ne vous dirai pas ce que signifie cette ouverture ; mais je compris par-là que c'étoit apparemment un endroit de la cloison par où les deux amants pouvoient se parler.

DON JUAN bas.

La connoissance qu'il a de cette ouverture me surprend.

DON ANDRÉ.

Le concert de don Garcie et de la suivante me fit trembler pour vous ; et, dès qu'ils se furent séparés, ne consultant que l'intérêt que je prenois à votre honneur, j'ordonnai à Mogicon d'aller chez vous et de m'ouvrir la porte quand il croiroit tous les domestiques retirés. Il n'y manqua pas : j'entrai ; et, quoique dans les ténèbres, je ne laissai pas de gagner l'appartement de Léonor. Je cherche à tâtons la porte de sa chambre ; je la trouve ouverte ; j'en suis étonné ; j'écoute avec attention ; j'entends un bruit sourd, et bientôt crier Léonor. Je vole à son secours, et ma présence rend inutile la violence du téméraire, qui, se voyant découvert, a recours à l'artifice. D'auteur qu'il est de l'attentat, il se fait auteur de la défense. Vous arrivâtes alors, don Juan, et votre arrivée m'empêcha de vous venger. Ce n'est pas tout : j'attends ici don Garcie pour le punir d'avoir osé vous rendre suspects mon zèle et mon amitié. A présent que vous êtes parfaitement instruit des motifs des démarches que j'ai faites, si vous persistez dans le dessein de m'ôter la vie, je vais la défendre avec la même ardeur que je l'aurois exposée pour la réparation de votre honneur.

(Il met l'épée à la main.)

DON JUAN bas.

Si je ne savois pas que don André aime Léonor, je pourrois me laisser éblouir par ses discours.... Cependant il ne s'est point mal justifié ; et, s'il ne paroît coupable que parce qu'il est amoureux de Léonor, don Garcie doit-il passer pour innocent ? O Ciel ! je sens que je retombe dans mes doutes !

DON ANDRÉ.

(bas.) Il balance, achevons de dissiper ses soupçons.... (haut.) Vous dirai-je encore, don Juan, une obligation que vous m'avez, et qui, sans contredit, est plus grande que toutes les autres.

DON JUAN.

Ne me la laissez pas ignorer plus long-temps.

DON ANDRÉ.

Apprenez qu'avant votre retour de Flandre, j'aimois Léonor; mais sitôt que j'ai su qu'elle vous étoit destinée, j'ai combattu, j'ai vaincu mon amour. Après cela, don Juan, si vous gardez encore quelque ressentiment, me voici prêt à vous faire raison.

DON JUAN.

Quoi! Alvarade, vous m'avez fait ce sacrifice?

DON ANDRÉ.

Je vous l'ai fait sans hésiter.

DON JUAN.

Juste Dieu! où m'alloit entraîner ma fureur! J'aurois percé le sein du plus fidèle de mes amis! Ah! don André, de grâce..... (il l'embrasse.) oubliez, dans cet embrassement, les soupçons injurieux que je vous ai fait paroître. Compatissez à ma douleur. J'en ai l'esprit si troublé, que vous ne devez, cher ami, faire aucune attention à tout ce que je vous ai dit.

DON ANDRÉ.

Fi donc! don Juan, vous n'y pensez pas. Je vous aime trop pour ne pas excuser tout.... (bas.) Bon! il n'a plus de défiance.... (haut.) Je veux même vous défaire de don Garcie; reposez-vous sur moi du soin de votre vengeance.

ACTE V, SCÈNE III.

DON JUAN.

Non, Alvarade, je ne me croirois pas vengé si don Garcie mouroit d'une autre main que la mienne.

DON ANDRÉ.

Vous pourrez donc bientôt vous satisfaire : don Garcie ne peut tarder.

DON JUAN.

Il ne viendra point. Il n'a pas reçu votre billet. Isabelle, sa sœur, le lui a caché, et m'a averti du rendez-vous.

DON ANDRÉ.

Comment ferons-nous donc?

DON JUAN.

Allons le chercher, et l'obliger à tirer l'épée.

DON ANDRÉ.

(bas.) Je dois empêcher qu'ils ne se parlent; mon artifice pourroit se découvrir..... (haut.) Allons le chercher, oui..... Faisons mieux.

DON JUAN.

Quoi?

DON ANDRÉ faisant semblant de rêver.

Quand j'examine..... je trouve..... non..... que dis-je? Oui, vraiment. C'est le meilleur parti.

DON JUAN.

Faites-le moi donc connoître.

DON ANDRÉ.

Que la punition soit conforme à l'offense. C'est pendant la nuit qu'il a voulu vous ravir l'honneur : servez-vous aussi de l'obscurité pour conduire vos coups.

DON JUAN.

Que me proposez-vous, don André? S'il est traître, son exemple m'autorise-t-il à le devenir?

DON ANDRÉ.

Ce n'est point être traître que de punir une trahison de la même manière qu'elle a été faite. Il faut garder les procédés de franchise, lorsqu'il s'agit du point d'honneur; mais, quand il est question de se venger d'un perfide, le ressentiment ne peut fournir des armes trop noires.

DON JUAN.

Un combat seroit un moyen plus noble.....

DON ANDRÉ.

L'événement en est incertain. Votre ennemi peut vous échapper.

DON JUAN.

Allons donc, cher ami, je m'abandonne à vous. Que faut-il faire ?

DON ANDRÉ.

Don Garcie passa par-dessus le mur pour vous offenser; faites la même chose pour en tirer vengeance. Il est déjà nuit. Nous sommes près de chez vous. Entrons..... (bas.) Combien de perfidies faut-il que je fasse pour en cacher une !

SCÈNE IV.

La scène est dans l'appartement de don Garcie.

DON GARCIE seul.

Avec quelle rigueur l'infidèle Léonor m'a traité ! Qui l'eût cru ? Est-ce donc cette même Léonor qui paroissoit m'aimer si tendrement ? qui me promettoit une éternelle fidélité? Quel fond peut-on faire après cela sur la constance des femmes? La volage n'est pas contente de m'ôter l'espérance de la posséder : elle aime déjà don Juan. Ah! Léonor, vous n'avez jamais été que foiblement prévenue en ma faveur, puisque vous avez pu m'oublier en si peu de temps. Holà, Gamache, Béatrix, Galindo; que veut dire ceci? Je n'entends personne dans toutes ces chambres, et je demeure sans lumière..... Allons donc, Galindo, quelqu'un.....

SCÈNE V.

DON GARCIE, GALINDO.

GALINDO se frottant les yeux.
Que souhaitez-vous, Seigneur?

DON GARCIE.
Que diable faisois-tu là-dedans?

GALINDO ivre.
J'y faisois ce qu'on fait quand on dort.

DON GARCIE.
Y étois-tu sans lumière?

GALINDO bégayant.
Oh! je suis fait à la fatigue, moi, je dors fort bien sans lumière.

DON GARCIE.
Tu as bu, je pense; tu es ivre?

GALINDO.
J'ai bu, il est vrai, j'ai bu; mais je ne suis pas ivre: tout homme qui est ivre a bu, cela est sans contredit; mais tout homme qui a bu n'est pas ivre.

DON GARCIE.

Qui t'a mis dans ce bel état?

GALINDO.

J'ai fait une petite débauche avec le cocher de Léonor.

DON GARCIE.

Le cocher de Léonor?

GALINDO.

Oui, ce coquin, pour célébrer les noces de sa maîtresse, s'est enivré; et moi, par complaisance, j'ai bu avec lui.

DON GARCIE.

Maraud, tu vas te réjouir d'une chose qui me rend le plus malheureux des hommes.

GALINDO.

C'est le cocher qui s'est réjoui; j'ai bu sans me réjouir, moi : le souvenir de vos feux méprisés me rendoit si triste, si triste, que tous les coups que je buvois étoient autant de coups de poignard.

DON GARCIE.

Je n'en doute pas.

GALINDO.

Je suis entré si vivement dans vos chagrins, que je me suis bourré d'une cinquantaine de coups pour le moins.

DON GARCIE.

Va me querir de la lumière.

GALINDO *cherchant la porte à tâtons.*

Vous en aurez bientôt, pourvu que je puisse trouver la porte.

DON GARCIE.

Hâte-toi.

GALINDO *donnant du ventre contre la porte.*
Voilà une porte qui est bien étroite aujourd'hui.

SCÈNE VI.

DON GARCIE seul.

Après le traitement que j'ai reçu de l'ingrate Léonor, faut-il que j'aie la foiblesse de l'aimer encore? Je sens que ma passion n'a jamais été plus violente. Ciel! l'amour peut-il subsister dans un cœur sans l'espérance?

SCÈNE VII.

DON GARCIE, GALINDO.

GALINDO *apportant de la lumière, et tombant.*
Voici de la lumière... Ce maudit plancher n'est guère uni.

DON GARCIE *passant brusquement dans une autre chambre.*
Que le diable t'emporte, ivrogne! Ne te présente plus devant moi, ou je te rouerai de coups.

SCÈNE VIII.

GALINDO *seul, se relevant, et cherchant à tâtons le flambeau et la bougie.*

Vous verrez que je ne trouverai ni le flambeau, ni la bougie. Ce n'est pas faute de chercher... (*Il ramasse le flambeau.*) Ah! je tiens le flambeau, c'est le principal.
(*Il passe dans une autre chambre.*)

SCÈNE IX.

DON JUAN, DON ANDRÉ, DON GARCIE.

DON JUAN.

Enfin nous avons franchi le mur, et, suivant les observations que j'ai faites, nous devons être ici dans l'appartement de don Garcie.

DON ANDRÉ.

Ne faisons point de bruit. J'entends marcher quelqu'un.

DON GARCIE traversant l'appartement.

Béatrix, où es-tu? Va voir si ma sœur est retirée.

DON ANDRÉ.

C'est don Garcie qui vient de parler. Préparez-vous, don Juan.

DON JUAN.

Alvarade, arrêtons un moment. Mon cœur résiste à la trahison que vous me faites faire. Je sens qu'il faudroit me venger plus noblement.

DON ANDRÉ.

Songez à l'affront que vous avez reçu. Rendez-vous maître de cette honteuse foiblesse. Il n'est plus temps de faire des réflexions.

DON JUAN.

C'en est fait, don André, vous ne vous plaindrez plus. Vous serez content de moi... Mais on vient, écoutons. C'est peut-être don Garcie.

DON GARCIE revenant et traversant la chambre où sont don André et don Juan.

Je crois que ces coquins de valets prennent plaisir à me laisser sans lumière... Holà! Gamache.

DON ANDRÉ.

Le voilà qui passe. Suivez ses pas. Je vous attends ici; mais prenez garde de le manquer.

DON JUAN suivant don Garcie à sa voix.

Laissez-moi faire... (Don André demeure dans un coin de la chambre).

DON GARCIE revient dans la même chambre et la traverse encore, et don Juan le suit, le poignard à la main.

J'ai voulu entrer dans ma chambre, mais la porte en est fermée. Je retourne sur mes pas. Il me semble entendre marcher quelqu'un. Qui va là? On ne répond point. Je vais à la chambre de ma sœur; elle ne doit pas être encore couchée.

(Il passe auprès de don André en traversant la chambre. Don Juan, qui le suit, s'embarrasse dans don André qu'il rencontre, et, le prenant pour don Garcie, le frappe. Don Garcie passe sans s'en apercevoir.)

DON JUAN frappant don André.

Tiens, traître, reçois le prix de ta lâche trahison.

DON ANDRÉ tombant.

Je suis mort.

DON JUAN le frappant encore.

Tu n'as que trop mérité ce châtiment.

DON ANDRÉ.

C'est moi, don Juan, c'est moi qui t'ai trahi. J'avois résolu d'enlever ta femme.

DON JUAN.

Meurs avec le regret de n'avoir pas exécuté ton dessein. Cherchons don André pour lui apprendre que je me suis vengé.

SCÈNE X.

DON JUAN, MOGICON.

MOGICON *que l'on ne voit pas, frappant à la porte.*
Ouvrez vite, ouvrez.

DON JUAN.
On frappe rudement à la porte.

MOGICON *que l'on ne voit pas.*
Oui, Madame, je les ai vus passer par-dessus le mur, et cela ne signifie rien de bon.

LÉONOR *que l'on ne voit pas.*
Ouvrez, Isabelle.

DON JUAN.
C'est Léonor. Je reconnois sa voix... Mais qu'importe qu'elle voie de ses propres yeux don Garcie mort.

SCÈNE XI ET DERNIÈRE.

DON GARCIE, DON JUAN, DON ANDRÉ, mort, LÉONOR, ISABELLE, MOGICON.

DON GARCIE *avec de la lumière, et l'épée nue.*
Quel bruit se fait entendre?

DON JUAN *voyant don Garcie vivant et don André mort.*
O juste Ciel!

DON GARCIE.
Est-ce une illusion? Vous dans ma maison, don Juan, et couvert du sang d'Alvarade!

ACTE V, SCÈNE XI.

DON JUAN.

Je m'y étois introduit, don Garcie, pour vous percer le sein : mon esprit séduit étoit armé contre l'innocent ; mais ma main a trouvé le coupable.

ISABELLE voyant don André mort.

Quel objet s'offre à mes regards?

DON JUAN.

Don André m'a dit en mourant que c'est lui qui m'a offensé.

DON GARCIE.

Le criminel fuit en vain sa peine.

LÉONOR.

La trahison cherche le châtiment.

DON JUAN à Léonor.

Mon honneur est satisfait. Sortons, Madame.

MOGICON.

Et toi, Mogicon, que vas-tu devenir ? Personne ici n'est touché de la mort de don André. Pour moi, je dois la pleurer; il étoit sur le point de me payer mes gages, et je vais avoir affaire à ses héritiers, qui me demanderont peut-être encore du reste.

FIN DU CINQUIÈME ET DERNIER ACTE.

DON FÉLIX DE MENDOCE,

COMÉDIE

DE LOPE DE VEGA CARPIO.

(Cette pièce est intitulée dans l'espagnol : *Guardar y guardar se*, GARDER ET SE GARDER. Elle n'a jamais été représentée sur notre théâtre.)

PERSONNAGES.

DON PÈDRE, roi d'Aragon.
LE COMTE DE TORTOSE, connétable d'Aragon.
DONA ELVIRE, sœur du comte.
HIPPOLYTE, cousine d'Elvire.
DON FÉLIX DE MENDOCE, cavalier castillan.
DON CÉSAR, capitaine des gardes du roi.
BÉATRIX, suivante d'Elvire.
RAMIRE, valet de don Félix.
LAZARILLE,
ALONSE, } valets du comte.

La scène est à Saragosse, dans un salon du palais qui communique aux appartements du comte et d'Elvire.

DON FÉLIX DE MENDOCE,

COMÉDIE

EN CINQ ACTES.

ACTE PREMIER.

SCÈNE PREMIÈRE.

LE ROI, LE COMTE.

LE ROI.

Quoi? lorsque je m'intéresse à la fortune d'Elvire; quand je songe à lui donner un époux, comte, vous l'éloignez de ma cour sous un prétexte vain. C'est mal expliquer mes bontés.

LE COMTE.

Seigneur, j'ai suivi vos ordres; ma sœur a reçu ma lettre, et revient. Elle sera ce soir à Saragosse.

LE ROI.

C'est assez, comte, ne parlons plus du passé. Je prends part plus que jamais au destin d'Elvire. Je veux moi-même lui choisir un époux. Cependant n'ayez aucune inquiétude.

LE COMTE.

Seigneur, je me repose sur vos bontés... (à part.) Je ne cesse pas de craindre.

SCÈNE II.

LE ROI, LE COMTE, DON CÉSAR.

DON CÉSAR.

Un cavalier castillan demande l'honneur de se présenter à votre majesté.

LE ROI.

Qu'on le fasse entrer.

SCÈNE III.

LE ROI, LE COMTE, DON FÉLIX.

DON FÉLIX se jetant aux pieds du roi.

Grand roi, qui voyez fleurir sous vos justes lois l'Aragon, Naples et la Sicile, souffrez qu'un soldat de Castille implore contre ses ennemis votre protection puissante.

LE ROI.

Levez-vous, jeune guerrier, vous portez sur le front le glorieux caractère de la valeur; je ne puis vous refuser mon appui. Qui vous amène en Aragon?

DON FÉLIX lui présentant un billet.

Seigneur, avant que je vous en instruise, je vous supplie de lire ce billet.

ACTE I, SCÈNE III.

LE ROI prenant la lettre.

(au comte.) Comte, laissez-nous..... (à don Félix.) Qui m'écrit cette lettre ? (Le comte sort.)

DON FÉLIX.

C'est une dame que j'ai rencontrée à Villaréal.

LE ROI ouvrant le billet.

Son nom ?

DON FÉLIX.

Elle défendit à ses domestiques de me l'apprendre.

LE ROI bas.

C'est Elvire. Lisons.

« Don Félix de Mendoce a été obligé de quitter la
« cour de Castille pour des raisons qu'il doit dire à
« votre majesté. Je la supplie très humblement de les
« écouter et d'avoir la bonté de le protéger contre ses
« ennemis, qui en veulent à sa vie et à son honneur.
« Son mérite le rend digne de cette grâce, que je
« prends la liberté de vous demander pour lui. »

(bas.) Elvire revient, et ce cavalier pourra m'être nécessaire..... (haut.) Don Félix, je connois votre noblesse : je sais que vous descendez des premiers Goths qui conquirent l'Espagne. Je vous donne un asile en mon palais. Ne craignez rien. Je m'intéresse pour vous.

DON FÉLIX.

Ah! Seigneur, puissé-je, en versant tout mon sang à votre service, vous marquer.....

LE ROI l'interrompant.

Je suis content de votre zèle. Dites-moi seulement pour quelle offense votre vie est menacée.

DON FÉLIX.

Après la conquête d'Antequerre et de Malaga, je

m'attachai à une dame de Tolède, nommée Blanche de Guzman. Elle agréa mes soins, et elle y répondit. Nos jours couloient dans la plus parfaite intelligence, lorsqu'on apprit à Tolède qu'Almanzor sortoit de Jaën, suivi des plus braves guerriers maures, dans le dessein de rétablir sa gloire et de réparer ses pertes passées. Ce bruit réveilla l'oisive jeunesse de notre cour, et chacun fit ses préparatifs pour aller joindre le grand-maître de Calatrava. Il fallut quitter Blanche. Que mon départ lui coûta de larmes ! J'avois fait travailler en or une devise que je lui donnai. C'étoit un Amour qui expiroit de douleur dans les bras d'une nymphe. De peur d'abuser de vos bontés, Seigneur, je passerai sous silence ce que nous fîmes contre Almanzor.

LE ROI.

Non, Mendoce, je suis bien aise de vous entendre raconter le succès de cette guerre.

DON FÉLIX.

A peine fûmes-nous à Sierra-Morena, qu'un mélange agréable de diverses couleurs s'offrit à nos regards. Nous vîmes briller aux rayons du soleil, dans des bannières d'or et de soie, les orgueilleuses lunes maures. Nous allons à nos fiers ennemis ; nous les attaquons avec cette furie qui rend les Espagnols si redoutables, et nous en faisons un horrible carnage. Les Maures soutiennent nos premiers efforts sans s'ébranler ; mais peu à peu leur ardeur se ralentit, leur courage s'abat, et la victoire se déclare pour nous. Après leur défaite je retournai à Tolède ; mais, hélas ! mon retour n'étoit plus souhaité de Blanche. Son froid accueil et son air embarrassé me firent pressentir son inconstance, et voici ce qui acheva de m'en éclaircir. Un soir, don Sanche son parent sortoit du palais; ce cavalier n'avoit point partagé avec nous les périls de la guerre; il traînoit à la cour une vie molle et oisive. Je passai près de lui, et je vis, à la faveur des flambeaux qui l'éclairoient, briller sur son chapeau la devise que l'infidèle Blanche avoit reçue de moi. Quel fut mon trouble à cette vue! Don Sanche, lui dis-je, cette devise seroit plus juste si la perfide nymphe, pour avoir manqué de foi, étoit morte elle-même par les mains de l'Amour outragé! Don Sanche répondit: Qu'importe que cet Amour ait perdu la vie, s'il en renaît un autre plus digne de la nymphe? Plus digne, m'écriai-je; ah! si vous ne le savez, apprenez que cet Amour représentoit le mien, et que je vous surpasse en toutes choses. Vous mentez, dit brusquement don Sanche, et c'est moi seul qui mérite d'être aimé de Blanche. Je condamne ici, Seigneur, mon emportement; mais je n'en fus pas maître. Je levai la main, et l'insolent don Sanche en reçut un honteux châtiment. Il tira l'épée aussitôt en criant à ses valets, qui étoient en assez grand nombre, de venger son affront. Ils veulent lui obéir. Ils m'enveloppent, ils me pressent; mais ma colère me fait mépriser le péril; je joins mon rival et je le perce. Il tombe à mes pieds. Je le crois mort, et je ne songe plus qu'à me retirer. Ses valets me poursuivent; mais le mien, se serrant à mes côtés, courageusement m'aide à les écarter, et, la nuit favorisant notre retraite, nous gagnons la demeure d'un ami qui nous donne deux de ses meilleurs chevaux. Voilà, Seigneur, de quelle manière je suis venu dans vos états, où la fortune a cessé de me persécuter, puisque j'ai trouvé une dame généreuse, ou plutôt une favorable divinité dont la compassion....

LE COMTE rentrant dans le salon.

Seigneur, Elvire vient d'arriver.

LE ROI.

Il suffit. Comte, vous voyez dans ce cavalier don Félix de Mendoce. Il est sorti de Castille pour des raisons qui regardent son honneur et sa sûreté. Le roi, son maître, m'écrit en sa faveur. Je ne puis mieux le confier qu'à votre zèle. Vous veillerez sur ses jours, et vous m'en répondrez.

LE COMTE.

Je mets ma gloire à vous obéir.

LE ROI sortant

Je mets la mienne à le protéger.

SCÈNE IV.

LE COMTE, DON FÉLIX.

LE COMTE.

Oui, seigneur don Félix, je prendrai tous les soins dont le roi vient de me charger. Quand il y auroit ici mille piéges dressés contre votre vie, reposez-vous sur moi : ma vigilance ne vous doit laisser aucune inquiétude.

DON FÉLIX.

Seigneur, je vous dois trop; mais je crois vos soins peu nécessaires : mes ennemis n'oseront attenter sur des jours que vous voulez défendre.

LE COMTE.

Quand ils l'oseroient, leurs coups n'iront pas jusqu'à vous. Don Félix, suivez-moi.

DON FÉLIX.

Je vous suis; mais auparavant permettez que je donne quelques ordres à ce valet.

(Le comte sort.)

SCÈNE V.

DON FÉLIX, RAMIRE.

DON FÉLIX.

Ramire...

RAMIRE.

Hé bien, de quoi s'agit-il?

DON FÉLIX.

Il faut que tu partes tout à l'heure pour aller à Villaréal.

RAMIRE.

Quoi faire?

DON FÉLIX.

Remercier la dame que tu sais de l'accueil que le roi m'a fait.

RAMIRE.

Peste! Vous êtes un grand observateur du cérémonial.

DON FÉLIX.

C'est une chose dont je ne puis honnêtement me dispenser. La reconnoissance...

RAMIRE.

Dites plutôt l'amour; car vous me parlez sans cesse de cette dame.

DON FÉLIX.

Je ne m'en défends pas : elle a su me charmer. Dispose-toi, Ramire, à faire ce petit voyage.

RAMIRE.

Je suis tout prêt à remonter à cheval... Mais je vois cette dame, ou je meure. Elle vient au-devant de votre compliment.

DON FÉLIX.

En croirai-je mes yeux ?

RAMIRE.

Croyez-les en toute assurance.

SCÈNE VI.

DON FÉLIX, LE COMTE, ELVIRE, BÉATRIX, RAMIRE.

LE COMTE.

Oui, ma sœur, c'est un hôte que le roi nous donne; aidez-moi à le bien recevoir.

BÉATRIX bas à Elvire.

C'est don Félix de Mendoce.

ELVIRE.

(au comte.) Je ferai ce que je dois, Seigneur... (bas à Béatrix.) Béatrix, mon cœur se trouble.

DON FÉLIX bas.

Ma surprise est extrême !

RAMIRE bas à son maître.

Ne faites pas semblant de la connoître.

LE COMTE.

Seigneur, vous voyez ma sœur Elvire. Elle s'intéresse autant que moi à votre sort.

BÉATRIX bas.

Oui, tout au moins.

DON FÉLIX saluant Elvire.

Un frère généreux, par cette assurance, adoucit, Madame, la rigueur de ma destinée; mais, que dis-je, adoucit? Déjà j'oublie mes peines, et, charmé de l'appui que je trouve ici, je bénis l'infortune qui me l'a procuré.

ELVIRE.

Jugez de mes sentiments par les vôtres, Seigneur: mon frère et moi nous prenons intérêt à ce qui vous touche, et notre penchant s'accorde avec l'ordre du roi. Puissiez-vous trouver en Aragon la fin de vos déplaisirs!

DON FÉLIX.

Ah! Madame, que ne vous dois-je point! Je conserverai jusqu'au dernier soupir vos bontés gravées dans mon cœur.

LE COMTE.

Ne consumons pas le temps en compliments frivoles. Ma sœur, conduisez le seigneur Mendoce au salon du jardin. Je m'y rendrai dans un moment. Que me veut don Alonse? Il paroît avoir quelque chose à me dire.

(Don Félix donne la main à Elvire, et sort avec elle, Béatrix et Ramire.)

SCÈNE VII.

LE COMTE, ALONSE.

ALONSE fouillant dans ses poches, et tirant des papiers

Qu'est devenu ce papier?

LE COMTE.

Que cherches-tu ?

ALONSE *fouillant toujours dans ses poches, et tirant des papiers.*

Je cherche... Oui, sans doute, il faut que le diable s'en mêle... Mais celui-ci peut-être... (*lisant.*) Au comte de Tortose; justement, je croyois avoir perdu cette lettre.

LE COMTE *après avoir ouvert la lettre.*

Je n'y vois pas de seing ! Qui peut m'avoir écrit ainsi ?

ALONSE.

Un courrier me l'a donnée pour vous la remettre.

LE COMTE.

C'est assez, laisse-moi.

SCÈNE VIII.

LE COMTE seul. (Il lit.)

« Pour venger l'affront que votre excellence fit au-
« trefois à don Alvar de Mendoce, don Félix, son pa-
« rent et son intime ami, est allé en Aragon, sous
« prétexte de fuir des gens qui ne le poursuivent pas ;
« mais dans le dessein effectif de vous tuer en trahison.
« Le Ciel veuille en préserver votre excellence. »

Don Félix est chez moi pour m'ôter la vie ! C'est donc un assassin que le roi m'a confié. Hé, que sait-on ! Dès ce jour même peut-être le perfide se propose de me percer le sein. Ah ! lâche ; je veux prévenir ta fureur. Je vais... Mais, suis-je sûr qu'il médite un si noir attentat? Non, je ne puis me l'imaginer. Don Félix est d'un sang trop noble pour en être capable, et je crois plutôt que cette lettre est l'ouvrage de ses ennemis. Ils voudroient lui ôter tout asile; mais ils le servent, au lieu de m'armer contre lui... Que dis-tu, malheureux? Peux-tu avoir oublié l'outrage que tes feux parjures ont fait à don Alvar? Tu enlevas de chez lui sa trop crédule sœur, et, malgré la foi jurée, tu refusas sa main. Après cela, tes jours peuvent-ils être assurés? Il n'en faut plus douter: don Félix vient venger cet affront. Juste Ciel! dans quelle confusion de pensées me jette cette lettre! Ce n'étoit donc pas assez que l'amour du roi me causât de l'inquiétude, il faut encore que je craigne pour ma vie. O don Pèdre! O Mendoce, funestes à mon repos! ou plutôt, c'est à vous, ô vengeance céleste, que je dois imputer le désordre où sont mes esprits!... Quelles indignes terreurs! Quelle foiblesse à moi de les écouter! Bannissons-les. Puisque l'on m'avertit de me tenir sur mes gardes, me convient-il de craindre? Observons tout. Gardons mon ennemi, la générosité m'y oblige, ma parole m'y engage, et mon roi me le commande.

FIN DU PREMIER ACTE.

ACTE II.

SCÈNE PREMIÈRE.

DON FÉLIX, RAMIRE.

DON FÉLIX.

Quel bonheur! Ramire.

RAMIRE.

Mon maître, s'il vous plaît, allons doucement. La dame de Villaréal se trouve sœur du connétable d'Aragon : le roi nous loge avec elle; vous aurez souvent occasion de la voir et de lui parler : tout cela vous réjouit, n'est-ce pas ?

DON FÉLIX.

Infiniment.

RAMIRE.

Cela m'afflige fort, moi.

DON FÉLIX.

D'où vient?

RAMIRE.

Je crains qu'on ne vous aime.

DON FÉLIX.

Comment, maraud! c'est ce que je désire avec ardeur.

RAMIRE.

Vous avez tort. Encore pour aimer, passe; cela ne

sauroit nous faire beaucoup de mal ; mais d'être aimés, peste ! le Ciel nous en préserve.

DON FÉLIX.

Pourquoi?

RAMIRE.

C'est que j'y vois deux inconvénients. Le premier est un crime de lèse-majesté. Le roi a fait au comte un mystère de la lettre d'Elvire, et lui a même dit que le roi de Castille lui a écrit en votre faveur. Ce mensonge me fait faire des réflexions qui m'alarment pour vous et pour moi.

DON FÉLIX.

Venons au second inconvénient.

RAMIRE.

Il me paroît aussi dangereux que le premier.

DON FÉLIX.

Voyons.

RAMIRE.

Si le comte vient à flairer votre amour, crac, il nous mettra tous deux à la porte.

DON FÉLIX.

Oh ! je m'étudierai à lui cacher mes sentiments.

RAMIRE.

Vous avez fort bien commencé. Hier, dans le salon du jardin, il vous échappa des marques de passion dont je suis sûr que le connétable s'aperçut, car il avoit l'air inquiet ; et je remarquai même qu'il vous observoit avec une attention mêlée de défiance. Si vous ne devenez plus circonspect, il nous faudra bientôt plier bagage.

DON FÉLIX.

Ne te mets point en peine, mon ami ; mes paroles

et mes actions seront bien mesurées ; mais n'espère pas que je puisse cesser d'aimer Elvire. Je suis trop épris de sa beauté ; et d'ailleurs ce seroit une bassesse de cœur à moi de me défendre de cet amour, de peur d'y rencontrer des obstacles.

RAMIRE.

Ce seroit plutôt un trait de prudence. Parbleu, si vous ne pouvez vivre sans maîtresse, que ne consacrez-vous votre oisiveté à l'aimable Hippolyte qui vous lorgne, ce me semble, assez tendrement? Elle n'est pas, à la vérité, si belle qu'Elvire, sa cousine, ni tout-à-fait si jeune ; mais en récompense vous n'aurez point de dangereux compétiteurs à craindre.

DON FÉLIX.

Discours inutiles, mon enfant! Je ne puis aimer que la sœur du connétable. Pour elle seule.....

RAMIRE.

Chut..... Voici sa confidente.

SCÈNE II.

DON FÉLIX, RAMIRE, BÉATRIX.

BÉATRIX.

Quoi! déjà levé, seigneur don Félix, vous êtes diligent.

DON FÉLIX.

Ah! ma chère Béatrix, l'amour ne permet guère de reposer.

RAMIRE.

Non, ma foi, le repos n'est pas fait pour les amants, encore moins pour leurs valets.

####### BÉATRIX.

Quelque dame de Tolède cause sans doute votre inquiétude.

####### DON FÉLIX.

Les soucis que j'avois en Castille ne sont pas ceux qui m'occupent en Aragon.

####### BÉATRIX.

C'est-à-dire que ma maîtresse.....

####### DON FÉLIX.

Je l'adore, et c'est d'elle que dépend le bonheur ou le malheur de ma vie.

####### BÉATRIX.

Vous êtes donc bien amoureux?

####### RAMIRE.

A la folie.

####### DON FÉLIX.

Mon amour ne peut augmenter. Que fait la charmante Elvire? Le sommeil apparemment la tient encore dans ses bras.

####### BÉATRIX.

Non, elle est à sa toilette.

####### RAMIRE.

Elle a peut-être aussi ses inquiétudes.

####### BÉATRIX.

Voilà un homme d'une grande pénétration.

####### RAMIRE.

Nous ne sommes donc pas si diligents, puisque le soleil est déjà levé.

####### BÉATRIX.

Oh! point de raillerie! Je vous jure que l'astre du jour n'est pas plus brillant lorsqu'il sort du sein de l'onde, que ma maîtresse quand elle sort de son lit.

DON FÉLIX.

J'en suis persuadé. Heureux qui pourroit la voir à sa toilette.

BÉATRIX.

C'est un plaisir que je vous procurerai, si vous le souhaitez.

DON FÉLIX.

Si je le souhaite! Ah! ma chère Béatrix, que je t'aie cette obligation.

BÉATRIX.

Approchez-vous de la porte; elle est entr'ouverte; mais ne faites pas de bruit. Couvrez-vous de la portière, et considérez Elvire tout à votre aise. (Don Félix s'approche de la porte de la chambre d'Elvire.)

RAMIRE à Béatrix.

La bonne Béatrix fait obligeamment tout ce qui dépend de son petit ministère.

BÉATRIX.

Assurément. Ne faut-il pas faire plaisir quand on le peut?

RAMIRE.

La belle âme! Puisque vous prenez plaisir à obliger le prochain, il faut, mademoiselle Béatrix, que je vous offre une occasion d'exercer votre humeur bienfaisante.... Je me sens du goût pour vous.... et je voudrois.... (Il lui prend la main.)

BÉATRIX le repoussant.

Parlons, je vous prie, sans gesticuler. Vous m'aimez, dites-vous?

RAMIRE.

Puisque mon maître aime votre maîtresse, il faut bien que je vous aime aussi. C'est la règle en Castille.

BÉATRIX.

On en use à peu près de même en Aragon.

RAMIRE.

J'en suis ravi.

BÉATRIX.

Vous avez donc envie de me plaire?

RAMIRE.

Vous n'en devez pas douter.

BÉATRIX.

Cela étant ainsi, je crains fort....

RAMIRE.

Quoi?

BÉATRIX.

De vous trop aimer.

RAMIRE.

Tout de bon? Me trouvez-vous assez bien taillé pour mériter.....

BÉATRIX.

Comment, bien taillé? Vous êtes fait à peindre. Vous avez un air original.

RAMIRE.

(bas.) Je l'ai charmée. *Vivat!* (haut.) Effectivement j'étois, sans vanité, à Tolède la coqueluche des filles de bon goût.

BÉATRIX.

Je crois cela sans peine; mais dites-moi franchement, monsieur Ramire, si vous aimez avec délicatesse. Vous contentez-vous d'inspirer de tendres sentiments ?

RAMIRE.

Fi donc! me prenez-vous pour un fat? Je suis homme réel, mademoiselle Béatrix.

BÉATRIX.

Je vous entends; et votre franchise m'enchante. Oh! bien, puisque vous me parlez à cœur ouvert, je veux suivre votre exemple, et vous avouer de bonne foi que je ne suis pas de bronze.

RAMIRE.

Je le crois bien. Quelle sincérité! Que les Aragonnoises sont traitables!

BÉATRIX.

Oui, mais elles ont un défaut qui pourra vous dégoûter d'elles.

RAMIRE.

Quel défaut?

BÉATRIX.

Elles sont capricieuses et sujettes à des envies bizarres, à des fantaisies ridicules, que leurs amants sont obligés de satisfaire, s'ils en veulent obtenir des faveurs.

RAMIRE.

Il n'est pas possible.

BÉATRIX.

Pardonnez-moi. Par exemple, il m'en vient une en ce moment qu'il faut que vous contentiez.

RAMIRE.

Quelle est-elle, s'il vous plaît?

BÉATRIX.

Ce n'est qu'une bagatelle, qu'un rien.

RAMIRE.

Mais encore?

BÉATRIX.

Faites-moi présent d'une de vos oreilles.

RAMIRE.

Plaît-il?

BÉATRIX.

Allons, coupez-vous tout à l'heure une oreille, et me la présentez galamment. Je la mettrai dans mon cabinet avec une douzaine d'autres que j'ai.

RAMIRE.

Comment diable, une oreille!

BÉATRIX.

Hâtez-vous de me donner ce petit témoignage de tendresse.

RAMIRE.

Quelque sot, ma foi! Voilà de plaisantes fantaisies.

BÉATRIX.

Quoi donc! vous balancez, je pense.

RAMIRE.

Non, mademoiselle Béatrix, non, je ne balance point du tout : je ne donnerois pas seulement le bout de mon oreille pour toutes les filles d'Aragon.

BÉATRIX.

Ma maîtresse m'a chargée d'une commission : pendant que je m'en acquitterai, vous ferez vos réflexions là-dessus.

SCÈNE III.

DON FÉLIX à la porte d'Elvire, RAMIRE.

RAMIRE.

Elles sont toutes faites..... Maugrebleu de l'impertinente avec son envie. Ma foi, si elle veut que je m'amuse à lui en conter, il faudra bien qu'elle change de note..... Mais, ouf! je vois venir le comte. Il va surprendre mon maître à la porte d'Elvire. Nous avons bien la mine de n'être pas long-temps pensionnaires dans cette maison.

SCÈNE IV.

DON FÉLIX, RAMIRE, LE COMTE.

LE COMTE surprenant don Félix à la porte d'Elvire.

Ici, don Félix! Que faites-vous, Mendoce, à cette porte si matin? Est-ce que vous voulez entrer dans la chambre d'Elvire?

DON FÉLIX troublé.

Seigneur.....

LE COMTE.

Pourquoi vous troublez-vous?

DON FÉLIX.

Je crains de vous avoir déplu. Excusez mon erreur, j'ignorois que je fusse ici dans son appartement, et je cherchois le vôtre pour vous y rendre mes devoirs.

LE COMTE.

Je vous suis obligé. N'irez-vous pas au lever du roi?

DON FÉLIX.

J'y vais de ce pas; mais c'est avec le déplaisir de vous avoir chagriné par mon ignorance.

LE COMTE.

Je suis content, Mendoce, et je vous fais des excuses d'avoir eu des soupçons de vous.

(Don Félix et Ramire se retirent.)

SCÈNE V.

LE COMTE seul.

Quel étoit son dessein? Il cherchoit, m'a-t-il dit, mon appartement. Il m'y croyoit sans doute enseveli dans un profond sommeil, et il vouloit s'y introduire pour m'assassiner. Mais rejetons cette pensée. Quand j'observe son visage et son maintien, je n'y vois rien qui doive m'être suspect. S'il étoit venu de Castille dans la résolution qu'on lui impute, il me semble que son air seroit moins ouvert, et ses regards moins assurés. Je veux lui parler, et lui faire connoître les soupçons dont je suis la proie..... Que dis-je? non, gardons-nous-en bien; le roi pourroit m'accuser de crainte et de défiance. Mon honneur ne le peut souffrir..... Holà, quelqu'un..... Il faut pourtant que je sache.....

SCÈNE VI.

LE COMTE, ALONSE.

ALONSE.

Seigneur.....

LE COMTE.

Alonse, va dans l'appartement de don Félix, et si tu y trouves des armes, apporte-les.

ALONSE sortant.

J'y cours.

LE COMTE.

N'écoutons plus d'injustes soupçons. Don Félix n'est point capable de former une si lâche entreprise. Rendons-lui plus de justice. S'il avoit résolu de venger don Sanche de l'affront que j'ai fait à sa famille, il m'en auroit déjà demandé raison par les voies ouvertes à l'honneur offensé.

ALONSE revenant avec un pistolet et une bouteille.

J'ai trouvé ce pistolet à la ruelle du lit du Castillan.

LE COMTE prenant le pistolet.

Donne... Et son valet avoit-il aussi des armes?

ALONSE lui montrant la bouteille.

Voilà toute son armure.

LE COMTE garde le pistolet.

Reporte cette bouteille.

ALONSE bas, en s'en allant.

Tout ceci m'est diablement suspect.

SCÈNE VII.

LE COMTE seul, et tenant le pistolet.

O toi, noir instrument des enfers, subtile vapeur, qui portes un trépas certain à travers la flamme et le bruit; toi, qui as été inventé par les âmes lâches pour surmonter le courage et la vertu, est-ce par ton moyen que ma mort se prépare?

SCÈNE VIII.

LE COMTE, ELVIRE.

ELVIRE.

Qu'y a-t-il? Seigneur. Je vous trouve avec des armes, et vous me paroissez ému.

LE COMTE.

Don Félix est commis à ma foi; je dois veiller à sa conservation; cela demande des soins. Il avoit ce pistolet caché dans la ruelle de son lit.

ELVIRE.

Il est en garde contre ses ennemis.

LE COMTE.

Il fait bien de se précautionner contre la trahison. C'est un acte de prudence. Je vais remettre cette arme où elle étoit, quoiqu'elle lui soit inutile, puisque j'embrasse sa défense.   (Il s'en va.)

SCÈNE IX.

ELVIRE seule.

Elvire, quelle est ta foiblesse ! toi qui as défendu constamment ton cœur contre les soins empressés d'un roi jeune et puissant, tu te rends sans résistance aux premières démarches qu'un étranger fait pour te plaire. O Amour ! ce sont là de tes coups.

SCÈNE X.

ELVIRE, HIPPOLYTE.

HIPPOLYTE.
Ma cousine, il court un bruit qui me fait grand plaisir : on dit que votre mariage est arrêté. J'y prends trop de part pour ne vous en pas féliciter.

ELVIRE.
Et qui me donne-t-on pour époux ?

HIPPOLYTE.
Quoi ! vous l'ignorez ?

ELVIRE.
Comment pourrois-je le savoir ? Je vis sous la garde d'un frère soupçonneux qui ne me laisse voir personne. Il vient de me quitter. Il ne m'a pas dit le moindre mot de ce bruit dont vous me parlez. Tout ce que je puis penser de ce mariage, s'il se fait, c'est qu'il ne sera pas suivant mon inclination.

HIPPOLYTE.

D'où vient? Le sort pourroit vous destiner certain époux dont votre cœur et votre gloire auroient lieu de se contenter.

ELVIRE.

Si vous me nommez le roi, qui pourra croire ce bruit?

HIPPOLYTE.

On assure pourtant que ce prince veut vous épouser; et si la chose se trouve véritable, Elvire, vous devez à votre tour me faire compliment.

ELVIRE.

Sur quoi?

HIPPOLYTE.

Sur mon mariage.

ELVIRE.

Avec qui?

HIPPOLYTE.

Avec celui qui n'avoit des yeux que pour vous à Villaréal : avec don Félix de Mendoce.

ELVIRE.

Que dites-vous?

HIPPOLYTE.

Je dis que si l'Aragon vous a pour souveraine, j'espère que vous favoriserez le penchant que j'ai pour ce cavalier. Puisqu'il ne peut être à vous, vous voudrez bien qu'il soit à moi; et je me flatte que par votre faveur il obtiendra des titres à pouvoir prétendre à la cousine de la reine..... Mais, Elvire, pourquoi m'écoutez-vous d'un air chagrin?

ELVIRE.

C'est pour vous répondre sans parler.

HIPPOLYTE.

Est-ce que mon amour vous déplaît?

ELVIRE.

Ne le voyez-vous pas bien?

HIPPOLYTE.

Vous aimez donc Mendoce?

ELVIRE.

Sans vous découvrir ici mes sentiments, je vous apprends, Hippolyte, que ce prétendu mariage du roi dont vous voulez repaître mon espérance, n'est qu'un faux bruit. Cessez de vous en applaudir, et de nourrir un malheureux amour. Quand votre flamme et vos charmes vous donneroient des droits sur le cœur de Mendoce, ne suffit-il pas qu'il m'aime, pour vous ôter l'espoir et même le désir de l'enflammer.

(Elle sort.)

SCÈNE XI.

HIPPOLYTE seule.

Qu'as-tu dit, imprudente Hippolyte? Tu as trop parlé. Elvire est ta rivale. Elle est jalouse. Don Félix en est épris. Triomphons de ma tendresse. Je le dois, et je le puis : Mendoce ne l'a point fortifiée par des empressements. Il ne la mérite pas... (Apercevant don Félix.) Mais je le vois avec le roi. Retirons-nous. Je ne dois songer désormais qu'à fuir sa présence.

SCÈNE XII.

LE ROI, DON FÉLIX.

LE ROI.

Oui, Mendoce, le roi votre maître m'a écrit en votre faveur. Sa recommandation augmente l'estime que j'avois déjà pour vous... Mais, dites-moi, êtes-vous content du comte?

DON FÉLIX.

Seigneur, je ne puis trop m'en louer, et je crains de ne pouvoir jamais assez le reconnoître.

LE ROI.

Et la charmante Elvire seconde-t-elle les soins de son frère?

DON FÉLIX.

Elle me considère plus que je ne mérite, ou plutôt, Seigneur, comme un homme qui lui est présenté de la main de son roi.

LE ROI.

Dites-moi sincèrement votre pensée, don Félix; avez-vous vu de plus belles dames que la sœur du connétable?

DON FÉLIX.

Je ne crois pas qu'il y en ait au monde. Quelque prévenu que je sois pour Blanche de Guzman, j'avoue que sa beauté n'égale pas celle d'Elvire.

LE ROI.

Puique vous m'avez confié vos secrets, Mendoce, je veux aussi que vous deveniez mon confident.

DON FÉLIX.

Je connois tout le prix d'une pareille faveur......
(bas.) O Ciel! que va-t-il m'apprendre?

LE ROI.

Je trouve dans l'aimable Elvire tout ce qui est capable d'enflammer un cœur. Aussi le mien brûle-t-il pour elle de l'ardeur la plus vive... Mais que vois-je? Vous vous troublez. D'où peut naître ce trouble?

DON FÉLIX embarrassé.

Seigneur, je ne puis vous cacher l'embarras......
(bas.) Que lui dirai-je?

LE ROI.

Dans quel embarras êtes-vous? Parlez.

DON FÉLIX.

J'appréhende que le connétable ne m'accuse d'ingratitude d'entrer dans ces sortes de confidences...

LE ROI.

Je vous entends, don Félix; mais n'ayez point de scrupule là-dessus. En attendant que j'épouse l'héritière de Portugal qui m'est promise, je suis bien aise d'amuser mon cœur sans méditer rien qui puisse offenser l'honneur du comte. Parlez de ma part à Elvire. Dites-lui que je la conjure de m'accorder un entretien cette nuit. Je me rendrai sous son balcon, et vous m'accompagnerez. Que ce rendez-vous, Mendoce, ne blesse point votre délicatesse. Un amour qui ne s'exprime que de loin ne fait pas trembler la vertu. Faites-moi savoir par un billet la réponse de cette dame...

(Il sort.)

DON FÉLIX.

Je vais exécuter les ordres de votre majesté.

SCÈNE XIII.

DON FÉLIX, LE COMTE.

DON FÉLIX.

Juste Ciel! mon malheur se peut-il concevoir? Blanche me manque de foi, et lorsque, consolé de son infidélité, je me livre à un nouvel amour, je trouve un roi épris de ce que j'aime. C'en est trop, je cède à la rigueur de mon sort. Je ferai ce que ce prince attend de moi. Je parlerai à Elvire; et si je la vois disposée à me préférer mon rival, je me percerai le sein pour finir ma déplorable vie.

LE COMTE paroissant sur la scène.

(bas.) J'aperçois don Félix. Il parle tout seul avec agitation. Écoutons ce qu'il dit.

DON FÉLIX.

Cessez, parents de don Sanche, cessez de chercher des vengeurs. Vous n'avez qu'à me laisser faire.

LE COMTE.

Approchons-nous plus près de lui, pour mieux l'entendre. Il parle de vengeurs.

DON FÉLIX sans voir le comte.

Je vous déferai moi-même de votre ennemi. Il recevra cette nuit de ma main le coup mortel.

LE COMTE.

Le perfide! Je ne puis plus douter de ses intentions.

DON FÉLIX.

Dans quel désordre de pensées je suis!........

(Apercevant le comte.) Ciel! voici le connétable! Il m'a peut-être entendu.

LE COMTE.

(bas) Il m'a vu, ma présence l'embarrasse.......
(haut.) Qu'avez-vous, Mendoce? Quel trouble vous saisit?

DON FÉLIX.

Un vif ressouvenir de mes malheurs m'a causé un transport que je n'ai pu retenir. Il est des moments où mon courage succombe sous le poids de mes peines. Je dois, Seigneur, vous cacher ma foiblesse.

(Il sort.)

SCÈNE XIV.

LE COMTE seul.

Sa trahison est avérée. Il adressoit sans doute les paroles que j'ai entendues à don Alvar, son parent. Il lui renouveloit le serment qu'il lui a fait de le venger. Allons trouver le roi, et faisons, s'il est possible, qu'il me décharge du soin de garder plus long-temps un hôte si dangereux.

FIN DU SECOND ACTE.

ACTE III.

SCÈNE PREMIÈRE.

LE ROI, LE COMTE.

LE ROI.

Vous ne pouvez, dites-vous, garder Mendoce!

LE COMTE.

Seigneur, chargez un autre que moi de cet emploi, je vous en supplie. Je ne suis pas le seul dans votre cour qui puisse s'en acquitter. D'ailleurs, les belles qualités de don Félix, sa jeunesse et ses agréments peuvent me servir d'excuse..... si ma sœur.....

LE ROI.

C'est-à-dire que vous craignez pour votre honneur.

LE COMTE.

Est-ce vous déplaire, Seigneur?

LE ROI.

Oui, comte, c'est me déplaire que de m'obéir à regret. Qu'est-ce donc qui vous rend la garde de don Félix si difficile? Est-ce en effet son mérite qui vous alarme? Non, vous connoissez trop la vertu d'Elvire pour vous en défier.

LE COMTE.

Un plus juste sujet de crainte m'occupe et m'inquiète. On m'écrit de Castille que don Félix ne vient en Aragon que dans le dessein de m'assassiner.

LE ROI *tirant une lettre de sa poche.*

N'ajoutez pas foi à cet avis imposteur. Croyez-en plutôt cette lettre du roi de Castille; elle rend justice à Mendoce, et doit calmer vos inquiétudes.....

(Il donne la lettre au connétable, et sort.)

SCÈNE II.

LE COMTE, seul.

Dans quel embarras je me trouve! Lisons cette lettre. Puisse-t-elle me remettre l'esprit.

« Si don Félix de Mendoce implore la protection
« de votre majesté, je vous prie de la lui accorder. Je
« m'intéresse à la vie de ce cavalier, parce qu'il le
« mérite, et que son père a perdu la sienne à mon ser-
« vice. La trahison attentera vainement sur lui, s'il
« peut obtenir votre appui. Le Ciel garde votre ma-
« jesté. »   LE ROI DE CASTILLE.

Cette lettre me rassure. Je vois bien que j'ai eu tort de soupçonner de perfidie un cavalier tel que Mendoce, qui est estimé de son roi. Les paroles que j'ai tantôt entendues avoient assurément un autre sens que celui que je leur ai donné.

SCÈNE III.

LE COMTE, DON FÉLIX, RAMIRE.

DON FÉLIX *bas à Ramire.*

Faut-il que je rencontre ici le connétable! Que lui dirai-je?

LE COMTE apercevant don Félix.

(bas.) Voilà don Félix. Recevons-le d'une manière qui lui fasse connoître que j'ai perdu toute défiance..... (haut.) Seigneur, pardonnez-moi si je vous laisse. Je vais reporter au roi ce billet. Vous le voulez bien?

DON FÉLIX.

Vous me rendez confus d'avoir pour moi ces égards.

(Le comte sort.)

SCÈNE IV.

DON FÉLIX, RAMIRE.

DON FÉLIX.

A juger de ses sentiments par l'air dont il vient de me parler, il me paroît n'avoir aucun soupçon de mon amour. Il faut qu'il ne m'ait point entendu tantôt. Je me suis alarmé mal à propos; Ramire, qu'en dis-tu?

RAMIRE.

Je dis que cela est fort problématique. On ne lit guère les pensées d'un courtisan sur son visage. Ces seigneurs-là, comme vous savez, embrassent quelquefois pour étouffer.

DON FÉLIX.

Quoi qu'il en soit, je veux profiter des moments que son absence me laisse. Je vais chercher sa sœur.

RAMIRE.

Qui vous cherche aussi peut-être, car je la vois qui s'avance.

DON FÉLIX.

Retire-toi pour un instant.

Le Sage. Théâtre.

SCÈNE V.

DON FÉLIX, ELVIRE.

ELVIRE.

Je croyois mon frère ici.

DON FÉLIX.

Madame, il est avec le roi. Pendant ce temps-là, permettez que je m'acquitte du triste emploi dont je suis chargé. Le prince ne s'est pas contenté de me faire la cruelle confidence de sa passion, il m'a ordonné de vous demander pour lui un entretien cette nuit.

ELVIRE.

Et vous avez accepté la commission?

DON FÉLIX.

J'ai voulu m'en défendre et m'excuser sur la reconnoissance que je dois au connétable; mais le roi m'a fermé la bouche en m'assurant de ses intentions. Il vous aime, dit-il, sans avoir la moindre vue qui puisse blesser votre vertu. En effet quelle plus grande sûreté pouvoit-il vous donner de la pureté de ses sentiments que le lieu où il souhaite de vous entretenir? Il ne vous parlera que du bas de votre balcon.

ELVIRE.

Ah! don Félix, que vous aimez foiblement! Si vous étiez bien amoureux, vous vous seriez dispensé de prêter votre entremise. Que dis-je? vous auriez perdu la vie plutôt que de faire ce que vous faites. Quoi! l'empressement d'un amant couronné n'a pu vous rendre jaloux? C'est pourtant la première loi de l'amour de craindre les progrès d'un rival. L'amour sans jalousie n'est qu'une tranquille amitié. Si, persuadé de ma vertu, vous vous reposez sur mon courage et sur ma foi, je vous suis bien redevable de l'estime que vous me marquez; mais songez, Mendoce, que je suis femme, et que le roi peut devenir amant aimé.

DON FÉLIX.

Cessez de me faire d'injustes reproches. Ah! Madame, que ne pouvez-vous lire dans mon cœur? vous verriez que j'ai de mortelles alarmes. Que n'ai-je pas souffert quand le roi m'a découvert sa passion! Mais, belle Elvire, il falloit dissimuler; il falloit vous perdre ou payer si cher le plaisir de vous voir.

ELVIRE d'un air tendre.

Ne me trompez-vous point?

DON FÉLIX.

Que dites-vous? ô Ciel! Vous oubliez que vos charmes sont tout-puissants, et qu'en vous voyant pour la première fois je vous consacrai tous les moments de ma vie. Hélas! adorable Elvire, quelle sera ma destinée? Serez-vous favorable à mes vœux? Puis-je me flatter que vous préférez don Félix.....

ELVIRE.

Oui, Mendoce, l'amant qui règne en Aragon, n'est pas celui qui règne dans mon cœur. C'est vous en dire trop; adieu, votre intérêt m'oblige à ménager votre rival; faites-lui espérer la satisfaction qu'il me demande.

DON FÉLIX se jetant à ses genoux.

Quelles bontés, Madame! permettez qu'à vos pieds...

ELVIRE.

Levez-vous. Mon frère pourroit nous surprendre. Je vous laisse. (Elle sort.)

SCÈNE VI.

DON FÉLIX seul.

O fortune! je cesse de me plaindre de toi! Je te pardonne les maux que tu m'as fait souffrir. Je suis aimé d'Elvire! Ce bonheur ne peut être trop acheté.

SCÈNE VII.

DON FÉLIX, RAMIRE.

RAMIRE.

Si j'en dois croire votre air joyeux, vos affaires ne vont pas mal.

DON FÉLIX.

Elles vont tout au mieux.

RAMIRE.

Le Ciel en soit loué; mais il faut prendre garde que le connétable ou le roi ne s'aperçoive de votre bonheur; car il ne seroit pas de longue durée.

DON FÉLIX.

Apporte-moi de l'encre et du papier.

RAMIRE.

Il y en a sur cette table.

DON FÉLIX.

Je vais écrire au roi, et tu lui porteras le billet.

RAMIRE *donnant un siége à son maître.*

Voilà un siége.

(Don Félix se met à écrire sur une table. Pendant ce temps-là, on crie derrière le théâtre, et l'on entend un bruit d'épées.)

SCÈNE VIII.

DON FÉLIX, RAMIRE, VALETS derrière le théâtre.

UN VALET derrière le théâtre.

Ah! voleur!

UN AUTRE VALET derrière le théâtre.

Ah! traître!

DON FÉLIX se levant et s'en allant.

Je veux savoir ce que c'est que ce bruit. Peut-être y ai-je intérêt.

RAMIRE.

Je vous suis; et s'il faut olinder, nous allons voir beau jeu.

(Ils sortent tous deux par une porte, et le comte entre par une autre.)

SCÈNE IX.

LE COMTE seul.

Depuis que j'ai lu la lettre du roi de Castille, j'ai l'esprit en repos. (Il aperçoit sur la table la lettre que don Félix a commencée. Il s'approche et la prend.) Que vois-je! don Félix écrivoit ici, ce me semble; il n'avoit encore tracé que quelques lignes. N'importe, lisons-les :

« J'ai fait toutes les diligences possibles pour vous
« donner satisfaction. Je vous la promets; mais le con-
« nétable est sur ses gardes. Néanmoins j'espère mettre
« sa vigilance en défaut. »

C'est tout ce qu'il a écrit; mais n'en est-ce pas assez ?

O Ciel! quand je me crois hors de péril, je vois que j'ai tout à craindre... Relisons :

« J'ai fait toutes les diligences possibles pour vous « donner satisfaction... » N'est-ce pas comme s'il y avoit : J'ai fait ce que j'ai pu pour trouver l'occasion de faire mon coup... (Il continue de lire.) « Je vous la « promets ; mais le connétable est sur ses gardes... » C'est-à-dire que le lâche m'auroit déjà assassiné, si ma défiance n'eût dérobé ma vie à ses coups... (Il continue de lire) « Néanmoins j'espère mettre sa vigilance en dé- « faut... » Ah! perfide, je t'en défie. Je saurai toujours rendre inutile la noire trahison que tu médites... Écrivons quelques mots au bas de son billet. Faisons-lui connoître que j'ai pénétré son dessein... (Après avoir écrit.) Ces paroles suffisent. Je sors avant qu'il puisse me surprendre. (Il sort.)

SCÈNE X.

DON FÉLIX, RAMIRE.

RAMIRE.

Ce n'étoit qu'une querelle de valets. Cela ne manque jamais d'arriver, quand il y a du vin sur jeu. Moi-même quelquefois je m'en mêle comme un autre, et, quand je suis entre deux vins, je suis diablement querelleur. J'ai le vin bas-breton.

DON FÉLIX.

Je reviens achever mon billet... Mais, qu'est-ce que j'aperçois? Ramire, ou j'ai perdu l'esprit, ou quelqu'un est entré ici depuis que nous en sommes sortis.

RAMIRE.

Qui vous le fait juger ?

DON FÉLIX.

Voici des mots tracés d'une main étrangère.

RAMIRE.

Est-il possible? Le diable sait donc écrire. Voyons un peu ce qu'il a griffonné.

DON FÉLIX lit.

« Arrête, don Félix, les lois de l'hospitalité sont sa-
« crées. Elles furent toujours respectées des cœurs
« nobles. »

Ramire, je suis perdu!

RAMIRE.

Quoi! le comte est le diable.

DON FÉLIX.

Il aura tout pénétré!

RAMIRE.

Quelle imprudence aussi de quitter une lettre commencée! Vous méritez bien la petite mortification qui vous en revient. Écoutez ce qu'un sage a dit là-dessus, cela vous servira d'instruction pour une autre fois. Il disoit qu'on n'auroit point dû faire les serrures et les cadenas pour les portes, mais pour les lettres qui renferment des choses importantes. Eh! n'a-t-il pas raison? Que de malheurs sont arrivés par des lettres surprises ou négligées! Combien de femmes perdues d'honneur! Combien de maris détrompés!

DON FÉLIX.

Je vais informer le roi de ce contre-temps. Le comte vient. Je suis dans un trouble inconcevable; évitons sa présence.

SCÈNE XI.

LE COMTE, ELVIRE.

LE COMTE.

Je ne puis vous le céler, ma sœur, je suis la proie d'une inquiétude qui m'agite sans relâche. Le soin de garder le Castillan m'occupe trop. Il met en danger ma vie et mon honneur.

ELVIRE.

Votre vie et votre honneur?

LE COMTE.

Sans doute. Un homme tel que Mendoce chez moi doit troubler mon repos. Il est bien fait et galant, vous êtes belle; en faut-il davantage pour donner occasion au monde de tenir des discours médisants?

ELVIRE.

Je méprise des discours que je ne justifie point; et quant à don Félix, il est trop pénétré de vos bontés pour songer à vous déplaire.

LE COMTE.

J'observe pourtant soigneusement ses démarches; et, lorsque je l'ai surpris à la porte de votre chambre, je l'ai soupçonné d'avoir des desseins sur vous.

ELVIRE.

S'il en avoit, il prendroit mieux son temps pour les exécuter. Il n'ignore pas que les dames ne se laissent guère voir librement à leur toilette. Une coiffure mal arrangée, un déshabillé sans art soutient mal les intérêts de la beauté; et ce n'est pas dans cet état qu'elles s'offrent à des yeux qu'elles veulent charmer.

LE COMTE.

Faut-il vous dire ce que je pense, ma sœur? Je crains moins les vues qu'il pourroit avoir sur vous, que l'envie qu'il a de me percer le sein.

ELVIRE.

Ah! mon frère, rejetez cette pensée, elle blesse la générosité de Mendoce.

LE COMTE.

Cela peut être; mais je ne puis m'empêcher de me défier de lui. J'ai été dans sa chambre; j'y ai trouvé avec des armes cette boîte à portrait qui étoit parmi ses hardes. (*Il donne à Elvire la boîte à portrait.*)

ELVIRE *prenant la boîte*.

Ce sera celui de la dame qu'il aime, et qu'il a laissée en Castille.

LE COMTE.

Il y a dedans deux portraits qui se regardent : l'un est celui de don Félix.

ELVIRE.

Celui de don Félix.

LE COMTE.

Et l'autre apparemment est celui de cette dame

ELVIRE *rendant la boîte sans l'ouvrir*.

Tenez, Seigneur.

LE COMTE.

Quoi! vous êtes fille, et n'êtes pas curieuse?

ELVIRE *souriant*.

Je suis fille, sans en avoir les foiblesses.

LE COMTE *sur le même ton*.

Mais, ma sœur, ne craignez-vous point que je vous soupçonne d'une feinte modération.

ELVIRE.

Pour prévenir ce soupçon injuste, donnez-moi ces portraits.

LE COMTE.

A cela, je vous reconnois.

ELVIRE ouvre la boîte et considère les portraits.

Quel prodige de beauté! Quels yeux! Quelle douceur! Don Félix est ici peint bien amoureux. Il semble dévorer sa dame de ses regards. Que sa coiffure a de grâces! Il le faut avouer, les dames de Castille l'emportent sur nous pour se bien coiffer.

LE COMTE.

Rendez-moi ces portraits.

ELVIRE.

Confiez-les moi, de grâce, pour quelques heures. L'air de cette coiffure me plaît infiniment. Je voudrois l'essayer sur moi. Pourrez-vous bien avoir cette complaisance sans former de nouveaux soupçons.

LE COMTE *soupirant.*

Hélas! d'autres soupçons m'inquiètent bien davantage.

ELVIRE.

Expliquez-vous, mon frère.

LE COMTE.

Je vous en instruirai une autre fois.

(Il sort.)

SCÈNE XII.

ELVIRE seule.

O Amour! que tu fais bientôt succéder tes peines à tes douceurs? Tu ressembles à la mer, dont les tempêtes sont soudaines et fréquentes. Tu ne peux, cruel, laisser long-temps un cœur sans mouvements jaloux. (Elle ouvre la boîte et regarde les portraits.) Ces caractères marquent jusqu'à quel point l'imposteur est épris de la dame... (Elle lit.) « Je suis tout à Blanche, et rien ne « peut égaler Blanche... » Ah! le traître! devoit-il me tromper de la sorte! Si son cœur est encore prévenu pour sa Castillane, que souhaite-il d'Elvire? C'en est fait, perfide, je veux t'oublier pour jamais; je veux te mépriser. Adore Blanche; sois tout à elle; je n'ai plus pour toi que de l'indifférence.

SCÈNE XIII.

ELVIRE, HIPPOLYTE.

HIPPOLYTE.

Vous me paroissez bien agitée, Madame; quelle en peut être la cause? Vous seroit-il arrivé des traverses dans vos amours?

ELVIRE.

Parlons plutôt des vôtres, et ne me le cachez point, Hippolyte; vous êtes bien piquée contre moi.

HIPPOLYTE.

A votre avis, est-ce sans raison?

ELVIRE.

Il faut que je vous désabuse. Quoi que je vous aie dit tantôt, apprenez que je ne pense point à don Félix. Ce seroit mal répondre aux empressements du roi. Aimez le Castillan, je n'y mets plus d'obstacle. Je vous avertis seulement qu'il vous faudra disputer son cœur avec cette dame. (Elle lui montre les deux portraits.) Le portrait de don Félix nous apprend ce qu'il faut penser de ce cavalier. « Je suis tout à Blanche », dit-il, « et rien « ne peut égaler Blanche. » Réglez-vous là-dessus.

(Elle s'en va.)

HIPPOLYTE voulant la retenir.

Elvire, attendez, un mot.

ELVIRE.

Je ne puis.

SCÈNE XIV.

HIPPOLYTE seule.

Dois-je m'affliger de ce que je viens d'apprendre? Dois-je en avoir de la joie? Je croyois n'avoir qu'une rivale, et j'en ai deux, toutes deux aimées. D'un autre côté, Elvire me cède Mendoce; mais elle est jalouse. Le dépit et la jalousie rompent mal les chaînes de l'Amour. Je l'éprouve malgré moi. N'importe; profitons de sa colère; une amante est bien imprudente de laisser le champ libre à sa rivale. Employons le temps de leur mésintelligence si utilement pour ma tendresse, que si, suivant le naturel des femmes, Elvire cherche à regagner le cœur de Mendoce, elle m'en trouve en possession. La nuit est avancée. Retirons-nous.

SCÈNE XV.

LE ROI, DON FÉLIX, RAMIRE.

DON FÉLIX.

Voici l'heure, Seigneur, et nous sommes près du lieu où l'on a promis de vous entretenir.

LE ROI.

Approchez-vous du balcon, et voyez si Elvire y est. Vous me retrouverez à deux pas d'ici...

(Le roi s'éloigne un peu.)

DON FÉLIX.

Toi, Ramire, observe exactement toutes choses.

RAMIRE.

Je suis tout yeux et tout oreilles.

SCÈNE XVI.

DON FÉLIX, ELVIRE.

DON FÉLIX s'approchant du balcon.

St, st, st.

ELVIRE à son balcon.

Est-ce vous, don Félix ?

DON FÉLIX.

Oui, Madame, c'est moi. L'entretien que mon rival est près d'avoir avec vous, me trouble l'esprit. Mille mouvements jaloux me déchirent. Je crains...

ELVIRE.

Façons de parler, Mendoce. Écoutez-moi. Je veux

vous consulter sur une chose qui me touche de fort près. Si vous étiez à ma place, c'est-à-dire sœur du connétable d'Aragon, servie par un cavalier castillan banni de son pays, et chérie d'un jeune roi, à qui donneriez-vous la préférence ?

DON FÉLIX.

Au roi, Madame, sans contredit.

ELVIRE.

Je veux suivre votre conseil. Faites approcher ce prince. Mon cœur le préfère au Castillan.

DON FÉLIX.

Que dites-vous ?

ELVIRE.

Que vous alliez dire au roi que je l'attends.....
(Elle ferme sa fenêtre.)

DON FÉLIX.

Achevez, cruelle, achevez de me désespérer..... Mais elle ne veut pas m'entendre. Je ne comprends rien à ce qu'elle vient de me dire. Elle m'a tenu tantôt un autre langage..... Appelons le roi, et demain un éclaircissement avec elle décidera de mon sort.
(Il va du côté où le roi l'attend.)

SCÈNE XVII.

RAMIRE seul.

Les bâillements commencent à me prendre, et peu s'en faut que je ne me livre au sommeil qui me serre de près. Allons, Ramire, mon Cupidon, mon enfant, ne succombe point à la tentation. Songe que tu es chargé d'un soin de la dernière importance. Il n'appartient pas à tout le monde de s'abandonner au repos. Dorme le riche qui n'a ni dettes, ni ennemis ; dorme celui qui vient de gagner un procès de conséquence ; mais veille celui qui a une jeune et belle femme, et surtout celui qui a l'honneur d'être chargé de la garde d'un roi.

SCÈNE XVIII.

LE ROI, DON FÉLIX, RAMIRE.

DON FÉLIX.

Oui, Seigneur, vous pouvez vous approcher, on vous le permet.

(Le roi s'avance vers le balcon d'Elvire. Don Félix et Ramire se cherchent à tâtons et se rencontrent.)

DON FÉLIX tenant Ramire.

Est-ce toi, Ramire ?

RAMIRE.

C'est moi-même.

DON FÉLIX.

Ah ! mon enfant, il y a bien des nouvelles.

RAMIRE.

Quelles nouvelles ?

DON FÉLIX.

Mes feux sont méprisés d'Elvire ; elle m'a dit qu'elle me préféroit le roi.

RAMIRE.

Elle a tort. Voyez un peu l'impertinente.

DON FÉLIX.

J'en suis au désespoir. J'en mourrai de douleur.

RAMIRE.

N'allons pas si vite, mon cher maître. Je suis fort trompé, s'il n'entre ici de la jalousie. Je ne parle pas sans fondement. J'ai trouvé tantôt toutes nos hardes bouleversées dans la garde-robe. On a même donné très indiscrètement quelques baisers amoureux à une bouteille que j'avois dans la ruelle de mon lit.

DON FÉLIX.

Tais-toi. J'entends du bruit.

SCÈNE XIX.

LE COMTE, DON FÉLIX, RAMIRE, ALONSE.

(On voit au fond du théâtre le roi qui s'entretient avec Elvire; et don Félix d'un autre côté est avec Ramire.)

LE COMTE à son valet.

Alonse, à l'heure qu'il est, se peut-il qu'il ne soit pas encore retiré? Je ne veux pas me coucher qu'il ne soit rentré! Vraiment le roi me charge ici d'un agréable soin. Il m'est encore plus pénible de l'attendre que de le garder.

DON FÉLIX à Ramire.

Il y a ici quelqu'un.

LE COMTE à Alonse.

Je viens d'entendre parler. (Il fait quelques pas à tâtons et touche don Félix.) Qui va là?

DON FÉLIX.

Qui que vous soyez, vous ne pouvez passer plus avant. Retournez sur vos pas.

ACTE III, SCÈNE XIX.

LE COMTE.

Je ne le puis ni ne le veux.

DON FÉLIX mettant l'épée à la main.

La force vous le fera faire.

LE COMTE tirant aussi l'épée.

Ce bras et cette épée méprisent tout obstacle.

(Alonse et Ramire mettent aussi l'épée à la main, chacun du côté de son maître; ils commencent à ferrailler tous quatre. Au bruit qu'ils font, un valet du connétable vient avec une épée et un flambeau.)

DON FÉLIX reconnoissant le connétable.

Ciel! c'est le comte!

LE COMTE reconnoissant don Félix.

Ah! perfide, tu m'attends pour m'assassiner!

DON FÉLIX.

Ouvrez les yeux, Seigneur, et reconnoissez don Félix.

LE ROI accourant et se montrant au comte.

Comte, remettez-vous.

LE COMTE troublé.

C'est vous, Seigneur!

LE ROI.

Oui. J'ai retenu Mendoce pour nous entretenir au frais; et, comme nous nous sommes trouvés près de votre appartement, j'ai voulu voir, par curiosité, si vous n'étiez point encore retiré.

LE COMTE troublé.

Seigneur, me voici prêt à recevoir vos ordres.

Le Sage. Théâtre.

LE ROI.

C'est assez ; il se fait tard, reconduisez-moi, don Félix. Adieu, comte. *(Le roi sort, et don Félix le suit.)*

LE COMTE bas.

Tout ceci me confond. Je n'y conçois rien.

FIN DU TROISIÈME ACTE.

ACTE IV.

La scène est dans le salon de communication.

SCÈNE PREMIÈRE.

DON FÉLIX, RAMIRE.

RAMIRE.

Quand le maître du logis a le cerveau troublé, toute la maison s'en ressent.

DON FÉLIX.

Qu'est-il donc arrivé de nouveau?

RAMIRE.

On est encore entré dans notre appartement. Toutes nos hardes sont sens dessus dessous dans la garde-robe. Je ne sais pas pourquoi; car, Dieu merci, nous ne sommes pas des mieux nippés.

DON FÉLIX.

Tu as raison.

RAMIRE *montrant un papier.*

Tout ce qui me paroît mystérieux, c'est ce papier que j'ai trouvé auprès du portrait que vous savez.

DON FÉLIX.

Donnez-le moi. Lisons ce qu'il contient.

« Blanche est le nom de cette dame; son amant a
« voulu le marquer lui-même, afin qu'on ne pût
« l'ignorer. L'amant qui la dévore des yeux ne doit
« point être aimé d'Elvire, puisqu'il dit, comme en
« soupirant, *Je suis tout à Blanche.* »

RAMIRE.

Oh! oh! le portrait intrigue dona Elvire, à ce que je vois; elle veut à son tour vous rendre jaloux.

DON FÉLIX.

Tu te trompes, Ramire; la volage affecte une jalousie qu'elle ne sent point. Hier, elle me donna quelque espérance; mais l'orgueilleuse s'est rendue à l'amour du roi.

RAMIRE.

Expliquons les choses un peu plus à notre avantage.

DON FÉLIX.

Non, non, elle me dédaigne, elle m'insulte. Je suis né pour être trahi par toutes les femmes; pour être le jouet de leur inconstance. Elle aime mon rival. Laissons ces heureux amants jouir en paix de leur félicité. Je ne pourrois en être témoin sans ressentir mille tourments plus affreux que la mort. Éloignons-nous promptement de Saragosse; et, puisque l'affront fait à don Sanche ne me permet pas de retourner en Castille, allons dans un autre climat. La fortune peut-être ne m'y sera pas si contraire. Ramire, il faut partir pour Naples.

RAMIRE.

Partons, je suis tout prêt.

DON FÉLIX.

Je vais prendre congé du roi. Pendant ce temps-là préparez tout pour notre départ... (Il veut sortir.)

RAMIRE le suivant.

Maudite Blanche! maudite Elvire! maudit amour!

SCÈNE II.

DON FÉLIX, HIPPOLYTE.

HIPPOLYTE arrêtant don Félix.

Arrêtez, seigneur don Félix, j'ai deux mots à vous dire. Je sais que ma cousine Elvire a eu du penchant pour vous; mais l'ambitieuse ne pense plus qu'à plaire au roi. Pour moi, je suis moins inconstante qu'elle, et si mon cœur et ma main peuvent vous consoler de son changement, je vous les offre.

DON FÉLIX.

Je ne mérite point, Madame, l'honneur que vous me voulez faire. Le méprisable rebut de Blanche et d'Elvire est indigne de vous. Je quitte aujourd'hui cette cour; le soin de mon repos m'en bannit; mais ma plus grande peine, belle Hippolyte, est de ne pouvoir profiter de vos bontés. (Il sort.)

SCÈNE III.

HIPPOLYTE seule.

Qu'as-tu fait, malheureuse Hippolyte? Devois-tu te déclarer avant que d'être instruite des sentiments de l'ingrat? Meurs de honte d'avoir hasardé une démarche si peu digne de ta naissance et même de ton sexe. Rappelle ta fierté; fais succéder le mépris à la tendresse...

SCÈNE IV.

HIPPOLYTE, ELVIRE, BÉATRIX.

ELVIRE.

Hippolyte le saura peut-être.

BÉATRIX.

La voilà. Demandez-le lui.

ELVIRE bas à Béatrix.

Après lui avoir cédé Mendoce, je ne veux pas lui en parler moi-même.

BÉATRIX.

Que de façons! Ho bien, je vais lui adresser la parole.... (à Hippolyte.) Madame, on dit que le Castillan va s'éloigner de nous.

HIPPOLYTE.

Rien n'est plus véritable; à moins qu'Elvire ne s'oppose à son départ.

ELVIRE.

Qu'il parte ou qu'il demeure, j'y prends peu d'intérêt.

HIPPOLYTE.

Et moi de même, je vous assure.

BÉATRIX ironiquement.

Mort de ma vie, voilà deux dames bien indifférentes!

HIPPOLYTE.

Cependant, ma cousine, vous devez être affligée de cette nouvelle.

ELVIRE.

C'est vous plutôt qu'elle doit mortifier.

HIPPOLYTE.

Il est fâcheux d'être privé d'un bien dont on a joui.

ELVIRE.

Il est encore plus fâcheux de perdre ce que l'on aime.

HIPPOLYTE.

J'ai aimé don Félix, je ne m'en défends pas; mais grâce à son indifférence pour moi, je suis peu sensible à son éloignement. (Elle sort.)

SCÈNE V.

ELVIRE, BÉATRIX.

ELVIRE.

Ah! Béatrix!

BÉATRIX.

Hé bien! Madame, vous avez envie de me parler confidemment, n'est-il pas vrai?

ELVIRE.

C'est trop se faire violence, je ne puis plus cacher ma douleur.

BÉATRIX.

Le Castillan vous tient toujours au cœur, n'est-ce pas?

ELVIRE.

Ma jalousie m'a trompée. J'ai cru ma flamme éteinte.

BÉATRIX.

Vous avez compté sans votre hôte. Les eaux de l'Èbre ne sont pas celles du fleuve de l'Oubli.

ELVIRE.

Qu'ais-je fait, insensée? Ce cruel départ me fait

sentir plus vivement mes blessures. J'aime don Félix, il part, et je meurs! Ma chère Béatrix, quel remède que mourir!

BÉATRIX.

Il est cent fois pire que le mal. Mais, Madame, je ne comprends rien à votre conduite : c'est vous qui l'obligez de partir. Pourquoi le désespérer par des rigueurs désavouées du cœur?

ELVIRE.

Que veux-tu? J'étois folle. Ah! Béatrix, qui pourroit le retenir?

BÉATRIX.

Vous-même, s'il entendoit ce que j'entends.

ELVIRE.

Quoique ma gloire en murmure, j'y veux faire mes efforts.

BÉATRIX.

Et du roi qu'en prétendez-vous faire?

ELVIRE.

Le détromper par mes froideurs.

BÉATRIX.

Cela peut avoir de mauvaises suites.

ELVIRE.

Je les braverai courageusement. Le pouvoir suprême ne peut rien sur les cœurs.

BÉATRIX.

Puisque vous êtes si résolue, éclaircissez-vous donc avec don Félix; écoutez ce qu'il vous dira pour se justifier. Ses raisons seront bien mauvaises, si vous ne vous y rendez pas. Taisons-nous, le roi vient et don Félix est avec lui.

ELVIRE.

Ne pouvons-nous les éviter?

BÉATRIX.

Non, les voici.

SCÈNE VI.

ELVIRE, BÉATRIX, LE ROI, DON FÉLIX.

LE ROI.

Elvire, je viens solliciter vos charmes en faveur de ma cour : don Félix, qui en fait l'ornement, veut nous quitter. Je m'efforce en vain de le retenir ; j'ai recours à vos yeux ; j'espère qu'ils seront plus puissants que mon éloquence.

ELVIRE.

Mes yeux, Seigneur, ne forcent pas les volontés. Ils ne retiendront pas Mendoce, si vos bontés ne peuvent l'arrêter. (Elle s'en va.)

SCÈNE VII.

LE ROI, DON FÉLIX.

LE ROI.

Je suis étonné, don Félix, d'un départ si précipité.

DON FÉLIX.

Je vais, si vous me le permettez, vous en détailler les motifs.

LE ROI.

Je vous écoute.

DON FÉLIX.

Seigneur, fuyant mes ennemis, accompagné d'un

seul valet, j'arrivai sur la frontière de vos états. Nos chevaux, hors d'haleine d'avoir été poussés sans relâche, vinrent à manquer sous nous. Il fallut les laisser; et nous écartant du grand chemin pour gagner un village, où nous espérions trouver du secours, nous rencontrâmes sur le bord d'un ruisseau la charmante Elvire et sa cousine. Tout prévenu que j'étois alors contre les femmes, je ne vis point impunément la sœur du connétable. Sa vue produisit son effet, et m'embrasa de mille feux. Instruite de mes malheurs, elle m'offrit des chevaux et une retraite que j'acceptai. Je passai deux jours chez elle, et je connus tout son mérite. Il fallut enfin se séparer. Ce ne fut pas sans une extrême violence de ma part; et de son côté, elle me fit entrevoir quelque regret. Je partis donc sans que je pusse savoir son nom, parce qu'elle avoit défendu aux personnes de sa suite de me le dire. Elle daigna écrire en ma faveur à votre majesté, qui voulut bien, à sa prière, m'accorder sa protection. Mais quel fut hier mon étonnement, lorsque je retrouvai dans le lieu même que vous me donnez pour asile, cette beauté qui m'enflamme, et que je désespérois de revoir jamais. J'en eus une joie extrême; et cependant, Seigneur, cette joie est la cause de mon départ.

LE ROI.

Eh! pourquoi donc cela?

DON FÉLIX.

Seigneur, vous allez l'apprendre. Profitant de l'occasion, je découvre mon amour. Elvire semble s'applaudir de son ouvrage et me promettre un heureux sort. Mais je vois bientôt évanouir mon espérance. Vous me confiez le secret de vos feux, et vous exigez mon entremise pour les servir. Je vous ai obéi, Seigneur, on vous a accordé un entretien. Depuis ce moment nulles peines ne peuvent égaler les maux que je souffre. Aimant ce que vous aimez, quelle folie ne seroit-ce point à moi de nourrir quelque espoir! D'ailleurs, si j'avois l'audace de continuer d'être votre rival, ce seroit payer vos bontés d'ingratitude, et trahir le comte. N'auroit-il pas raison de se plaindre, si, violant les droits de l'hospitalité, je m'occupois, dans sa maison, à séduire sa sœur, ou pour vous ou pour moi? Déjà la crainte et les soupçons lui troublent l'esprit. Il observe toutes mes démarches, et mon absence seule peut dissiper son inquiétude. Permettez-moi donc, Seigneur, de sortir de l'Aragon et d'aller chercher à Naples, dans les occasions de vous servir, de quoi tromper la passion qui trouble mon repos.

LE ROI.

Je vous sais bon gré, Mendoce, de ces généreux mouvements. Ils ajoutent à l'estime que j'avois déjà pour vous. Je dois récompenser les égards que vous conservez à la majesté royale, et vous faire connoître combien de pareils sentiments sont agréables aux rois. Je vous promets ma faveur et des titres en Italie; mais ne partez pas sans me revoir. Le comte vient. Je veux lui parler. Laissez-nous, et soyez persuadé, don Félix, que vous ne partirez pas mécontent.

DON FÉLIX sortant.

J'attendrai vos ordres, Seigneur.

SCÈNE VIII.

LE ROI, LE COMTE.

LE ROI.

Comte, on m'a fait de vous des rapports qui m'ont étonné : on dit que des idées chimériques vous troublent l'esprit. Rentrez en vous-même. Ayez plus de confiance en la noblesse de votre sang, et en la vertu d'un prince, qui, quoique jeune et bouillant, rend justice au moindre de ses sujets. Tout suit dans ma cour l'exemple que j'y donne; rien n'y blesse les mœurs. Voyez avec quelle retenue don Henrique sert Anne de Moncade; le comte de Ribagore, Catherine de Peralte; et don Pèdre d'Aragon, la belle Hélène de Villasan. Je ne vous parlerai point de tant d'autres, dont les galanteries délicates sont respectées de la médisance. Ne pensez donc pas que mon amour fasse tort à Elvire. Mes soins pour elle augmentent son prix; et sa vertu en reçoit plus d'éclat. Cependant, puisque mes empressements vous causent tant d'alarmes, je veux cesser d'être son amant; et, pour vous mettre l'esprit en repos, préparez-vous, comte, à l'ambassade de Portugal. Vous irez à Lisbonne presser mon mariage avec son infante.

LE COMTE.

Seigneur, j'accepte avec transport l'emploi dont vous m'honorez. J'irai chez le Portugais superbe soutenir la gloire de l'Aragon; et, si le Ciel seconde mes soins et mes désirs, j'espère amener à Saragosse l'illustre princesse dont vous avez fait choix. Mais, Seigneur, avant mon départ, trouvez bon que j'établisse ma sœur. Les Cunigas et les Laras de Castille la recherchent depuis quelques jours. Souffrez qu'elle épouse celui qui vous sera le plus agréable.

LE ROI.

Comte, j'ai pris pour vous ce soin. Votre sœur est mariée.

LE COMTE étonné.

Mariée!

LE ROI.

Oui. J'ai fait choix du marquis de Miralve.

LE COMTE.

Je ne le connois pas, Seigneur, et je n'ai jamais entendu parler...

LE ROI.

Miralve est un domaine considérable en Italie.

LE COMTE.

Eh! comment puis-je conclure ce mariage, si je pars pour le Portugal?

LE ROI.

Mariez Elvire dès ce jour, et vous partirez après.

LE COMTE.

Mais le marquis étant absent...

LE ROI.

Il est à Saragosse, et vous le verrez chez vous dans une heure. Je l'y conduirai moi-même. Préparez-vous à le bien recevoir.   (Il sort.)

LE COMTE.

Je ne puis revenir de ma surprise. Le marquis de Miralve! Je ne sais ce que je dois penser de cet hymen.

FIN DU QUATRIÈME ACTE.

ACTE V.

SCÈNE PREMIÈRE.

DON FÉLIX, RAMIRE.

DON FÉLIX.

As-tu tout préparé? Pouvons-nous partir?

RAMIRE.

Bon? nous avons si peu de hardes, que tout étoit prêt avant même que vous l'eussiez ordonné.

DON FÉLIX.

Je quitte le séjour de Saragosse, Ramire; mais je ne crois pas que je puisse vivre éloigné d'Elvire.

RAMIRE.

Oh! il faut bien que vous vous accoutumiez à vous passer d'elle. Ne jetons pas le manche après la cognée. Vivons toujours, à bon compte.

DON FÉLIX.

Fasse le Ciel que la mer devienne orageuse!

RAMIRE.

Le Ciel nous en préserve.

DON FÉLIX.

Que les vents déchaînés soulèvent les flots pour nous perdre!

RAMIRE.

Que les vents plutôt nous soient toujours favorables!

####### DON FÉLIX.

Que la galère soit ensevelie dans les plus profonds abîmes?

####### RAMIRE.

Que la galère arrive à bon port!

####### DON FÉLIX.

Les tempêtes, le naufrage, tout me sera doux, pourvu que je puisse finir mon déplorable destin.

SCÈNE II.

DON FÉLIX, RAMIRE, ELVIRE, BÉATRIX.

(Béatrix s'approche de don Félix, et Ramire va se mettre auprès d'Elvire.)

####### BÉATRIX à don Félix.

Que dites-vous, seigneur don Félix? Pourquoi toutes ces imprécations?

####### RAMIRE à Elvire.

Madame, ayez pitié de mon maître. Empêchez-le de partir, ou c'est un homme mort.

####### ELVIRE.

Je le ferois, Ramire, si j'en avois le pouvoir; mais le moyen d'y réussir, si Blanche le rappelle en Castille.

####### RAMIRE.

Eh! de par tous les diables, ce n'est point en Castille que nous allons, c'est à Naples, Madame, où il n'y a point de Blanche.

####### DON FÉLIX à Ramire.

Laisse, Ramire, laisse; tout ce que tu pourras dire

sera inutile; Madame a pris son parti. Elle me voudroit déjà loin d'elle.

BÉATRIX à don Félix.

Pourquoi vous aviser aussi de garder de vilains portraits?

ELVIRE à Béatrix.

Que fais-tu, Béatrix? Tu as tort de lui faire ce reproche. Puisqu'il est éloigné de Blanche, n'est-il pas juste qu'il en conserve chèrement l'image?

RAMIRE bas à son maître.

Allons, seigneur don Félix, repoussez la balle.

DON FÉLIX à Elvire.

Quoi! Madame, ce portrait seroit la cause du changement que vous m'avez fait paroître?

BÉATRIX à sa maîtresse.

Allons, Madame, répondez juste.

ELVIRE.

Oui, Mendoce, ce portrait a pu me rendre jalouse.

DON FÉLIX.

Qu'entends-je? Je serois assez heureux..... Mais, non; vous ajoutez, cruelle Elvire, la raillerie aux dédains.

BÉATRIX bas.

Les parties, si je ne me trompe, seront bientôt d'accord.

ELVIRE.

Non, don Félix, c'est la vérité pure. Pour avoir changé de langage avec vous, je n'ai pas changé de sentiment.

RAMIRE.

Bon! voilà notre départ reculé.

DON FÉLIX.

Comment, belle Elvire, ce que vous me dîtes hier au rendez-vous étoit un effet de votre jalousie?

BÉATRIX.

Justement.

ELVIRE.

Ce portrait que vous avez, vous ne le garderiez point par un reste d'amour pour Blanche?

RAMIRE.

Fi donc! Nous nous en soucions comme du grand Turc.

DON FÉLIX.

Il s'est trouvé par hasard dans mes habits. Ah! charmante Elvire, quel tort peut vous faire un portrait dont vous avez banni l'original de mon cœur?

ELVIRE.

Vous m'aimez donc toujours?

DON FÉLIX.

Je vous adore.

ELVIRE.

Si cela est, ne craignez point votre rival. Que n'est-il encore plus puissant? vous verriez combien vous m'êtes cher.

DON FÉLIX.

Grands dieux! puis-je entendre ces paroles sans mourir de douleur.

ELVIRE.

Expliquez-vous, don Félix; ne vous est-il pas doux d'être aimé?

DON FÉLIX.

Vous m'aimez, et je pars; est-il une peine plus rigoureuse?

ELVIRE.

Qui vous oblige de partir?

DON FÉLIX.

Puis-je m'en dispenser? Le roi sait mon amour. Je lui en ai fait l'aveu. J'ai pris congé de lui. Le mal est sans remède. Il faut se faire violence. Il faut se séparer de soi-même. Adieu, Madame, je pars.....

(Il fait quelques pas pour s'en aller.)

ELVIRE pleurant.

O Ciel!

BÉATRIX l'arrêtant et lui montrant Elvire.

Seigneur, pouvez-vous bien vous résoudre à quitter ma maîtresse? Pouvez-vous résister à ses pleurs?

RAMIRE à son maître.

Voyez couler ces perles liquides. Je ne suis qu'un valet, mais le cœur me crève.

DON FÉLIX.

Quels combats je sens! Comment rompre un départ que j'ai demandé moi-même?

ELVIRE.

Non, Mendoce, je n'y pourrai survivre.

DON FÉLIX.

Hé bien, Madame, je me rends. Il faut tout hasarder pour me conserver à vous. Mon amour m'est plus cher que ma vie. Me promettez-vous d'être à moi?

ELVIRE.

Je vous promets du moins de n'être jamais à un autre.

DON FÉLIX se mettant à genoux, et baisant la main d'Elvire.

Sur cette assurance je me livre en aveugle à la colère du roi.

SCÈNE III.

ELVIRE, DON FÉLIX, RAMIRE, BÉATRIX, HIPPOLYTE.

HIPPOLYTE surprenant don Félix aux genoux d'Elvire.

Le transport est doux. Continuez, Elvire. Je prends part à vos plaisirs.

ELVIRE.

Vous êtes généreuse.

HIPPOLYTE.

Mais vous m'avez tantôt cédé Mendoce.

ELVIRE.

J'étois libérale comme une amante jalouse.

HIPPOLYTE.

Et que dira Blanche de ce raccommodement? car don Félix est tout à Blanche.

RAMIRE.

Oh! Blanche en ce moment fait peut-être pis.

SCÈNE IV.

ELVIRE, DON FÉLIX, BÉATRIX, RAMIRE, LE COMTE.

LE COMTE.

Je vous cherchois, Mendoce. Vous n'irez point en Italie.

DON FÉLIX.

Comment, Seigneur?

LE COMTE.

Votre accord est fait avec don Sanche. Le roi de Castille, pour accommoder les choses, veut que vous épousiez la sœur de don Sanche, et que don Sanche épouse la vôtre.

ELVIRE bas.

Quel revers!

DON FÉLIX bas.

Quel malheur!

HIPPOLYTE bas, et sortant.

Les voilà séparés pour toujours; je trouve ma consolation dans leur peine.

LE COMTE.

Le roi vous attend. Il veut vous communiquer lui-même les lettres qui contiennent ces agréables nouvelles.

DON FÉLIX bas, s'en allant.

Vit-on jamais une destinée plus affreuse que la mienne!

RAMIRE suivant son maître et soupirant.

Ahimé!

SCÈNE V.

LE COMTE, ELVIRE, BÉATRIX.

LE COMTE.

Grâce au Ciel! je suis déchargé d'un grand soin..... Mais, ma sœur, je ne vous dis point une autre nouvelle qui vous touche de plus près.

BÉATRIX bas.

De plus près! j'en doute fort.

ACTE V, SCÈNE V.

LE COMTE.

Le roi m'envoie à Lisbonne pour traiter son mariage avec l'infante; mais il m'a déclaré qu'avant mon départ il prétendoit vous donner pour époux le marquis de Miralve.

ELVIRE.

Le marquis de Miralve!

LE COMTE.

C'est un seigneur italien très-riche et qui est à Saragosse, à ce que le roi m'a dit.

BÉATRIX.

Et quand ce mariage se doit-il faire?

LE COMTE.

Dès ce soir.

ELVIRE bas.

J'en mourrai.

LE COMTE.

Pour vous dire ce que je pense, Elvire, je m'imagine que l'ambassade de Portugal est une chimère, et que ce marquis de Miralve pourroit bien être le roi lui-même; car il m'a dit encore qu'il l'amèneroit ici dans une heure. Je me suis informé de cet étranger, et je n'ai trouvé personne qui le connût. Quoi qu'il en soit, ma sœur, il est constant que vous devez être mariée ce soir. Le roi le veut. C'est à vous d'obéir.....

(Il s'en va.)

SCÈNE VI.

ELVIRE, BÉATRIX.

ELVIRE.

Est-il une constance à l'épreuve d'un coup si funeste? O destin tyrannique! N'étoit-ce pas assez de perdre Mendoce? Falloit-il encore me voir obligée de quitter l'Aragon pour suivre un époux inconnu?

BÉATRIX.

Ne nous désespérons point encore. Prenons patience. C'est peut-être le roi, qui, pour vous surprendre agréablement, veut être le marquis de Miralve.

ELVIRE.

Hélas! je ne serois pas moins malheureuse.

SCÈNE VII.

ELVIRE, BÉATRIX, ALONSE.

ALONSE en entrant sur le théâtre.

Vous pouvez vous en reposer sur moi.

ELVIRE.

A qui parles-tu?

ALONSE.

C'est au comte votre frère, Madame. Je viens arranger tout ici par son ordre.

ELVIRE.

Tends plutôt de deuil cet appartement, Alonse; c'est ici que le roi vient me mettre au tombeau.

(Elvire sort.)

SCÈNE VIII.

BÉATRIX, ALONSE.

BÉATRIX.

Je t'aiderai, si tu veux.

ALONSE.

J'ai bien affaire de ton aide. Tu n'es propre qu'à tout gâter.

BÉATRIX.

Voyez le brutal! Je veux lui faire plaisir, et il me dit des choses désobligeantes.

ALONSE.

Ramire vient. Il va te dire des douceurs pour te consoler de mes brutalités.

BÉATRIX.

Il ne sera pas du moins aussi grossier que toi.

ALONSE.

S'il étoit accoutumé comme je le suis à tes appas, tu ne le trouverois pas plus galant que moi...

(Il passe dans une autre chambre.)

SCÈNE IX.

BÉATRIX, RAMIRE.

RAMIRE.

Le roi sera ici dans un moment. J'ai pris les devants, mademoiselle Béatrix, pour chercher l'occasion de vous dire adieu.

BÉATRIX.

C'en est donc fait, vous allez partir pour retourner en Castille.

RAMIRE.

Oui. J'ai le cœur si serré de ce maudit départ...

BÉATRIX.

Et votre maître en est sans doute fort affligé.

RAMIRE.

Jugez de sa tristesse par la mienne. Qui voit l'un, voit l'autre.

BÉATRIX.

Cette sœur de don Sanche qu'il doit épouser est-elle jolie?

RAMIRE.

Fort jolie. C'est une camuse, qui a les yeux chassieux, et bordés d'un beau rouge pourpré.

BÉATRIX.

En récompense elle est peut-être bien faite?

RAMIRE.

Faite à peindre. Elle a trois pieds de hauteur, six de diamètre; et ce qui donne du relief à sa taille, elle est boiteuse et bossue.

BÉATRIX.

Vous me peignez une dame fort ragoûtante.

RAMIRE.

D'accord. Mais je vous peins la future de mon maître.

BÉATRIX.

Je le plains, si vous êtes bon peintre.

RAMIRE.

Oh! ce mariage n'est point fait encore. J'emploierai tous mes talents à le rompre.

BÉATRIX.
J'entends du bruit.

RAMIRE.
C'est apparemment le roi.

BÉATRIX.
C'est lui-même.

SCÈNE X.

RAMIRE, BÉATRIX, LE ROI, SUITE DU ROI, LE COMTE, DON FÉLIX.

LE COMTE.
Quelles paroles, Seigneur, peuvent exprimer la reconnoissance que j'ai d'un tel honneur?

LE ROI.
Comte, vos services méritent de plus grandes faveurs.... Mais où est Elvire? sa présence est ici nécessaire.

LE COMTE.
Je l'ai fait avertir, elle ne peut tarder.

DON FÉLIX bas à Ramire.
Je n'attends pour mourir que l'arrivée de cet époux qui m'enlève Elvire.

SCÈNE XI ET DERNIÈRE.

LES PRÉCÉDENTS, ELVIRE.

ELVIRE.
Seigneur, je viens me jeter à vos pieds.

LE ROI la relevant.

Venez, belle Elvire, venez recevoir de la main de votre roi l'époux qu'il vous a destiné... Mais d'où naît cette profonde mélancolie que vous faites paroître... Levez sur nous ces yeux puissants qui savent charmer les rois. Les princes, qui portent sur leur front la fortune de leurs sujets, ne se regardent point d'un air sombre.

ELVIRE.

Le trouble où sont en ce moment mes esprits n'est pas causé par la tristesse. Je n'ai point assez de fermeté pour voir tranquillement l'intérêt que vous prenez à mon sort.

LE COMTE.

Nous attendons, Seigneur, le marquis de Miralve.

LE ROI.

Il n'est pas besoin de l'attendre; il est avec nous.

DON FÉLIX bas à Ramire.

Le roi lui-même épouse Elvire, il n'en faut pas douter.

LE COMTE.

Daignez donc nous le faire connoître.

LE ROI tendant la main à don Félix.

Approchez-vous, marquis de Miralve. Recevez le cœur avec la main d'Elvire; et vous, Madame, rendez-vous à la joie; on ne peut plus vous ravir votre amant.

ELVIRE donnant sa main à don Félix.

J'obéis à votre majesté.

BÉATRIX.

Ma maîtresse est une fille bien obéissante.

RAMIRE.

De la joie! mon maître épouse la personne qu'il

aime, et attrape un marquisat par-dessus le marché...
(bas.) Pourvu que le roi ne se réserve pas le droit du seigneur, cela ira bien.

DON FÉLIX se jetant aux pieds du roi.

Vous retirez du tombeau, grand roi, un amant désespéré... J'allois...

LE ROI le relevant.

C'est assez, Mendoce, ne perdons pas le temps en discours frivoles. Allons presser le moment de votre bonheur. Pour votre accord avec don Sanche, je m'en charge.

RAMIRE à Béatrix.

Et vous, mademoiselle Béatrix, quand voulez-vous épouser le premier chambellan du marquis de Miralve?

BÉATRIX.

Quand il voudra me donner une de ses oreilles.

RAMIRE.

Oh! je suis votre valet. Les choses sont à présent sur un autre pied. Ce n'est point en galant que je parle; c'est en mari. Donnez-moi un baiser pour gage de notre futur hyménée.

BÉATRIX.

La plaisante assurance! Il y a bien des gens qui en ont obtenu davantage, sans pour cela qu'ils soient sous le joug.

RAMIRE.

Ceux-là ne sont pas les plus trompés.

FIN DU CINQUIÈME ET DERNIER ACTE.

LE POINT D'HONNEUR,

COMÉDIE

EN TROIS ACTES.

(LE POINT D'HONNEUR est une pièce de la composition de don Francisco de Roxas. Elle a pour titre, en espagnol : *No ay Amigo para Amigo*, IL N'Y A POINT D'AMI POUR UN AMI. Je l'accommodai au Théâtre François, et la fis représenter à Paris, au mois de février 1702. Elle étoit en cinq actes, mais je l'ai réduite à trois, pour la rendre plus vive.)

PERSONNAGES.

LE CAPITAINE DON LOPE DE CASTRO, oncle d'Estelle.
DON ALONSE DE GUZMAN, amant d'Estelle.
DON LUIS PACHECO, sous le nom de don Carlos, amant de Léonor.
ESTELLE D'ALVARADE, nièce du capitaine.
LÉONOR DE GUZMAN, sœur de don Alonse, promise au capitaine.
BÉATRIX, suivante de Léonor.
JACINTE, suivante d'Estelle.
CRISPIN, valet du capitaine.
CLARIN, valet de don Luis.
UN GENTILHOMME SICILIEN.
UN ESPION DU CAPITAINE.

La scène est à Madrid.

LE POINT D'HONNEUR,

COMÉDIE

EN TROIS ACTES.

ACTE PREMIER.

Le théâtre représente le Prado, principale promenade de Madrid. On voit dans l'enfoncement un mur de jardin, percé d'une petite porte.

SCÈNE PREMIÈRE.

LÉONOR, BÉATRIX.

(Elles sortent toutes deux du jardin par la petite porte.)

LÉONOR.

Oui, Béatrix, puisque je suis soumise à l'autorité de mon frère, je ferai ce qu'il souhaite ; il veut que j'épouse le capitaine don Lope de Castro ; je l'épouserai.

BÉATRIX.

Ce capitaine-là est un homme bien expéditif. Il vous vit avant-hier pour la première fois, et il vous a déjà demandée en mariage.

LÉONOR *soupirant.*

Ahi!

BÉATRIX.

Je sais bien mauvais gré au seigneur don Alonse de Guzman, votre frère, de vous sacrifier à l'amour qu'il a pour Estelle d'Alvarade. Quoi! parce qu'il aime cette dame, il faut qu'il vous livre à une espèce de fou dont elle est nièce.

LÉONOR.

Il est vrai que le capitaine don Lope est si délicat sur le point d'honneur, qu'il outre quelquefois la matière. Cela lui donne un ridicule dans le monde, j'en conviens; mais il a de la naissance, de la valeur, de la probité; et je crois que je ne serai pas malheureuse avec lui.

BÉATRIX.

A la bonne heure. Vous allez donc abandonner don Carlos, ce jeune galant qui vient depuis huit jours régulièrement au Prado, qui assiége la petite porte de notre jardin, et dont vous recevez les soins sans pouvoir vous en défendre.

LÉONOR.

C'en est fait, je n'y veux plus penser. Mon devoir triomphera bientôt de l'inclination que je me sens pour lui.

BÉATRIX.

Vous prenez bien vite votre parti.

LÉONOR.

Est-ce que tu m'en fais un reproche?

BÉATRIX.

Au contraire, je vous en loue. Après tout, ce don

ACTE I, SCÈNE I.

Carlos vous cache sa naissance, et cela me le rend suspect. Peut-être n'a-t-il pas tort de vous en faire un mystère.

LÉONOR.

Quoi qu'il en soit, je ne veux plus lui parler.

BÉATRIX.

Vous ferez bien.

LÉONOR.

Tu n'as qu'à l'attendre ici.

BÉATRIX.

Volontiers.

LÉONOR.

Tu lui diras que je suis promise à un autre; qu'il cesse de rechercher une fille qui ne sauroit être à lui.

BÉATRIX.

Laissez-moi faire; je vais le congédier impitoyablement. *(Léonor rentre dans le jardin.)*

SCÈNE II.

BÉATRIX seule.

Je ne ferai pas mal de l'éconduire. Que sait-on ? Le drôle a peut-être des vues... et j'en pourrois payer les pots cassés... Mais quel homme s'avance ? Il me semble que c'est Crispin. Justement, c'est lui.

SCÈNE III.

BÉATRIX, CRISPIN avec une longue épée.

CRISPIN.

Eh! bonjour, charmante Béatrix!

BÉATRIX.

Je vous croyois mort, monsieur Crispin. Depuis près de deux années que vous avez quitté le service de notre maison, on n'a pas eu le bonheur de vous voir.

CRISPIN.

C'est ce que tu dois me pardonner, mon enfant; car je sers à présent un maître qui a besoin de tous mes moments.

BÉATRIX.

Et à qui es-tu donc?

CRISPIN.

J'ai l'honneur d'être depuis dix-huit mois au vaillantissime capitaine don Lope de Castro. La glorieuse condition!

BÉATRIX.

Au capitaine don Lope?

CRISPIN.

Oui, à celui qu'on appelle par excellence dans Madrid, l'arbitre des différends, et le juge en dernier ressort de toutes les querelles.

BÉATRIX.

J'en suis ravie, mon cher Crispin. Te voilà rentré dans la famille.

CRISPIN.

Comment cela?

ACTE I, SCÈNE III.

BÉATRIX.

Tu ne sais donc pas que ton maître va devenir l'époux de Léonor de Guzman, ma maîtresse?

CRISPIN.

Ma foi, non; cela seroit-il possible?

BÉATRIX.

Il en fit hier au soir la demande à don Alonse.

CRISPIN.

Voilà ce que je ne me serois jamais imaginé. Comment diable l'amour a-t-il pu se fourrer dans le cœur de cet homme-là?

BÉATRIX.

C'est que l'amour se fourre partout, mon ami.

CRISPIN.

Je ne m'étonne plus vraiment si mon maître m'envoie dire à don Alonse qu'il va venir le voir tout à l'heure, et s'ils se font tant d'amitié tous deux depuis trois jours.

BÉATRIX.

Au reste je crois le capitaine un parti fort honorable pour Léonor.

CRISPIN.

Très honorable. Comment! c'est un oracle en fait de procédés. On vient le consulter de tous les pays du monde.

BÉATRIX.

Je l'ai ouï dire.

CRISPIN.

Il a composé un livre où l'on trouve des règles de point d'honneur, mais des règles toutes nouvelles. On y voit toutes les espèces d'offenses et de réparations possibles et impossibles.

BÉATRIX riant.

Cet ouvrage sera d'une grande utilité. Mais, dis-moi un peu, est-il vrai que ton maître court toute la ville pour s'informer des différends qui sont survenus, afin de les terminer suivant ses règles ?

CRISPIN.

Assurément. Il a même des espions pour en être mieux instruit; et ces espions, pour son argent, lui rendent compte, tant des injures qui se font, que de celles qui se doivent faire.

BÉATRIX.

Quel original! Et t'accommodes-tu bien de ses manières ?

CRISPIN.

A merveille. Je le prends même pour modèle.

BÉATRIX.

Oh, oh!

CRISPIN.

Et nous vivons ensemble comme deux frères bien unis.

BÉATRIX.

Je t'en félicite.

CRISPIN.

Je veux te dire un trait qui t'en convaincra. Tu sauras que la guerre est sa passion dominante, et qu'il n'a pas de plus grand plaisir que de parler de ses campagnes. Dès que vous touchez devant lui cette corde-là, il vous enfile un détail d'expéditions militaires à épuiser la patience humaine. Mais, comme il connoît son défaut, il m'a chargé de le tirer discrétement par le bout de la manche, quand je m'apercevrois qu'il va s'égarer. Je n'y manque pas, et il se dépêche aussitôt de finir, comme un organiste qui entend sa sonnette; drelin, drelin.

BÉATRIX.

Cela est admirable... Mais n'est-ce pas lui que je vois là-bas avec un autre cavalier?

CRISPIN.

C'est lui-même.

BÉATRIX.

Jusqu'au revoir, Crispin.

CRISPIN.

Sans adieu, ma reine.

(Béatrix rentre par la petite porte du jardin.)

SCÈNE IV.

CRISPIN, LE CAPITAINE.

(On voit au fond du théâtre le capitaine qui se sépare d'un cavalier, et qui s'avance en rêvant vers Crispin.)

CRISPIN.

Il est dans une profonde rêverie.

LE CAPITAINE.

Je veux entrer dans tous les différends, et connoître de tous les démêlés publics et particuliers qui naîtront dans la ville.

CRISPIN.

Et moi de toutes les querelles des faubourgs.

LE CAPITAINE.

Quoique les Espagnols se piquent d'être délicats sur

les affaires d'honneur, je ne trouve pas qu'ils y fassent encore assez d'attention.

CRISPIN.

Non, ils ne savent pas comme nous s'offenser d'une chose qui n'offense point.

LE CAPITAINE.

Il y a des injures réelles qui leur paroissent des minuties.

CRISPIN.

Oui, des bagatelles.

LE CAPITAINE.

Et cependant, Crispin, dans ces matières-là, on doit examiner tout sérieusement.

CRISPIN.

Être toujours sur le qui-vive.

LE CAPITAINE.

Enfin il faut regarder ces sortes d'objets avec un microscope.

CRISPIN.

Avec un microscope! c'est bien dit. Oh! que votre livre va corriger d'abus.

LE CAPITAINE.

Il ne tiendra pas à moi du moins que les maximes du point d'honneur ne soient rigoureusement observées.

CRISPIN.

Vous avez déjà mis les choses sur un bon pied. Sans vous, on ne verroit pas tant de querelles qu'on en voit.

LE CAPITAINE.

Hé bien! t'es-tu acquitté de ta commission? As-tu été chez don Alonse?

ACTE I, SCÈNE IV

CRISPIN.

Pas encore; mais tenez, le voilà qui sort de chez lui par la petite porte de son jardin.

LE CAPITAINE.

Cela est heureux.

SCÈNE V.

LE CAPITAINE, CRISPIN, DON ALONSE.

DON ALONSE.

Vous me prévenez, seigneur don Lope. J'allois chez vous pour vous faire une prière.

LE CAPITAINE.

Une prière! Ah! commandez, don Alonse. Près d'être votre beau-frère, que puis-je vous refuser? Ce que je ne ferai pas pour vous, je ne le ferois pas même pour un certain don Carlos, qui m'a sauvé la vie en Flandre, dans la dernière bataille qui s'y est donnée.

DON ALONSE.

Quoi! Vous étiez à cette bataille! Je vous croyois alors en Italie.

LE CAPITAINE.

Si j'y étois! Je me trouvai dans les premiers corps qui chargèrent l'ennemi. Nos troupes y firent toutes les merveilles qu'on devoit attendre de la valeur espagnole.

CRISPIN à part.

Il va se lâcher.

LE CAPITAINE.

L'armée des ennemis étoit campée sur deux lignes, et couverte d'un petit ruisseau.

CRISPIN à part.

Nous y voilà. Préparons-nous à faire notre office.

LE CAPITAINE.

Nous le passâmes fièrement malgré le feu continuel que...

CRISPIN le tirant par la manche.

Drelin, drelin.

LE CAPITAINE.

Enfin c'est dans cette occasion que mon ami don Carlos me sauva la vie en prévenant un Hollandois qui avoit le bras levé sur moi. Revenons à votre affaire. De quoi s'agit-il?

DON ALONSE.

Estelle votre nièce me désespère. La cruelle m'ôte tous les moyens de lui parler; mais il en est un qui dépend de vous.

LE CAPITAINE.

Quel est-il?

DON ALONSE.

Comme elle est à présent logée dans votre maison, souffrez que je m'introduise ce soir dans son appartement.

LE CAPITAINE indigné.

O Ciel! don Alonse, pouvez-vous me faire une pareille proposition?

CRISPIN à part.

Il ne s'adresse pas mal.

LE CAPITAINE.

Vous voulez que je favorise un tel dessein! Vous exigez de mon amitié une si lâche complaisance!

CRISPIN à don Alonse.

Pour qui nous prenez-vous?

ACTE I, SCÈNE V.

DON ALONSE au capitaine.

Ah! je ne médite rien qui doive vous révolter. Je ne veux seulement que lui peindre l'affreux état où sa cruauté me réduit.

CRISPIN branlant la tête.

Votre valet.

DON ALONSE.

Et vous serez avec moi.

LE CAPITAINE se radoucissant.

C'est une autre chose.

CRISPIN.

Bon pour cela.

LE CAPITAINE.

A cette condition, cher ami, je ne puis refuser de vous servir. Venez donc ce soir au logis.

DON ALONSE.

Ce n'est pas tout; j'ai aussi à vous parler d'une affaire qui touche votre honneur et le mien.

LE CAPITAINE prenant feu.

Expliquez-vous, ne me déguisez rien. Qu'est-ce?

DON ALONSE.

J'ai appris que depuis quelques jours il rôdoit autour de ce jardin un cavalier qui en veut à Léonor.

CRISPIN à part.

Ahi, ahi, ahi!

DON ALONSE.

Et sur le rapport qu'on m'en a fait, j'ai lieu de croire qu'il cherche à la séduire.

LE CAPITAINE.

Grands dieux! Que m'apprenez-vous?

CRISPIN.

Ventrebleu! ce n'est point là une de ces minuties qu'il faut regarder avec un microscope.

LE CAPITAINE.

Vengeance, don Alonse, vengeance! Vous êtes frère, et je suis amant; vous savez à quoi ces deux qualités nous engagent. Ne laissons pas davantage vieillir le mal; il deviendroit peut-être incurable.

CRISPIN.

Je ne sais pas même si l'on ne s'avise pas trop tard d'y remédier.

DON ALONSE.

Voici l'heure où le cavalier a coutume de venir au Prado. Nous pouvons lui demander raison...

LE CAPITAINE.

Lui demander raison? oui, c'est le droit. Comment se nomme-t-il?

DON ALONSE.

Je ne sais.

LE CAPITAINE.

Où demeure-t-il?

DON ALONSE.

Je l'ignore.

LE CAPITAINE.

Cela étant, don Alonse, nous ne pouvons nous venger tout à l'heure.

DON ALONSE.

Pourquoi? Ne suffit-il pas qu'il ait à mon insu des desseins sur ma sœur?

LE CAPITAINE.

Non, cela ne suffit pas.

CRISPIN.

Oh que non! Voilà de mes jeunes gens qui ne demandent qu'à ferrailler.

LE CAPITAINE.

Il faut auparavant que vous sachiez s'il est gentilhomme ou non; s'il est marié, ou s'il ne l'est pas.

CRISPIN.

S'il a père et mère, ou s'il est orphelin.

DON ALONSE.

Dans un moment nous apprendrons tout cela de sa propre bouche.

LE CAPITAINE.

Autre erreur. Il pourrait nous cacher la vérité.

DON ALONSE.

Vous êtes trop régulier, don Lope; et mon ressentiment ne me permet pas d'attendre.

LE CAPITAINE.

Contraignez-vous, don Alonse. Je ne souffrirai point que vous blessiez les lois de la bienséance.

CRISPIN.

Périssent mille honneurs de fille plutôt que de voir choquer nos règles.

LE CAPITAINE.

Croyez-moi, faisons observer et suivre notre homme; et, quand nous saurons qui il est, nous irons le trouver chez lui. S'il a eu des intentions criminelles, nous punirons son audace; et, s'il n'a eu que des vues légitimes, nous lui ferons savoir que Léonor m'est promise, et je le sommerai de se désister de ses prétentions.

DON ALONSE.

(bas.) Il faut bien que je me prête à sa délicatesse...

(haut.) J'y consens. Il s'agit donc de charger de cet emploi quelque homme adroit.

LE CAPITAINE.

Crispin nous en rendra bon compte.

CRISPIN à part.

La mauvaise commission!

DON ALONSE.

Laissons-le donc ici en sentinelle, et venez vous reposer chez moi.

(Don Alonse se retire, le capitaine veut le suivre, mais Crispin l'arrête.)

SCÈNE VI.

LE CAPITAINE, CRISPIN.

CRISPIN.

Attendez, Seigneur, un mot : il me vient un petit scrupule.

LE CAPITAINE.

Sur quoi?

CRISPIN.

Sur la commission que vous me donnez. J'y trouve quelque chose qui ne s'accorde pas, ce me semble, avec le galant homme.

LE CAPITAINE.

Quoi?

CRISPIN.

En épiant ce cavalier, si par malheur j'en apprenois plus que nous n'en voulons savoir, j'exposerois Léonor à la fureur de son frère, et je romprois en même temps votre mariage avec elle. A votre avis n'y a-t-il pas là-dedans.... un.... je ne sais quoi qui.... qui n'est pas.... bien.

LE CAPITAINE.

Au contraire, Crispin, rien n'est plus louable : car supposé que Léonor, à l'insu de son frère, fût disposée à écouter le galant, ce qui ne peut être, tu rendrois un grand service à don Alonse, à moi et à Léonor même en nous avertissant.

CRISPIN.

Je puis donc sans répugnance me mêler de cette affaire-là.

LE CAPITAINE.

Hé, oui.

CRISPIN.

Bon. Je respire. Je deviens à votre école diablement chatouilleux sur le point d'honneur.

LE CAPITAINE.

Cela me fait plaisir, si tu continues je ferai quelque chose de toi. (Don Lope entre dans le jardin.)

SCÈNE VII.

CRISPIN seul.

Çà, faisons semblant de nous promener. Observons bien tous les cavaliers qui viendront ici, et principalement ceux qui me paroîtront des dénicheurs de merles..... Ho! ho! j'en vois déjà deux qui s'approchent de ce jardin.

SCÈNE VIII.

CRISPIN, DON LUIS, CLARIN.

DON LUIS bas à Clarin.

Arrêtons, Clarin. Laissons passer cet homme-là.

CLARIN bas à don Luis.

Comme il nous regarde!

DON LUIS bas.

Il m'est suspect.

CRISPIN à part.

Ils m'examinent. C'est assurément le gaillard que j'ai ordre d'observer.

CLARIN bas.

Il a toute l'encolure d'un espion.

DON LUIS bas.

Allons à lui. Il faut savoir ce qu'il a dans l'âme

CRISPIN à part.

Ils viennent à moi.

CLARIN à Crispin.

Écoutez, l'ami. Que faites-vous là?

CRISPIN.

Je prends le frais, je me promène, je fais provision de santé.

DON LUIS à Crispin.

A d'autres. Tu m'as l'air d'être ici pour faire quelque mauvais coup.

CRISPIN.

J'y suis plutôt pour empêcher qu'on n'en fasse.

CLARIN prenant Crispin au collet.

Camarade, il faut parler net.

CRISPIN.

Parler net? Parbleu! il me semble que je parle assez net.

CLARIN le menaçant.

Par la mort!.....

DON LUIS.

Doucement, Clarin, ne lui fais aucune violence. Il va nous avouer franchement la chose.

CRISPIN à don Luis.

Quelle chose! Je n'ai rien à vous avouer.

CLARIN.

Tu ne veux donc pas jaser? (*frappant Crispin.*) Tiens, voilà le prix de ta discrétion.

CRISPIN criant.

Haï! haï! haï!

DON LUIS à Crispin.

Pendard, je vois à ta physionomie qu'on t'a mis ici pour observer si quelqu'un en veut à certaine dame qui demeure dans ce jardin.

CRISPIN.

Vous voyez cela à ma physionomie?

DON LUIS.

Clairement.

CRISPIN.

Et moi, je vois à la vôtre que vous ne venez au Prado que pour parler à cette certaine dame. Il y a bien des physionomies parlantes comme vous voyez.

DON LUIS.

Tu es donc un espion de don Alonse de Guzman?

CRISPIN.

Je ne dis pas cela.

DON LUIS.

Si je savois que tu le fusses, je te donnerois cent coups.

CRISPIN.

Sur ce pied-là je n'ai garde de l'être.

DON LUIS.

Qui que tu sois, prends la peine de te retirer et ne t'amuse point à nous regarder.

CLARIN.

Si tu ne disparois à nos yeux, dès ce moment je te couperai les oreilles.

CRISPIN.

Oh! je vous les abandonne si vous m'y rattrapez. Serviteur. (à part, s'en allant.) Je vais me cacher dans un endroit où ils ne me verront pas, et je les guetterai en dépit d'eux.

SCÈNE IX.

DON LUIS, CLARIN.

CLARIN.

Enfin nous l'avons écarté. Nous pouvons nous entretenir librement. C'en est donc fait, seigneur don Luis, vous ne pensez plus à Estelle d'Alvarade?

DON LUIS.

Non, Clarin, cesse de m'en parler.

CLARIN.

Je ne vous comprends pas. Après un long séjour en Flandre, vous revenez à Madrid toujours amoureux d'Estelle. En arrivant, vous passez par cette promenade; vous voyez par hasard Léonor qui sortoit de ce jardin, et sa vue dans un instant vous rend infidèle.

DON LUIS.

Ah! Clarin, sommes-nous maîtres de nos cœurs? Laisse-moi m'abandonner à ma nouvelle passion. Tout semble la favoriser. Je suis écouté de la sœur de don Alonse; et je viens de terminer la fâcheuse affaire qui m'obligeait depuis deux ans à vivre loin de Madrid sous le nom de don Carlos.

CLARIN.

Vous pouvez donc maintenant apprendre à Léonor que vous êtes don Luis Pacheco?

DON LUIS.

C'est ce que je prétends lui découvrir aujourd'hui; mais en même temps je la prierai de garder le secret sur mon retour.

CLARIN.

D'où vient cela, s'il vous plaît?

DON LUIS.

C'est qu'Estelle est nièce du capitaine don Lope de Castro.

CLARIN.

Quoi! de ce grand redresseur de torts qui se rendoit médiateur de toutes les querelles qui arrivoient dans l'armée, et à qui vous avez sauvé la vie dans la dernière bataille?

DON LUIS.

Oui, ce capitaine est oncle d'Estelle.

CLARIN.

Malepeste! vous avez raison. Quoique ce capitaine vous doive la vie, il seroit homme à vous chicanner sur l'affront que vous faites à la beauté de sa nièce.

DON LUIS.

Voilà justement ce que je veux éviter. Don Lope est d'un caractère si singulier, que je n'ai pas voulu lui faire la moindre confidence de mes affaires; il est bon qu'il ignore mon arrivée dans cette ville jusqu'à ce que je sois sûr d'obtenir Léonor.

CLARIN.

C'est bien dit. Après cela nous le verrons venir.

DON LUIS.

Tais-toi. La suivante de Léonor paroît. Va-t'en, et reviens me rejoindre dans une heure. (*Clarin sort.*)

SCÈNE X.

DON LUIS, BÉATRIX.

BÉATRIX à part.

A la fin le voici.

DON LUIS.

Hé bien, Béatrix, aurai-je bientôt le plaisir de revoir ta maîtresse?

BÉATRIX.

Non, seigneur don Carlos. Je viens même vous dire de sa part que vous ne la verrez plus.

DON LUIS.

Qu'entends-je?

BÉATRIX.

Son frère veut qu'elle épouse un de ses amis. Elle ne peut désormais avoir d'entretien avec vous.

DON LUIS.

Quelle affreuse nouvelle! La fortune ne m'a donc flatté d'abord que pour me faire sentir plus vivement sa rigueur! Ma chère Béatrix, je te conjure d'avoir pitié de moi.

BÉATRIX.

Mais vraiment je vous plains fort.

DON LUIS.

J'implore ton secours. Engage Léonor à m'accorder un dernier entretien. Je reconnoîtrai bien ce bon office.

BÉATRIX.

Je ne doute pas de votre générosité; je voudrois bien vous rendre ce service; mais il pourroit me coûter cher.

DON LUIS.

Te coûter cher!

BÉATRIX.

En pouvez-vous douter? Je perdrois pour jamais la confiance de ma maîtresse : elle croiroit que vous m'auriez gagnée par des prières, et que je vous servirois au préjudice de son devoir.

DON LUIS.

Elle ne croira point cela.

BÉATRIX.

D'ailleurs, supposons que Léonor se rende aux instances que je lui ferai de vous parler, don Alonse pourra découvrir tout le mystère : ma maîtresse en sera quitte pour une réprimande, et Béatrix sera mise à la porte.

DON LUIS.

Ne te mets point ces chimères-là dans l'esprit.

BÉATRIX.

Ne serai-je pas bien avancée? Je perdrai tout d'un coup le fruit de huit longues années de services.

DON LUIS.

Oh! si ce malheur t'arrivoit, je suis en état de t'en consoler.

BÉATRIX.

Je suis bien persuadée de votre bon cœur.

DON LUIS.

Je prendrois soin de ta fortune.

BÉATRIX.

Ne m'en dites pas davantage. Vos promesses m'ébranlent. Adieu, je me retire.

DON LUIS *l'arrêtant.*

Ah! ma chère Béatrix, ne m'abandonne point.

BÉATRIX.

Je veux être sourde à vos prières.

DON LUIS *lui présentant sa bague.*

Tiens. En attendant mieux, fais-moi le plaisir de recevoir ce diamant.

BÉATRIX.

Vous allez me faire chasser.

DON LUIS.

Prends-le, je t'en conjure. Attendris ta maîtresse en ma faveur.

BÉATRIX *prenant le diamant.*

Que vous êtes séduisant, seigneur don Carlos!

DON LUIS.

Préviens mon désespoir.

BÉATRIX.

Je n'y puis plus résister, votre douleur me perce

l'âme. Allons, je veux vous servir, quelque chose qu'il en puisse arriver. Vous parlerez encore une fois à Léonor.

DON LUIS.

Tu me rends la vie par cette promesse.

BÉATRIX.

Mais je m'aperçois qu'en rêvant aux moyens de vous satisfaire j'ai pris votre bague sans y penser. Comme la rêverie préoccupe !

(Elle fait semblant de vouloir la lui rendre.)

DON LUIS.

Non, je t'en prie, Béatrix, garde-la pour l'amour de moi.

BÉATRIX.

Allez-vous-en de peur de surprise, et revenez ici à l'entrée de la nuit. (Don Luis sort.)

SCÈNE XI.

BÉATRIX seule et considérant le diamant.

Je n'en doute plus, cet homme-là doit avoir de la naissance. Il a des manières engageantes. Je veux épouser ses intérêts. (Elle met la bague à son doigt.)

SCÈNE XII.

BÉATRIX, LÉONOR.

BÉATRIX.

Il vient enfin de faire retraite.

LÉONOR.

Tu l'as donc renvoyé ?

BÉATRIX.

Oui, Madame, et notre conversation, je vous assure, a été bien vive.

LÉONOR.

A-t-il paru fort sensible à la nécessité de me perdre?

BÉATRIX.

Cela n'est pas concevable. Il a pris la fortune à partie; il s'est plaint de son étoile dans des termes... Si vous l'eussiez entendu comme moi, il vous auroit fait pitié.

LÉONOR.

Hélas! à quoi lui eût servi ma pitié.

BÉATRIX.

A quoi, Madame? Oh! la pitié d'une fille n'est jamais infructueuse. La mienne, par exemple, lui a remis l'esprit.

LÉONOR.

Comment donc cela?

BÉATRIX.

Il s'est plaint, comme je vous l'ai dit; il a soupiré, il a gémi. J'ai été si touchée de sa douleur, que je lui ai donné rendez-vous ici ce soir. Voyez ce que fait la compassion!

LÉONOR.

En vérité, Béatrix, vous êtes une extravagante de lui avoir donné rendez-vous...

BÉATRIX.

Il l'a bien fallu. Il vouloit se tuer dans le désespoir où il étoit.

LÉONOR.

Quoi! je vous charge de congédier un homme avec qui je veux rompre tout commerce, et vous osez le flatter encore de quelque espérance!

BÉATRIX.

Hé non, Madame, il n'espère plus rien, et il ne veut plus vous voir que pour vous dire un éternel adieu.

LÉONOR.

Vous ne deviez point l'entendre. En un mot il falloit exécuter mes ordres à la rigueur.

BÉATRIX.

Je conviens que j'ai tort; mais que voulez-vous? Ce pauvre garçon m'a fendu le cœur.

LÉONOR.

Vous êtes bien compatissante. Oh! pour cela, Béatrix, vous avez fait une grande sottise de ne m'en avoir pas débarrassée.

BÉATRIX.

Ho bien! puisque cela vous fait tant de peine, j'aurai bientôt dégagé ma parole. Don Carlos n'est pas encore si loin qu'on ne puisse le joindre. Je vais courir après lui, et l'envoyer au diable.

(Elle fait quelques pas comme pour aller après don Luis.)

LÉONOR l'appelant.

Béatrix.

BÉATRIX.

Que me voulez-vous?

LÉONOR.

Tu es trop vive quelquefois. Ne va pas, dans ton emportement, lui parler d'une manière malhonnête.

BÉATRIX.

Vous serez contente.

LÉONOR.

Dans le fond, je n'ai pas sujet de me plaindre de lui ; et c'est assez de lui dire simplement qu'il ne me convient plus de l'écouter.

BÉATRIX.

Cela suffit.

(Elle fait encore semblant de vouloir courir après don Luis.)

LÉONOR la rappelant.

Attends, Béatrix, attends.

BÉATRIX.

Encore ?

LÉONOR.

Recommande-lui bien de ne pas même paroître aux environs de ce jardin. Fais-lui sentir la conséquence...

BÉATRIX.

Oui ; mais, pendant que vous donnez de si amples instructions, le cavalier s'éloigne, et je ne pourrai pas le rattraper.

LÉONOR.

Il n'y a qu'à le laisser. Aussi bien je songe qu'il est plus à propos qu'il vienne au rendez-vous.

BÉATRIX.

Je pense aussi que cela vaudra beaucoup mieux. Je ne suis pas entêtée, moi, de mes opinions.

LÉONOR.

Courir après un homme seroit une démarche qui pourroit être mal expliquée.

BÉATRIX.

Vous avez raison. Il sera moins dangereux que je lui parle tantôt ; et je compte bien de réparer ma faute.

ACTE I, SCÈNE XII.

LÉONOR.

Tant mieux. Entre nous, je me défie de ta fermeté.

BÉATRIX.

Franchement, je n'en ai pas plus qu'il ne m'en faut.

LÉONOR.

Tu te laisseras encore attendrir.

BÉATRIX.

Écoutez, je n'en voudrois pas jurer.

LÉONOR.

Je crois que je serai obligée de lui parler moi-même.

BÉATRIX.

Je savois bien qu'il faudroit en venir là. Au reste que risquez-vous en parlant à don Carlos? Vous ne l'aimez plus.

LÉONOR soupirant.

Ah! Béatrix!

BÉATRIX.

Ah! je vous entends. Vous êtes lasse de trahir votre conscience, n'est-il pas vrai?

LÉONOR.

Que tu es cruelle de me plaisanter!

BÉATRIX.

Que vous êtes méchante de m'avoir grondée!

(Léonor et Béatrix rentrent dans le jardin.)

FIN DU PREMIER ACTE.

ACTE II.

Le théâtre représente encore le Prado, comme au premier acte.

SCÈNE PREMIÈRE.

DON ALONSE, LE CAPITAINE.

DON ALONSE.

Vous vous en allez?

LE CAPITAINE.

Je suis obligé de vous quitter pour un moment. Je viens de me souvenir que deux cavaliers doivent se battre demain. Je vais régler le temps, le lieu, et les conditions du combat. Je viendrai vous retrouver après cela.

DON ALONSE.

Vous êtes le maître. Sans adieu.

(Le capitaine sort.)

SCÈNE II.

DON ALONSE seul.

J'ai beau parcourir des yeux cette promenade, je n'y vois pas Crispin... Mais je crois l'apercevoir... Je ne ne me trompe pas, c'est Crispin qui s'avance. Nous allons savoir s'il a bien fait sa commission.

SCÈNE III.

DON ALONSE, CRISPIN.

CRISPIN tout essoufflé.

Ouf! laissez-moi prendre haleine.

DON ALONSE.

As-tu vu le cavalier qu'on t'a ordonné d'épier?

CRISPIN.

Comme j'ai l'honneur de vous voir, et son valet aussi.

DON ALONSE.

Que cette nouvelle me cause de joie! Dans quelle rue est-il logé? Comment le nomme-t-on?

CRISPIN hésitant.

C'est ce que je ne puis vous apprendre.

DON ALONSE.

C'est-à-dire, traître, que tu n'as pas voulu le suivre.

CRISPIN.

Pardonnez-moi; c'est lui qui n'a pas voulu que je le suivisse. Il s'est approché de moi avec son valet, pour me dire que, si je ne me retirois, ils me donneroient cent coups, et ils m'en ont donné quelques-uns à-compte, pour faire voir qu'ils aiment à tenir leur parole.

DON ALONSE.

Le butor! Il s'y sera pris maladroitement.

CRISPIN.

Non, Monsieur, je vous le proteste.

DON ALONSE.

Tais-toi, maraud. Tu mériterois que dans ma juste colère...

CRISPIN.

Ne me frappez pas; je ne suis plus votre valet. Vous ne pouvez vous défaire de vos vieilles habitudes.

DON ALONSE.

Je rentre. Je ne pourrois m'empêcher de t'assommer.

SCÈNE IV.

CRISPIN seul.

Je suis un heureux commissionnaire. J'ai pensé être étrillé des deux côtés.

(Il veut s'en retourner, et Béatrix l'appelle.)

SCÈNE V.

CRISPIN, BÉATRIX,

BÉATRIX.

St, st, Crispin.

CRISPIN.

Que vous plaît-il, ma princesse?

BÉATRIX.

Te faire une petite question. Es-tu franc? Es-tu sincère?

CRISPIN.

Comme un Italien.

BÉATRIX.

Don Alonse te parloit tout à l'heure avec action.

Ma maîtresse et moi n'étions-nous pas intéressées dans votre entretien ?

CRISPIN.

Je n'ai rien de caché pour ma chère Béatrix. D'ailleurs don Alonse a des manières qui ne m'engagent point à être discret. Oui, ma mignonne, il a appris de vos nouvelles. Prenez vos mesures là-dessus.

BÉATRIX.

Quoi ! il auroit découvert....?

CRISPIN.

Il sait tout, vous dis-je... Mais qui est ce garçon qui vient à nous ?

SCÈNE VI.

CRISPIN, BÉATRIX, CLARIN.

CLARIN à part.

Mon maître n'est plus ici. Que peut-il être devenu ?

BÉATRIX à part.

C'est le valet de don Carlos, apparemment.

CRISPIN à part.

C'est un de mes drôles de tantôt.

CLARIN à part.

C'est notre espion. Il est là, ma foi, avec une fille fort jolie. (Il salue Crispin et Béatrix.)

CRISPIN à part.

Il me salue humblement. Est-ce qu'il me craindroit ?

CLARIN à part.

Approchons-nous d'eux.

CRISPIN.

Il n'a peut-être fait le brave que parce qu'il étoit

soutenu de son maître. Approfondissons un peu cela.

CLARIN haut, abordant Crispin.

Monsieur !....

CRISPIN fièrement.

Monsieur..... (à part.) Je le crois poltron; il faut que je l'insulte.

CLARIN.

J'envie votre bonheur; car, selon toutes les apparences, cette charmante personne est de vos amies.

CRISPIN d'un ton brusque.

Qu'en voulez-vous dire ?

CLARIN.

Rien. Je vous en fais mon compliment. Elle s'est rendue sans doute au mérite brillant qu'on voit briller en vous.

CRISPIN.

Ce ne sont pas vos affaires.

CLARIN.

J'en demeure d'accord. Mais.....

CRISPIN.

Mais, mais, vous n'êtes qu'un sot.

CLARIN.

Vous recevez bien mal les politesses qu'on vous fait.

CRISPIN.

Je veux les recevoir mal, moi. Ton maître n'est pas ici pour te défendre, fanfaron, il faut que je te repasse en taille-douce.

BÉATRIX le retenant.

Que veux-tu faire, Crispin ?

CRISPIN.

Je veux lui couper le visage.

ACTE II, SCÈNE VI.

BÉATRIX.

Arrête-toi donc.

CLARIN.

Ne le retenez pas, la belle : il n'est pas si méchant que vous le pensez.

CRISPIN s'agitant.

Têtebleu! Ventrebleu!

BÉATRIX.

Quel emportement!

CLARIN.

Lâchez la bride à sa fureur.

CRISPIN.

Je ne serai pas content que je ne l'aie enterré.

BÉATRIX le lâchant.

Ho bien, suis donc ton impétuosité, puisqu'on ne peut t'arrêter.

CRISPIN.

Ho! ho! ce n'est point à moi qu'on passe la plume par le bec.

CLARIN.

On ne vous retient plus.

CRISPIN.

Il ne faut pas trop m'échauffer la bile, tudieu!

CLARIN.

Sais-tu bien que tes menaces ne m'épouvantent point, maraud?

CRISPIN.

Moi, maraud! Un élève du capitaine don Lope de Castro?

CLARIN.

Coquin!

CRISPIN.

Coquin! un nourrisson du point d'honneur!

CLARIN.

Bélître!

CRISPIN.

Bélître! Vous vous perdez au moins.

CLARIN.

Misérable!

CRISPIN.

Vous vous coupez la gorge.

CLARIN.

Gueux!

CRISPIN.

Vous êtes mort.

CLARIN.

Oh! c'en est trop. Tiens, fat. La patience m'échappe.
(Il lui donne un soufflet.)

CRISPIN portant la main à sa joue.

Vous appelez cela de la patience qui s'échappe?

CLARIN.

Tu l'appelleras comme il te plaira. Mais une autre fois réponds plus poliment aux personnes qui te feront l'honneur de te parler. (Il sort.)

SCÈNE VII.

BÉATRIX, CRISPIN.

BÉATRIX riant.

Voilà un maroufle bien brutal! Traiter de la sorte un bon enfant comme toi.

CRISPIN.

Mais, Béatrix, je suis en peine de savoir une chose. Quand il m'a frappé, avoit-il la main ouverte ou fermée ?

BÉATRIX.

Hé ! pourquoi voudrois-tu savoir cela ?

CRISPIN.

Pourquoi, morbleu ! Si c'est un soufflet, c'est un affront fait à mon honneur.

BÉATRIX.

Et si c'est un coup de poing, ce n'est donc rien ?

CRISPIN.

Non. Un coup de poing, un coup de pied au cul, se donnent sans conséquence ; mais un soufflet !

BÉATRIX.

Diantre, un soufflet ! On n'y sauroit donner une bonne explication, n'est-ce pas ?

CRISPIN.

Dis-moi donc, Béatrix, si c'est un soufflet que j'ai reçu ?

BÉATRIX.

Tu dois mieux le savoir que moi.

CRISPIN.

J'étois distrait dans le moment.

BÉATRIX.

Moi, j'étois fort attentive, et je puis t'assurer que c'est un soufflet avec toutes ses circonstances.

CRISPIN.

Cela étant, je suis bien aise de m'être possédé dans l'action ; la vengeance en sera plus éclatante.

BÉATRIX.

Je n'en doute nullement.

CRISPIN.

Peu s'en est fallu que je n'aie cédé au premier mouvement, et violé nos règles; car je suis trop chaud et trop bouillant.

BÉATRIX.

Il y a paru.

CRISPIN.

S'il eût réitéré, il y auroit eu du sang répandu.

BÉATRIX.

Oui; car il t'auroit cassé le nez.

CRISPIN.

Je vais de ce pas chercher mon maître, et le consulter. Cette affaire-là aura de grandes suites.

BÉATRIX.

Tu m'as l'air de la mener loin.

CRISPIN.

Je ne voudrois pas être dans la peau de mon ennemi.

(Il sort.)

SCÈNE VIII.

BÉATRIX seule, riant.

Le vaillant champion! Il a bien profité des leçons de son maître.

SCÈNE IX.

BÉATRIX, LÉONOR.

LÉONOR.

Que faisois-tu donc là avec Crispin?

BÉATRIX.

Il vient de m'apprendre une agréable nouvelle.

LÉONOR.

Quoi?

BÉATRIX.

Il m'a dit que le seigneur don Alonse est informé de votre intrigue avec don Carlos.

LÉONOR.

Est-il possible? Sur ce pied-là je ne m'exposerai point à parler ce soir à ce cavalier.

BÉATRIX.

Hé! d'où vient?

LÉONOR.

Mon frère pourroit nous surprendre.

BÉATRIX.

Il ne vous surprendra pas dans une maison d'amie.

LÉONOR.

Tu as raison. Mais à qui nous adresser?

BÉATRIX rêvant.

Attendez... Je l'ai trouvé. Adressons-nous à Estelle d'Alvarade. C'est la personne qu'il nous faut.

LÉONOR.

A Estelle! Tu n'y penses pas, Béatrix. Estelle est nièce du capitaine don Lope, à qui je suis destinée; elle loge même chez lui depuis quelques jours.

BÉATRIX.

Qu'importe. Deux bonnes amies n'y regardent pas de si près quand il s'agit de se prêter la main. De plus elle ne sera pas fâchée que son oncle meure dans le célibat.

LÉONOR.

Va donc chez elle pour la prier de ma part de trouver bon que je reçoive ce soir dans son appartement don Carlos.

BÉATRIX.

J'y vais tout à l'heure..... Mais quel bonheur! La voici elle-même.

SCÈNE X.

LÉONOR, BÉATRIX, ESTELLE, JACINTE.

ESTELLE.

Je vous ai reconnue de loin, ma chère Léonor, et j'ai quitté des dames avec qui je me promenois pour venir vous embrasser..... (*Elles s'embrassent.*) Hé bien, mes enfans, quelles nouvelles?

BÉATRIX.

Vous venez fort à propos, Madame, pour nous tirer d'un embarras.

ESTELLE à Léonor.

Ouvrez-moi votre cœur. Depuis un an que nous nous voyons, mon amitié doit vous être connue. Dans quel embarras êtes-vous?

LÉONOR.

Je voudrois avoir un entretien avec un cavalier

nommé don Carlos, qui me rend des soins depuis quelques jours; mais on nous observe, et je ne sais où je pourrai le voir.

ESTELLE.

Vous n'osez l'introduire chez vous?

LÉONOR.

Vous ne me le conseilleriez pas.

ESTELLE.

J'aime mieux vous prêter mon appartement que de vous donner un si mauvais conseil.

BÉATRIX.

Nous vous prenons au mot.

ESTELLE.

Hélas! que ne puis-je voir aussi mon cher don Luis Pacheco, dont l'absence me met au désespoir! Il y a deux ans qu'une affaire d'honneur le tient éloigné de Madrid. Je ne reçois point de ses nouvelles, et j'attends en vain son retour.

LÉONOR.

Mon frère ne vous verra-t-il jamais sensible à sa passion?

ESTELLE.

J'y aurois peut-être répondu si le souvenir de don Luis ne la traversoit point.

BÉATRIX.

Sans don Carlos nous aimerions peut-être aussi le seigneur don Lope.

ESTELLE embrassant Léonor.

Adieu, Léonor, je vais rejoindre ma compagnie. Jacinte aura soin de vous introduire ce soir chez moi par une porte secrète. (Léonor et Béatrix rentrent.)

SCÈNE XI.

ESTELLE, JACINTE,

JACINTE.
Voilà Léonor bien contente.
ESTELLE.
Je suis ravie de pouvoir lui faire plaisir. C'est le meilleur caractère de fille que je connoisse.

SCÈNE XII.

ESTELLE, JACINTE, CLARIN.

CLARIN.
Où diable est donc mon maître? Je ne le vois point à cette promenade.
ESTELLE à Jacinte, en regardant Clarin.
Les traits de cet homme-là ne me sont pas inconnus.
CLARIN à part.
Voici une dame qui me lorgne. Mon air la frappe à ce qu'il me semble.
JACINTE bas à Estelle.
Comme il vous considère, Madame; on diroit qu'il vous connoît.
ESTELLE.
Eh! c'est Clarin. C'est le valet de don Luis.
CLARIN à part et voulant fuir.
Ventrebleu! c'est Estelle d'Alvarade. La maudite rencontre!

ESTELLE.

C'est toi, Clarin? Approche, mon enfant; est-ce que tu ne me remets pas?

CLARIN.

(bas.) Que trop. (haut.) Pardonnez-moi.

ESTELLE.

Don Luis est donc à Madrid? Quelle joie! Pourquoi ne l'ai-je pas encore vu?

CLARIN d'un air embarrassé.

Madame..... (à part.) Que lui dirai-je?

ESTELLE.

Parle, Clarin, réponds-moi. Satisfais ma curiosité.

CLARIN pleurant.

Don Luis n'est point à Madrid, Madame..... hui, hui, hui, hui, hui!

ESTELLE.

Tu pleures, mon ami! Quel malheur m'annoncent tes larmes?

CLARIN redoublant ses pleurs.

Hin, hin, hin, hin, hin!

ESTELLE.

Explique-toi donc. Tu jettes dans mon cœur un effroi mortel.

CLARIN.

Il ne faut plus songer au seigneur don Luis.

ESTELLE.

Que dis-tu? Que lui seroit-il arrivé?

CLARIN.

Hélas!

JACINTE.

Seroit-il mort?

CLARIN.

Pis que cela : il est......

ESTELLE.

Achève.

CLARIN.

Marié.

ESTELLE.

Juste Ciel !

JACINTE.

Marié !

CLARIN.

Oui, il s'est marié à Bruxelles. Il a épousé la veuve d'un officier flamand.

ESTELLE.

Le perfide !

JACINTE.

Le traître !

ESTELLE.

Il a pu trahir ses serments !

(Elle tombe dans une profonde rêverie.)

CLARIN.

C'est ce que je lui reprochai la veille de ses noces : Seigneur don Luis, lui dis-je la larme à l'œil, songez-vous bien à ce que vous allez faire ? Voulez-vous causer la mort à madame Estelle, à qui vous avez donné votre foi, et qui vous aime si tendrement ?

JACINTE.

Et que répondit-il à cela ?

CLARIN.

Ce qu'il répondit : (grossissant la voix) Monsieur Clarin, mêlez-vous de vos affaires. Estelle vous a-t-elle payé pour entrer si chaudement dans ses intérêts ?

JACINTE.
Le petit scélérat!

CLARIN.
Le lendemain de son mariage, je lui dis d'un air fier et méprisant : Fi, Seigneur! cela est indigne. Je vous demande mon congé. Je ne veux plus servir un homme sans honneur, sans probité. Là-dessus je le quitte. Je sors de Bruxelles, et je reviens à Madrid, le cœur gonflé de soupirs, en maudissant la veuve de l'officier flamand.

ESTELLE.
Clarin, c'est assez.

CLARIN.
(bas.) Si cela pouvoit la détacher de mon maître! (haut.) Adieu, Madame.

ESTELLE fouillant dans sa poche.
Attends, mon enfant. Il n'est pas juste que la douleur me fasse oublier ce que je te dois pour avoir pris mon parti.

CLARIN.
Vos manières me pénètrent. Je sens renouveler toute l'affliction que j'avois à Bruxelles.

ESTELLE.
Je suis cause que tu as quitté l'infidèle don Luis. Tiens, voilà pour te dédommager de ce que je t'ai fait perdre.   (Elle lui donne de l'argent.)

CLARIN recommençant à pleurer.
Ah! ah! ah! Je ne puis digérer la trahison de don Luis. Je vais chercher quelque retraite pour y pleurer tant que cela durera.

SCÈNE XIII.

ESTELLE, JACINTE.

ESTELLE.

Voilà, Jacinte, ce don Luis dont je t'entretenois si souvent.

JACINTE.

J'étranglerois un homme comme cela.

ESTELLE.

Je me laissois consumer d'ennui, pendant que le volage... Mais c'en est fait, la douleur fait place à la colère, et je ne respire plus que vengeance.

JACINTE.

Votre ressentiment est juste; mais remettez-vous. J'aperçois le seigneur don Lope, votre oncle. Il vient ici. Dissimulez.

ESTELLE.

Non, non, je ne puis me contraindre. D'ailleurs, pourquoi lui ferois-je un mystère de l'outrage que j'ai reçu? Il doit le sentir comme moi-même...

SCÈNE XIV.

ESTELLE, JACINTE, LE CAPITAINE, CRISPIN.

ESTELLE au capitaine.

Ah! Seigneur, je suis trahie! Un amant parjure met sur mon front une honte éternelle.

CRISPIN à part.

Auroit-elle reçu un soufflet ?

LE CAPITAINE.

Expliquez-vous, ma nièce, quel affront vous a-t-on fait ?

ESTELLE.

Un cavalier depuis trois ans a reçu ma foi, et je viens d'apprendre que le traître s'est marié à Bruxelles.

LE CAPITAINE.

Certes le trait est noir.

CRISPIN.

Fi ! voilà un procédé bien françois.

ESTELLE.

Sa trahison ne demeurera pas impunie. Quand parmi les hommes je ne trouverois point de vengeur, le perfide ne sauroit m'échapper. Conduite par ma fureur, j'irai le chercher à Bruxelles, et moi-même je lui percerai le cœur.

CRISPIN.

Quelle fille ! Elle chasse de race, ma foi.

LE CAPITAINE.

Calmez vos transports, Estelle. Votre injure me touche autant que vous. Dites-moi seulement le nom du cavalier.

ESTELLE.

Il se nomme don Luis Pacheco.

LE CAPITAINE.

Cela suffit. Je me charge de vous venger.

ESTELLE.

Vous irez en Flandre ?

CRISPIN.

Il iroit au Japon, Madame, pour moins que cela.

LE CAPITAINE.

Je partirai sitôt que j'aurai fini une affaire qui demande ici ma présence. Allez, ayez l'esprit en repos là-dessus. (Estelle et Jacinte sortent.)

CRISPIN à part.

Puisque mon maître est si prompt à se charger des vengeances d'autrui, il faut que je remette la mienne entre ses mains.

SCÈNE XV.

LE CAPITAINE, CRISPIN.

LE CAPITAINE.

Je vais rentrer chez don Alonse, et lui annoncer une nouvelle si favorable à son amour. Toi, Crispin, va m'attendre au logis.

CRISPIN.

J'y vais... Mais, seigneur capitaine, un petit mot, s'il vous plaît.

LE CAPITAINE.

Que me veux-tu ?

CRISPIN.

Je veux vous instruire d'un différend, qui offre une belle matière à vos décisions.

LE CAPITAINE.

Ho! ho! quel différend peut-il être arrivé qui ne soit pas encore venu à ma connoissance ?

CRISPIN.

Dans ce même endroit où nous voici, j'ai reçu un soufflet qui m'a fait voir vingt chandelles.

ACTE II, SCÈNE XV.

LE CAPITAINE.

Qui ? toi, Crispin ?

CRISPIN.

Oui, moi, votre élève dans la science des procédés.

LE CAPITAINE.

Voilà une action bien hardie !

CRISPIN.

Je l'ai trouvée si téméraire, si insolente, que je n'ai presque pas senti le coup.

LE CAPITAINE.

Cet affront me regarde.

CRISPIN.

Assurément, on ne sauroit faire du mal aux pieds que la tête ne s'en ressente.

LE CAPITAINE.

Donner un soufflet à mon domestique, c'est m'offenser directement.

CRISPIN.

Directement, oui, directement. Ho ! ho ! monsieur l'olibrius, vous n'avez qu'à vous bien tenir : mon affaire est en bonne main.

LE CAPITAINE.

J'en dois tirer raison.

CRISPIN.

Sans doute. C'est à cause de cela que je n'ai pas voulu me venger moi-même.

LE CAPITAINE.

J'approuve ta retenue.

CRISPIN à part.

Je suis hors d'intrigue.

LE CAPITAINE.

Qui est l'offenseur ? Est-il noble ?

CRISPIN.

Hé! non, non. Allez, ne craignez rien. Ce n'est qu'un valet.

LE CAPITAINE.

Oh! si l'offenseur n'est pas noble, l'honneur ne me permet pas de mettre l'épée à la main contre lui. Mais ce qui m'est défendu, à moi, t'est permis à toi, comme tu le peux voir dans mon chapitre des *Soufflets roturiers*.

CRISPIN.

Ho bien! puisque vous ne pouvez me venger, il n'y a qu'à laisser celà là. Je m'en vengerai par le mépris. Aussi bien c'est la vengeance des belles âmes.

LE CAPITAINE le regardant de travers.

Que dis-tu?

CRISPIN.

Un soufflet, au bout du compte, n'est pas la mort d'un homme.

LE CAPITAINE.

Comment, faquin! est-ce là le langage d'un homme nourri chez moi?

CRISPIN.

C'est le langage d'un homme sensé.

LE CAPITAINE.

Écoute. Je n'ai qu'un mot à te dire. Songe à te montrer digne valet de don Lope; ou bien prépare-toi à mourir sous le bâton.

CRISPIN.

L'alternative est consolante.

LE CAPITAINE.

Opte tout à l'heure. Détermine-toi.

CRISPIN.

C'en est fait, je prends mon parti. Vos paroles m'inspirent une fureur martiale. Je vais, comme un lion, chercher mon ennemi.

LE CAPITAINE.

Ah! j'aime à t'entendre parler de la sorte.

CRISPIN.

Je cours, je vole... Mais, attendez : une réflexion m'arrête tout court.

LE CAPITAINE.

Hé! quelle?

CRISPIN.

Je songe que j'ai reçu le soufflet en rendant service à don Alonse. C'est le valet de l'amant de sa sœur qui me l'a donné.

LE CAPITAINE.

Tu ne m'avois pas dit cette circonstance.

CRISPIN.

Non, vraiment, je n'y ai pas pensé.

LE CAPITAINE.

Don Alonse a part à l'offense.

CRISPIN.

N'est-il pas vrai? Il doit joindre cela aux autres sujets qu'il a de se plaindre du cavalier, et venger le tout ensemble. Ainsi la chose ne me regarde plus.

LE CAPITAINE.

Elle te regarde toujours, mon ami. Don Alonse étant gentilhomme ne peut pas tirer raison de cette offense. Tu dois te venger, tant par rapport à toi que par rapport à lui, et même aussi par rapport à moi.

CRISPIN.

Il y a bien des rapports dans cette affaire-là.

LE CAPITAINE.

Va, mon enfant, va rétablir ton honneur.

CRISPIN.

C'est-à-dire, Crispin, va te faire tuer.

LE CAPITAINE.

Ne remets point le pied dans ma maison, que tu n'aies réparé l'outrage que tu as reçu. Il ne me convient pas d'avoir un domestique déshonoré.

(Le capitaine rentre chez don Alonse.)

SCÈNE XVI.

CRISPIN seul.

J'avois bien affaire aussi d'aller parler de ce maudit soufflet. Mais le vin est tiré, il faut le boire. Allons, Crispin, anime-toi. Après tout, ton ennemi n'a peut-être pas plus de cœur qu'un autre. Quand il verra une épée nue, il aura autant de peur que toi. Pourquoi non ? Faisons-en l'épreuve. Ça, représentons-nous que je le rencontre. Parlons-lui d'un ton de grenadier : Ah! te voilà, pendard, te voilà... (Il change de ton.) Je vous demande pardon, monsieur Crispin. J'étois ivre quand je vous ai souffleté. (d'un ton rude.) Tu étois ivre, maraud; ha! ha! voici de mes gens qui ne sont braves que lorsqu'ils ont bu! Mets l'épée à la main, gueux, et défends-toi... (Il allonge des estocades.) Tic, tac... Sa lame est bonne, et il se défend bien; mais j'en viendrai à bout. Pare-moi celle-ci : une, deux, trois, paf! Tiens, misérable, va te faire panser... (d'un ton pleureur.) Ah! vous m'avez crevé un œil... (d'un ton rude.) Bon, tant mieux, méchant borgne, je veux t'arracher l'autre. Il faut mourir... (apercevant Clarin.) Ahi, ahi, ahi!

SCÈNE XVII.

CRISPIN, CLARIN.

CLARIN *lui mettant la main sur l'épaule.*

Qui doit mourir ?

CRISPIN *à part.*

Ouf ? je ne le croyois pas si près de moi.

CLARIN.

Je vous trouve l'épée à la main !

CRISPIN.

Je viens de bourrer un certain quidam qui m'avoit insulté.

CLARIN.

J'en suis ravi. J'aime les braves gens, et je suis prêt à vous faire raison du soufflet que j'ai pris la liberté de vous appliquer sur.....

CRISPIN.

Il s'est battu avec beaucoup de valeur. Il faut rendre justice à ses ennemis.

CLARIN.

Cela est généreux. Hâtons-nous, je vous prie, tandis que nous sommes seuls.

CRISPIN.

Je suis encore tout essoufflé de mon dernier combat; laissez-moi respirer.

CLARIN.

Dépêchons-nous donc.

CRISPIN.

Quoi! (déclamant.)
Sortir d'une bataille, et combattre à l'instant!
Me prenez-vous pour un Cid?

CLARIN.

Non, ma foi, non. Je vois bien que vous n'êtes rien moins qu'un Cid. Le Ciel vous a donné bien peu de courage.

CRISPIN.

Vous devez l'en remercier.

CLARIN lui donnant des soufflets.

Vous méritez d'être souffleté.

CRISPIN.

D'accord.

CLARIN lui donnant des nasardes.

Nasardé.

CRISPIN.

Soit.

CLARIN lui donnant des croquignoles.

Croquignolé.

CRISPIN.

Tout ce qu'il vous plaira.

CLARIN.

Puisque vous ne voulez pas vous battre, vous trouverez bon que je vous donne des coups de bâton. Vous savez que c'est la règle.

CRISPIN.

Oui. Vous avez donc lu cela dans notre livre?

CLARIN.

Mot pour mot.

CRISPIN.

Il en faut passer par-là, car je suis rigide observateur de nos règles....... (tendant la main à Clarin.) Allons, Monsieur, suivez-les.

CLARIN après lui avoir donné des coups de bâton.

C'est ainsi que je les donne.

CRISPIN.

C'est ainsi que je les reçois.

CLARIN.

Je vous ferai tâter de mon épée, si vous n'êtes pas content de cela.

CRISPIN.

Oh ! je ne suis pas si difficile à contenter.

CLARIN s'en allant.

Adieu, frère.

CRISPIN le saluant profondément.

Monsieur, je suis votre serviteur très humble.

SCÈNE XVIII.

CRISPIN seul.

Il croyoit que je lâcherois pied devant lui. Il a été bien attrapé. Je lui ai tenu tête jusqu'au bout. Il est vrai que j'ai été battu ; mais les armes sont journalières ; et au reste voilà mon affaire vidée.

FIN DU SECOND ACTE.

ACTE III.

Le théâtre représente l'appartement du capitaine don Lope. Cet appartement a l'air d'une salle d'armes : on y voit quantité de fleurets, de plastrons et autres ustensiles concernant les armes.

(Il y a deux flambeaux sur une table.)

SCÈNE PREMIÈRE.

LE CAPITAINE, CRISPIN.

LE CAPITAINE.

Qu'est-ce, Crispin ? Tu as l'air bien content.

CRISPIN.

Ah ! seigneur capitaine, j'ai une agréable nouvelle à vous annoncer.

LE CAPITAINE.

Je la lis dans tes yeux.

CRISPIN.

Vous voyez en moi votre vivante image. Je viens de terminer mon affaire très heureusement.

LE CAPITAINE.

As-tu tué ton homme ?

CRISPIN.

Non ; mais il y a eu bien des coups donnés et reçus.

LE CAPITAINE.

De quelle manière s'est passée la chose ?

ACTE III, SCÈNE I.

CRISPIN.

Je vais vous le dire en deux mots. J'ai rencontré mon ennemi. Nous avons parlé de nous battre. L'un de nous deux a refusé lâchement de tirer l'épée; et l'autre, suivant nos règles, lui a donné vingt coups de bâton.

LE CAPITAINE.

Tu as bien fait de le traiter ainsi.

CRISPIN.

Après cela, mon drôle ne m'a pas demandé son reste. Il s'est retiré, et m'a laissé maître du champ de bataille.

LE CAPITAINE.

Tu as fait prendre la fuite à ton ennemi?

CRISPIN.

Oui, vraiment, il m'a montré les talons.

LE CAPITAINE.

Tu me ravis par ce discours, mon cher Crispin. Viens, mon fils, viens que je t'embrasse. Je veux que tu deviennes un des plus vaillants hommes du royaume.

CRISPIN.

J'y ai beaucoup de disposition.

LE CAPITAINE.

Et dès à présent je te fais l'arbitre des démêlés de la populace.

CRISPIN.

Grand merci.   (Déclamant.)
Tôt ou tard la valeur reçoit sa récompense.

LE CAPITAINE.

Ma joie est extrême d'apprendre que tu te sois vengé. Car enfin, mon ami, une injure est un pesant fardeau.

CRISPIN

Très pesant.

LE CAPITAINE

Dans quelle affreuse situation se trouve un homme qui a été offensé, et qui n'est pas encore vengé !

CRISPIN.

J'ai passé par-là. Peste ! c'est une horrible situation.

LE CAPITAINE.

Il a dans le cœur un ver qui le ronge sans relâche. Il est bourrelé.

CRISPIN.

Souffleté.

LE CAPITAINE

Déchiré.

CRISPIN.

Nasardé.

LE CAPITAINE.

Dévoré.

CRISPIN.

Croquignolé.

LE CAPITAINE.

Mais, quand il a goûté la douceur de la vengeance...

CRISPIN.

Ho ! ho !

LE CAPITAINE.

Quel soulagement !

CRISPIN.

Quel plaisir !

LE CAPITAINE.

Que son âme est contente !

CRISPIN.

Elle nage dans la joie.

LE CAPITAINE.

Par exemple, quelle satisfaction n'as-tu pas présentement?

CRISPIN.

Oui, parbleu, je suis fort satisfait. Je ne voudrois pas être à recommencer... Mais voici un de nos espions. Que vient-il nous apprendre?

SCÈNE II.

LE CAPITAINE, CRISPIN, UN ESPION.

L'ESPION.

Il y a bien des affaires, seigneur capitaine.

LE CAPITAINE.

Qu'est-il arrivé?

L'ESPION.

Un chevalier de Calatrave, nommé don Martin d'Avalos, a voulu donner cette nuit une sérénade à une fille de qualité; et un de ses rivaux est venu par jalousie déconcerter le concert. On s'est battu comme tous les diables de part et d'autre, et l'on a trouvé ce matin sur le carreau...

LE CAPITAINE avec précipitation.

Hé bien! sur le carreau?

L'ESPION.

Deux guitares brisées en mille pièces.

CRISPIN riant.

Ha, ha, ha! Quel carnage!

LE CAPITAINE

Il y a bien là de quoi rire! Je trouve le cas très

grave, moi. On ne doit point troubler des sérénades. L'usage en est légitime et consacré. Je prétends m'informer à fond de cette affaire.

CRISPIN.

Vous ferez sagement. Il faut découvrir ces perturbateurs de la galanterie nocturne, et leur faire payer les guitares.

LE CAPITAINE.

Quel étranger entre ici? Voyons ce qui l'amène.
(L'espion se retire.)

SCÈNE III.

LE CAPITAINE, CRISPIN, UN SICILIEN.

LE SICILIEN saluant le capitaine.

Seigneur, sur la réputation que vous avez...

CRISPIN l'interrompant et le saluant.

Seigneur, je suis votre serviteur de tout mon cœur.

LE SICILIEN à Crispin.

Bonjour... (au capitaine.) Seigneur, sur la réputation que vous avez d'être le premier homme du monde...

CRISPIN l'interrompant encore.

Je suis ravi de vous voir en bonne santé.

LE SICILIEN.

(Il regarde sévèrement Crispin, et reprend ensuite son discours.)

D'être le premier homme du monde pour lever les scrupules que l'honneur fait naître quelquefois dans les âmes sensibles aux injures, je viens exprès des extrémités de la Sicile à Madrid, pour vous prier de me conseiller dans un embarras où je me trouve.

ACTE III, SCÈNE III.

LE CAPITAINE.

Volontiers. De quoi s'agit-il?

CRISPIN.

Parlez. Nous vous écoutons.

LE SICILIEN.

Vous savez mieux que personne combien l'honneur d'un gentilhomme est délicat et facile à blesser.

LE CAPITAINE.

Ha, ha!

CRISPIN.

Malepeste!

LE SICILIEN.

L'honneur est une glace que le moindre souffle ternit.

CRISPIN.

L'honneur est une prune qu'on ne sauroit toucher sans en ôter la fleur.

LE SICILIEN.

Je suis natif de Catania, près du Mont-Gibel, et je me nomme *Lupardi*. En lisant un vieux bouquin, j'ai trouvé qu'un homme qui portoit mon nom a été tué en duel autrefois; et il n'est point fait mention dans le volume que sa mort ait été vengée.

LE CAPITAINE

Il y a peut-être plusieurs tomes?

LE SICILIEN.

Pardonnez-moi.

CRISPIN.

Et avez-vous vu toutes les éditions?

LE SICILIEN

Le livre n'en a jamais eu qu'une.

CRISPIN.

Il a donc cela de commun avec bien des ouvrages.

LE CAPITAINE

Comment s'appeloit le meurtrier de votre *Lupardi*.

LE SICILIEN.

Il s'appeloit Perichichichipinchi.

CRISPIN riant.

Perichichirichinpi.

LE SICILIEN.

Perichichichipinchi.

LE CAPITAINE

Voici ce que vous avez à faire. Il faut que vous cherchiez quelque cavalier qui porte ce nom, et que vous lui fassiez un appel.

CRISPIN.

Cela est dans les formes.

LE SICILIEN.

J'ai pensé comme vous, et j'ai d'abord fait des perquisitions dans la Sicile. De là j'ai passé dans le royaume de Naples, et parcouru toute l'Italie; mais je n'ai point trouvé ce que je cherchois.

LE CAPITAINE.

Cela est malheureux.

CRISPIN.

Rien n'est plus désolant.

LE SICILIEN.

J'étois enfin de retour chez moi, fort mortifié d'avoir perdu mes pas, et résolu d'abandonner une vengeance qu'il m'étoit impossible de tirer; mais l'inexorable point d'honneur m'est venu faire un crime du repos où je voulois demeurer; et las d'être en proie aux secrets reproches qu'il me faisoit sans cesse, j'ai pris la résolution de continuer ma recherche.

LE CAPITAINE à Crispin.

Ah! mon ami, quelle délicatesse!

CRISPIN.

Oui, parbleu, ce gentilhomme observe les points et les virgules de notre recueil.

LE SICILIEN.

J'ai dessein, après avoir soigneusement tâché de déterrer quelque *Perichichichipinchi* en Espagne, de me rendre aux Pays-Bas, d'aller en France, en Allemagne, et de faire enfin le tour de l'Europe; mais si je ne tire aucun fruit d'un si long voyage, pensez-vous que je puisse en sûreté d'honneur en demeurer là?

LE CAPITAINE.

Je ne le crois pas.

CRISPIN.

Ni moi non plus.

LE CAPITAINE.

Je ne me contenterois pas d'avoir fait le tour de l'Europe, je passerois aux Indes.

CRISPIN.

Je galopperois par toute la terre habitable pour n'avoir rien à me reprocher.

LE SICILIEN.

Seigneur capitaine, on m'avoit bien dit que vous étiez roide sur l'article. Je vous remercie de vos conseils. Adieu. Je ne retournerai point en Sicile que je n'aie fait tout ce que l'intérêt de mon nom attend de moi.

SCÈNE IV.

LE CAPITAINE, CRISPIN.

CRISPIN.

Le seigneur Lupardi va bien battre du pays. Il court grand risque de ne revoir jamais le Mont-Gibel.

LE CAPITAINE.

C'est un brave homme; et je souhaite qu'il rencontre.... Mais voici don Alonse, mon beau-frère futur.

SCÈNE V.

LE CAPITAINE, CRISPIN, DON ALONSE.

DON ALONSE.

Seigneur capitaine, je viens vous sommer de me tenir parole.

LE CAPITAINE.

Quand il en sera temps je vous introduirai dans l'appartement de ma nièce. Allons dans mon cabinet attendre cet heureux moment.

SCÈNE VI.

Le théâtre change en cet endroit, et représente l'appartement d'Estelle, éclairé de quantité de bougies.

ESTELLE, LÉONOR.

ESTELLE.

Vous voyez, ma chère Léonor, si ma douleur est juste.

ACTE III, SCÈNE VI.

LÉONOR.

Je ne puis revenir de ma surprise.

ESTELLE.

Hommes perfides et scélérats! quand vous nous faites des serments, que nous sommes sottes d'y ajouter foi!

LÉONOR.

Quelle ingratitude!

ESTELLE.

Je souhaite que vous soyez plus heureuse que moi; mais après ce qui m'est arrivé je crois qu'il y a peu de fond à faire sur les promesses d'un amant.

LÉONOR.

Votre exemple, il est vrai, doit m'effrayer; mais s'il est quelque homme au monde qui ne ressemble point aux autres c'est don Carlos.

ESTELLE.

Vous avez donc trouvé le phénix.

LÉONOR.

Sa seule physionomie confond toutes les réflexions qu'on peut faire contre son sexe.

ESTELLE.

Sa physionomie, dites-vous? Oh! prenez-y garde, Léonor. Don Luis en a une à tromper toute la terre.

SCÈNE VII.

ESTELLE, LÉONOR, BÉATRIX.

BÉATRIX à Léonor.

Madame.

LÉONOR.

Hé bien, Béatrix!

BÉATRIX.

Je vous amène don Carlos.

(Béatrix fait entrer don Luis et se retire ensuite.)

LÉONOR.

Vous allez voir, Estelle, que je n'ai pas fait un mauvais choix.

SCÈNE VIII.

ESTELLE, LÉONOR, DON LUIS le nez enveloppé dans son manteau.

DON LUIS à part, reconnoissant Estelle.

Juste Ciel! où me suis-je laissé conduire? C'est Estelle!

LÉONOR.

Don Carlos, vous n'avez rien à craindre ici. Découvrez-vous.

DON LUIS à part.

Comment me tirer de ce mauvais pas?

ESTELLE.

Seigneur, n'ayez là-dessus aucune inquiétude.

DON LUIS tout déconcerté.

Pardonnez, Mesdames, si je vous quitte pour un instant... J'ai oublié... Une affaire pressée... J'ai deux mots à dire à un ami qui...

LÉONOR.

Quel discours! Avez-vous perdu l'esprit, don Carlos? Pourquoi vous troublez-vous?

DON LUIS.

Madame!.....

LÉONOR.

Finissons. Découvrez-vous. Je le veux.

DON LUIS *faisant un pas pour s'en aller.*

Je vais revenir dans un moment.

(On entend dans cet endroit du bruit à la porte.)

LÉONOR.

Qu'entends-je ?

ESTELLE.

On ouvre. O Ciel ! on entre.

LÉONOR *à part.*

Que vois-je ! c'est mon frère. Je suis perdue !

SCÈNE IX ET DERNIÈRE.

ESTELLE, LÉONOR, DON LUIS, DON ALONSE, LE CAPITAINE, CRISPIN.

ESTELLE *s'avançant vers la porte.*

Quel audacieux peut venir ?...

DON ALONSE.

Ne vous alarmez pas, Madame, un amant soumis et respectueux ne doit point.... Mais quel objet s'offre à mes regards ? Un homme avec ma sœur et ma maîtresse !

LE CAPITAINE *à part, se frottant les yeux.*

Est-ce une illusion ?

ESTELLE.

Don Alonse chez moi !... (*au capitaine.*) Et c'est vous, Seigneur, qui l'introduisez !

LE CAPITAINE.

Ma présence doit vous rassurer. Mais que fait ici ce cavalier ?

CRISPIN.

Ouf !

DON ALONSE.

Cet inconnu qui prend soin de se cacher offense mon honneur ou mon amour.

CRISPIN à part.

Notre livre sera consulté.

DON ALONSE mettant la main sur la garde de son épée.

Il faut qu'il éprouve le châtiment que mérite sa témérité.

LÉONOR tremblante.

Que vont-ils faire?

ESTELLE saisissant le bras de don Alonse.

Arrêtez, don Alonse. Songez au respect que vous me devez.

LÉONOR au capitaine.

Seigneur don Lope, de grâce, calmez...

LE CAPITAINE.

Écoutez. Point de bruit. Voici de quelle manière on peut accommoder la chose.

ESTELLE à part.

Il va dissiper cet orage.

LÉONOR.

Puisse-t-il nous tirer de peine!

CRISPIN.

L'oracle va parler.

LE CAPITAINE.

Crispin, ferme la porte. Et vous don Alonse, faites tous vos efforts pour tuer ce cavalier tout à l'heure.

LÉONOR faisant un cri.

Ah!

ESTELLE.

O dieux!

LE CAPITAINE.

Et si par malheur il vous tue, je suis ici pour le tuer après. Par ce moyen votre mort sera vengée et votre honneur satisfait.

CRISPIN.

Voilà un tempérament de notre façon.

LÉONOR au capitaine.

Quoi! vous flattez leur rage, au lieu de vous y opposer!

ESTELLE.

Comment! vous voulez que dans mon appartement même...

LE CAPITAINE.

Oui, ma nièce, il faut que cela soit. En pareille rencontre, c'est ainsi qu'on en doit user.

CRISPIN.

C'est l'ordre, Madame; c'est la règle.

ESTELLE.

Que dira-t-on de moi dans le monde?

LE CAPITAINE.

Soyez tranquille sur cela. Mon témoignage suffit pour faire taire la médisance. Allons, seigneurs cavaliers, battez-vous à votre aise.

CRISPIN.

Oui, tuez-vous, égorgez-vous à votre aise. Mon maître est dans son élément.

(Les deux cavaliers mettent l'épée à la main.)

LÉONOR.

A l'aide!

ESTELLE.

Au secours.

Le Sage. Théâtre.

LE CAPITAINE.

Attendez, don Alonse; je fais réflexion que vous ne connoissez pas ce cavalier.

DON ALONSE.

Que m'importe?

LE CAPITAINE.

Il faut connoître l'offenseur. (à don Luis.) Seigneur inconnu, découvrez-vous, et apprenez qui vous êtes.

DON LUIS.

Malgré les intérêts qui m'obligent à me cacher, je vais donc me faire connoître.   (Il se découvre.)

ESTELLE.

Ah! c'est don Luis!

LE CAPITAINE.

Que vois-je? don Carlos!

ESTELLE.

Qui t'amène ici, traître? Viens-tu séduire mon amie, et couronner par-là ta trahison?

DON ALONSE à Estelle.

Madame, laissons là les discours. Je vais vous venger d'un infidèle en punissant un suborneur.

LE CAPITAINE.

Doucement, don Alonse. Ce don Luis m'est connu sous le nom de don Carlos. C'est mon meilleur ami. C'est lui qui m'a sauvé la vie en Flandre. Je dois défendre la sienne.

CRISPIN.

Oui, nous périrons à ses côtés.

DON ALONSE.

Mais, don Lope, il est votre rival, et de plus vous avez promis de venger votre nièce de l'infidélité de don Luis.

LE CAPITAINE rêvant.

Il est vrai.

DON ALONSE.

Faut-il donc compter pour rien votre parole?

LE CAPITAINE.

Non.

CRISPIN à part.

Oh! ma foi, pour le coup notre recueil est en défaut.

LE CAPITAINE à don Luis.

Don Carlos, ou plutôt don Luis, puisque c'est votre véritable nom, je sens toute l'obligation que je vous ai; mais l'honneur veut que mon bras s'arme contre vos jours. Je suis au désespoir d'en venir là avec vous. Pourquoi faut-il que vous soyez si coupable?

(Il tire son épée.)

DON LUIS.

En quoi, don Lope, suis-je donc si coupable?

LE CAPITAINE.

En quoi? Malgré la foi jurée, vous abandonnez ma nièce, vous vous mariez à Bruxelles, et vous revenez à Madrid séduire Léonor, ma maîtresse.

DON LUIS.

Je ne suis point marié. C'est une fable que mon valet a inventée dans l'embarras où il s'est trouvé en rencontrant Estelle.

LE CAPITAINE.

Oh! puisque vous n'êtes pas marié, c'est une autre affaire. Il est aisé de nous accorder.

DON ALONSE.

Hé! comment cela?

LE CAPITAINE.

Don Luis n'a qu'à rendre son cœur à ma nièce, et l'épouser dès demain.

DON ALONSE.

L'épouser! il faut donc que je me venge des soins que don Luis a rendus à ma sœur sans mon aveu, et qu'en même temps je lui dispute le cœur d'Estelle.

LE CAPITAINE.

Soit; mais, si vous ôtez la vie à don Luis, je serai obligé d'attaquer la vôtre.

CRISPIN.

Il y a aussi bien des rapports dans cette affaire-ci.

ESTELLE.

C'est à moi de finir tous ces débats... (au capitaine.) Seigneur don Lope, je vous rends votre parole. Je ne souhaite plus d'être vengée. Je ne vois plus en don Luis un amant chéri. Son inconstance a rendu mon cœur libre, et je donne ma main au seigneur don Alonse.

DON ALONSE.

Ah! Madame, en récompensant ma constance, vous me faites oublier tous les maux que j'ai soufferts depuis quatre ans.

LE CAPITAINE à don Alonse.

Depuis quatre ans! Vous avez donc soupiré pour Estelle avant don Luis?

DON ALONSE.

Oui, Seigneur.

LE CAPITAINE.

Eh! que ne le disiez-vous d'abord? Vous levez par-là tous les obstacles. C'est la date qui doit décider entre deux rivaux d'un mérite égal.

LÉONOR au capitaine.

Suivez donc vous-même vos règles, seigneur capitaine, et cédez-moi à don Luis.

LE CAPITAINE.

Que je vous cède à don Luis?

LÉONOR.

Oui, vraiment. Il n'y a que trois jours que vous m'aimez, et il y en a huit qu'il me rend des soins.

CRISPIN au capitaine.

Vous n'avez pas le mot à dire à cela.

LE CAPITAINE.

Non. Puisque l'honneur l'ordonne, l'amour a beau s'y opposer. Il faut sacrifier à l'honneur jusqu'à son bonheur même. Je souscris à la félicité de Pacheco.

DON LUIS.

Par ce sacrifice, don Lope, vous paierez avec usure le service que je vous ai rendu.

LE CAPITAINE.

O point d'honneur! que tu as de pouvoir sur les belles âmes!

CRISPIN.

O point d'honneur! que tu es sensible aux épaules!

FIN DU TROISIÈME ET DERNIER ACTE.

DON CÉSAR URSIN,

COMÉDIE

EN CINQ ACTES.

(Cette comédie, composée par don Pedro Calderon de La Barca, est intitulée, en espagnol : *Peor esta que estava*, CELA VA DE MAL EN PIS. Elle fut représentée au mois de mars 1707, à Paris, sous le titre de DON CÉSAR URSIN.)

PERSONNAGES.

DON FERNAND D'ARAGON, gouverneur de Gaëte.
LISARDE, sa fille, promise à don Juan Osorio.
DON JUAN OSORIO, gentilhomme espagnol.
DON CÉSAR URSIN.
FLÉRIDE, fille du gouverneur de Naples.
CÉLIE, } suivantes de Lisarde.
NISE, }
GAMACHE, } valets de don César.
FABIO, }
FÉLIX, valet du gouverneur de Naples.
UN ALCADE.
UN PAGE DU GOUVERNEUR.

La scène est à Gaëte.

DON CÉSAR URSIN,

COMÉDIE

EN CINQ ACTES.

ACTE PREMIER.

Le théâtre représente une salle du palais du gouverneur de Gaëte.

SCÈNE PREMIÈRE.

LE GOUVERNEUR, FÉLIX.

FÉLIX *donnant une lettre au gouverneur.*

Voici la lettre qu'il vous écrit.

LE GOUVERNEUR *lit.*

« C'est dans votre sein, généreux ami, que je veux
« déposer ma douleur. Si vous ne pouvez la soulager,
« je me flatte du moins que vous la partagerez. Un ca-
« valier s'enfuit de Naples, pour avoir tué son rival,
« et emmène avec lui Fléride, ma fille unique, qui
« ajoute à la foiblesse d'aimer sans mon aveu, celle
« de se laisser enlever. S'ils passent par Gaëte, je vous

« prie de les faire arrêter ; mais, de grâce, traitez-les
« comme les enfants de votre ami.

« Prosper Colone, gouverneur de Naples. »

(A Félix.) Je ressens vivement les peines de votre maître. Il ne pouvoit s'adresser à un homme qui lui fût plus dévoué. Je n'ai point oublié qu'une ancienne amitié nous lie, et que nous avons ensemble cueilli des lauriers dans les Pays-Bas. Apprenez-moi seulement le nom du cavalier qui trouble si cruellement son repos.

FÉLIX.

Il se nomme don César Ursin. Je le connois pour l'avoir vu souvent ; et si vous voulez, Seigneur, me permettre d'en faire la recherche, je me fais fort de découvrir bientôt l'endroit de cette ville où il se tient caché : car je sais qu'il est actuellement à Gaëte.

LE GOUVERNEUR.

Quelle preuve en avez-vous?

FÉLIX.

J'ai vu ce matin, dans la rue, un de ses valets, que j'ai fait suivre par un de mes camarades qui n'est pas connu de lui, et qui doit me rapporter où il l'aura laissé.

LE GOUVERNEUR.

Allez donc retrouver votre camarade ; et si par vos perquisitions vous parvenez à découvrir don César, venez m'en avertir. J'irai moi-même aussitôt m'assurer de sa personne.

FÉLIX s'en allant.

Je promets de le livrer dès aujourd'hui.

SCÈNE II.

LE GOUVERNEUR seul.

Oh! qu'une fille à qui la nature a donné un penchant trop tendre est d'une garde pénible! Dans quel péril elle jette l'honneur d'un père!

SCÈNE III.

LE GOUVERNEUR, LISARDE, CÉLIE.

CÉLIE bas à Lisarde.

Voilà monsieur le gouverneur qui me paroît bien agité.

LISARDE.

C'est ce qu'il me semble.

LE GOUVERNEUR à part.

J'aperçois ma fille; cachons-lui le trouble où sont mes esprits.

LISARDE.

Qu'avez-vous, Seigneur? Je vois sur votre visage une émotion qui m'inquiète.

LE GOUVERNEUR.

Oui, ma fille, je suis occupé d'un soin très important. Je suis père, cette qualité me rend sensible à certains avis qu'on vient de me donner. Il n'est pas temps encore que je vous en dise davantage. (Il sort.)

SCÈNE IV.

LISARDE, CÉLIE.

LISARDE.

Célie!

CÉLIE.

Madame!

LISARDE.

L'as-tu bien entendu?

CÉLIE.

Parfaitement.

LISARDE.

Auroit-il appris de nos nouvelles?

CÉLIE.

Cela pourroit bien être. S'il ne s'est pas expliqué plus clairement, c'est qu'il n'est pas encore bien informé de vos équipées. Avant que d'éclater, il veut connoître toute l'étendue de votre faute.

LISARDE.

Ta conjecture me fait trembler.

CÉLIE.

Hé! de quoi diantre aussi vous avisez-vous d'écouter un inconnu et de vous déguiser tous les jours pour l'aller voir dans un jardin où il demeure enfermé pour avoir fait peut-être quelque mauvais coup! La fille de don Fernand d'Aragon peut-elle jusque-là s'oublier?

LISARDE.

Je te pardonne de me faire ce reproche. Je conviens qu'il y a de l'indiscrétion dans ma conduite, et que je joue un personnage peu digne de moi; mais, d'un autre côté, songe que je n'ai point de mauvaises intentions. Je n'ai pas même d'amour pour le cavalier.

CÉLIE.

Il n'est pas possible! Vous prenez pourtant plaisir à l'entretenir.

LISARDE.

Beaucoup. Il a de l'esprit, des manières galantes et polies, et je ne suis pas fâchée d'en avoir fait la conquête. Mais je n'y mets rien du mien, et je ne cherche qu'à me divertir.

CÉLIE.

Ainsi donc vous continuerez d'aller au jardin, malgré ce qu'un père vient de vous dire.

LISARDE.

Et malgré tout ce que tu pourrois me représenter pour m'en empêcher.

CÉLIE.

Tant pis. Je vous blâme d'autant plus, que vous êtes dans une conjoncture qui vous oblige à vous observer plus que vous n'avez fait jusqu'ici. On attend d'Espagne, de jour en jour, don Juan Osorio, à qui vous êtes promise. Les préparatifs de votre mariage sont achevés. Quel temps prenez-vous pour vous embarquer dans une galanterie qui ne peut aboutir qu'à quelque éclat fâcheux pour vous?

LISARDE.

Épargne-toi la peine de moraliser inutilement.

CÉLIE.

Ne songez qu'à bien recevoir l'époux qu'on vous destine.

LISARDE.

Paroles perdues.

CÉLIE.

Il y a des filles qui cherchent malheur.

LISARDE.

Taisez-vous, Célie. Je pourrois me lasser de vos remontrances.

CÉLIE.

Vous devriez plutôt en profiter.

SCÈNE V.

LISARDE, CÉLIE, NISE.

LISARDE.

Qu'est ce qu'il y a, Nise?

NISE.

Une dame, qui paroît étrangère, demande à vous parler.

LISARDE.

Ne dit-elle point son nom?

NISE.

Elle dit seulement qu'elle est fille, c'est tout ce qu'on en peut tirer. Mais elle a l'air bien affligé. Elle ne fait que gémir, que soupirer, que se plaindre du sort. Il faut que tous les malheurs du monde lui soient arrivés.

LISARDE.

Qu'on la laisse entrer. (Nise sort.) Sachons ce qu'elle attend de moi.

SCÈNE VI.

LISARDE, CÉLIE, FLÉRIDE.

FLÉRIDE *se jetant aux pieds de Lisarde qui la relève.*

Madame, souffrez qu'à vos pieds une fille infortunée implore votre protection. Hélas! il n'y a pas long-temps que je vivois comme vous dans le sein d'une famille qui me chérissoit. Mon destin pouvoit faire envie..... Mais pourquoi m'étendre sur les avantages que je possédois? La fortune ennemie ne me les a pas seulement ôtés, elle m'a ravi jusqu'à la foi qu'on pourroit ajouter à mes paroles. Un superbe équipage ne parle point ici en ma faveur; mes soupirs et mes larmes sont les seuls garants de ma sincérité.

CÉLIE *bas à Lisarde.*

La signora n'est pas maladroite.

LISARDE *bas à Célie.*

Je sens que je m'intéresse déjà pour elle.

FLÉRIDE.

Dispensez-moi de vous dire qui je suis. Je dois ce ménagement à de nobles parents que je déshonore. Il suffira que je vous raconte simplement mon histoire pour exciter votre pitié.

CÉLIE *à part.*

Nous allons apparemment entendre l'histoire d'une vertu persécutée.

FLÉRIDE.

Un cavalier d'une naissance égale à la mienne, s'étant attiré mon attention, reçut ma foi en me donnant la sienne.

CÉLIE bas.

Le troc est naturel. Nous sommes sur le point de le faire aussi.

FLÉRIDE.

En attendant qu'il pût obtenir l'aveu de mon père, il me demanda la permission de s'introduire la nuit dans notre jardin, et je n'eus pas la force de la lui refuser.

CÉLIE.

La pauvre enfant!

FLÉRIDE.

Nous formâmes donc la douce habitude de nous entretenir au jardin pendant que tout le monde reposoit au logis; mais nos plaisirs furent bientôt troublés par le funeste événement que vous allez entendre. Une nuit j'attendois mon amant; la porte du jardin étoit entr'ouverte, il entre un homme; je crois que c'est lui, et dans cette erreur je vais au-devant de ses pas.

CÉLIE.

Aye, aye, aye!

FLÉRIDE.

C'étoit un autre cavalier, dont j'avois toujours payé de rigueur l'importune tendresse, et qui, conduit par une fureur jalouse, venoit là pour se venger. A peine eus-je reconnu que je me trompois, que mon amant arriva. Surpris de trouver avec moi un homme dans un lieu où lui seul avoit le privilége de s'introduire la nuit, la jalousie tout à coup troubla ses esprits. Téméraire, lui dit-il d'un air furieux, que viens-tu chercher ici? Je n'ai point d'autre langue que mon épée, répondit l'autre cavalier sur le même ton. A ces mots, également animés tous deux, ils fondirent l'un sur l'autre. Je vois dans l'obscurité briller les épées. Il en sort un feu qui sert à ces fiers rivaux à conduire leurs coups. Enfin, après un assez long combat, l'amant malheureux tomba percé d'un coup mortel, et son vainqueur m'adressa ces cruelles paroles : Va, perfide, je te laisse avec mon rival noyé dans son sang. Tâche de le rappeler à la vie par les marques de douleur qu'il exige de ta reconnoissance.

LISARDE.

Vous le tirâtes d'erreur sans doute, et lui fîtes connoître votre innocence ?

FLÉRIDE.

Il ne m'en donna pas le temps. Quoique je fusse plus morte que vive, je voulus parler pour le détromper; mais il s'éloigna promptement de moi, sans daigner m'écouter.

CÉLIE.

Le petit mutin ! Il y a comme cela des amants à qui l'on ne peut faire entendre raison, quand même ils n'ont aucun sujet de se plaindre.

LISARDE.

Et quel parti prîtes-vous dans une si triste conjoncture ?

FLÉRIDE.

Un assez mauvais; mais je n'en voyois point de bon à prendre. L'éclat que je m'imaginai que feroit cette aventure, la colère de mes parents, le châtiment dont j'étois menacée, l'espoir de joindre un amant fugitif et de dissiper ses soupçons, tout cela me détermina sur-le-champ à courir après lui, le regardant comme mon époux. Je suis venue jusqu'à Gaëte, où je me flatte, peut-être en vain, d'en apprendre des nouvelles. Cependant, Madame, j'ai besoin d'un asile ; mes malheurs vous font-ils assez de compassion pour me l'accorder ? Le rapport qu'on m'a fait de votre générosité me fait espérer que vous ne refuserez pas de me recevoir parmi les femmes qui vous servent.

(Fléride se remet à genoux devant Lisarde.)

LISARDE la relevant.

Relevez-vous, Madame, regardez-moi comme une amie qui compatit à votre infortune. Puisque vous le souhaitez, vous demeurerez avec moi, non pour me servir, mais pour être servie. Tout ce que je vous demande, avant que je vous fasse donner un appartement, c'est de trouver bon que je prie mon père d'y consentir. Entrez dans ce cabinet, et vous y reposez jusqu'à ce que je lui aie parlé.

FLÉRIDE.

Fasse le Ciel, Madame, que vous soyez plus heureuse que moi, si jamais l'Amour vous soumet à son empire ! (Elle passe dans le cabinet.)

SCÈNE VII.

LISARDE, CÉLIE.

CÉLIE.

Je ne sais si vous faites une action fort louable en accordant un asile chez vous à cette étrangère.

LISARDE.

Pourquoi donc ?

CÉLIE.

Pourquoi ! Madame ; hé ! que peut-on penser d'une créature qui court ainsi le monde comme une héroïne de chevalerie ? C'est peut-être quelque aventurière qui vient chercher fortune à Gaëte.

LISARDE.

Je juge d'elle plus favorablement. Je crois que c'est une fille de qualité qu'un excès d'amour a fait sortir de son devoir, et qui est plus malheureuse que coupable. Je m'en fie à son air modeste, à ses larmes, à sa beauté.

CÉLIE.

Trois signes bien équivoques.

LISARDE.

Brisons là, Célie. Je veux sortir tout à l'heure. Prenons nos mantes ; allons voir mon inconnu.

CÉLIE.

Mais ne craignez-vous point qu'un père, qui peut-être est déjà instruit......

LISARDE.

Ne vas-tu pas encore faire la duègne ?

CÉLIE.

Hé ! mais.....

LISARDE s'en allant.

Tu me fatigues.

CÉLIE.

Mort de ma vie ! Voilà une fille bien courageuse ; mais pourquoi suis-je plus timide qu'elle ? C'est que je n'ai point d'amant qui m'attende au jardin.

(Elle suit sa maîtresse.)

FIN DU PREMIER ACTE.

ACTE II.

Le théâtre représente un jardin et la mer en éloignement. On y voit don Juan Osorio et don César Ursin qui s'embrassent en s'abordant.

SCÈNE PREMIÈRE.

DON JUAN, DON CÉSAR.

DON JUAN.

Je me sais bon gré de m'être arrêté dans ce jardin, puisque j'y rencontre don César Ursin, le meilleur de mes amis.

DON CÉSAR.

C'est mon heureuse étoile qui a conduit ici mon cher don Juan Osorio.

DON JUAN.

Laissons à part les compliments. Que faites-vous dans ce lieu solitaire ?

DON CÉSAR.

Je m'y tiens caché pour une affaire d'honneur que je vous conterai une autre fois. Le maître de ce jardin m'y a donné retraite, et j'y suis fort sûrement, en attendant l'occasion de passer en Espagne. D'ailleurs, par précaution, j'ai une barque toute prête à prendre le large en cas de besoin. Et vous, don Juan, qui vous amène à Gaëte ?

DON JUAN.

J'y viens, porté sur les ailes de l'Amour, épouser Lisarde, la noble, la riche, la charmante fille de don Fernand d'Aragon, gouverneur de cette ville. Je vous offre le crédit que cette alliance peut me donner.

DON CÉSAR.

Je ne refuse point une offre si avantageuse; mais apprenez-moi pourquoi vous êtes entré dans ce jardin?

DON JUAN.

Pour y attendre un ami, qui est l'alcade du château de Gaëte. Je suis bien aise de l'entretenir avant que je paroisse chez mon beau-père; et, comme je l'ai fait avertir de mon arrivée, je ne doute pas qu'il ne soit ici dans un moment; mais, afin qu'il ne vous voie pas, je vais vous quitter pour aller au-devant lui.

DON CÉSAR.

Je vous suis obligé de cette discrétion. Sans adieu, cher ami; je compte que j'aurai le plaisir de vous revoir ici.

DON JUAN.

Dès demain.

(Ils s'embrassent de nouveau, et don Juan sort.)

SCÈNE II.

DON CÉSAR, GAMACHE.

GAMACHE abordant son maître avec altération.
Qui est ce cavalier?

DON CÉSAR.
C'est un de mes intimes amis que le hasard a conduit ici.

GAMACHE.

Prenez garde que...

DON CÉSAR.

Sois sans inquiétude là-dessus.

GAMACHE.

A la bonne heure. Hé bien! seigneur don César ou seigneur Léandre l'aventurier, car je ne sais plus de quel nom vous appeler, qui vive à présent de Fléride ou de cette inconnue qui vient vous agacer depuis quelques jours dans ce jardin?

DON CÉSAR.

Pourquoi cette question, Gamache? Ne sais-tu pas que Fléride règne toujours dans mon cœur?

GAMACHE.

Oui. Vous étiez pourtant bien en colère contre elle, quand nous sortîmes de Naples.

DON CÉSAR.

Hé! n'avois-je pas sujet d'être en fureur? Je trouve la nuit un homme avec ce que j'aime!

GAMACHE.

D'accord. Cela est dur à digérer; mais ce cavalier malencontreux, que vous tuâtes à bon compte, étoit peut-être entré dans le jardin sans la participation de Fléride.

DON CÉSAR.

C'est ce que j'ai pensé depuis.

GAMACHE.

Et si cela étoit ainsi, n'auriez-vous pas le plus grand tort du monde d'avoir abandonné cette malheureuse dame à la colère du gouverneur de Naples, son père?

DON CÉSAR.

Je ne dis pas le contraire.

GAMACHE.

Au lieu de la quitter si brusquement, du moins il falloit vous éclaircir avec elle.

DON CÉSAR.

Je l'avoue, et je suis fâché de ne l'avoir pas fait.

GAMACHE.

Mais, puisque vous vous en repentez, et que vous aimez encore Fléride, pourquoi donner tête baissée dans une nouvelle galanterie avec une femme dont les desseins sont encore plus inconnus que son visage.

DON CÉSAR.

Que veux-tu ? Me voyant éloigné de ce que j'aime, je cherche à m'amuser pour éviter l'ennui.

GAMACHE.

Voilà comme vous faites tous, vous autres messieurs les galants ; pour mieux soutenir l'absence de vos maîtresses, vous leur donnez des rivales.

DON CÉSAR.

Paix, Gamache, paix, j'aperçois mon inconnue.

GAMACHE.

Fort bien. Allons, Monsieur, désennuyez-vous.

SCÈNE III.

DON CÉSAR, GAMACHE, LISARDE, CÉLIE
voilées.

LISARDE.

Vous voyez, Léandre, par le soin que je prends de vous venir trouver dans votre solitude, que je vous dédommage assez de la peine que je vous cause en vous cachant mon visage et mon nom.

DON CÉSAR.

Vous êtes dans l'erreur, Madame, rien ne peut me dédommager de cette peine. Je me suis formé de vos traits une si belle idée, que si je n'ai pas aujourd'hui le plaisir de les contempler, ce jour sera le dernier de ma vie.

LISARDE.

Façon de parler.

DON CÉSAR.

Non, charmante inconnue, j'attends de vous cette complaisance. Ne me laissez pas languir plus long-temps dans cette attente.

(Lisarde et don César continuent de s'entretenir tout bas, et pendant ce temps-là Gamache s'approche de Célie.)

GAMACHE à Célie.

Ma princesse, n'allez-vous pas aussi vous faire tirer l'oreille pour vous découvrir?

CÉLIE d'un air dédaigneux.

Sans doute, et je te conseille de ne pas t'obstiner à vouloir obtenir de moi cette faveur. Tu y perdrois ton latin.

GAMACHE voulant lever son voile.

Oh! que non. Allons, ma reine, sans façon.

CÉLIE le repoussant.

Arrête, faquin.

GAMACHE.

Ouais! Vous me paroissez, ma mie, bien méprisante.

CÉLIE.

C'est que tu me parois bien méprisable.

ACTE II, SCÈNE III.

GAMACHE.

Ah! cruelle, l'Amour autrefois se cachoit à Psyché, aujourd'hui c'est Psyché qui se cache à l'Amour.

LISARDE haut à don César.

Ne me pressez pas davantage, Léandre; ou bien résolvez-vous à ne me revoir jamais.

DON CÉSAR.

J'en mourrois de douleur; mais aussi je vais mourir, si vous ne m'accordez ce que je vous demande.

LISARDE.

Encore une fois vous m'allez perdre pour toujours, si je cède à vos instances.

DON CÉSAR.

Ne soyez pas inexorable.

LISARDE.

Vous le voulez donc absolument?

DON CÉSAR.

Je vous en conjure.

LISARDE.

Il faut vous satisfaire; mais n'imputez ma perte qu'à vous-même. (Elle se découvre.)

DON CÉSAR avec transport.

Que de charmes, grands dieux! Je n'ai jamais vu de beauté comparable à celle qui frappe ma vue! Donnez-moi le loisir de l'admirer.

GAMACHE apercevant Fabio.

Oh! ma foi, nous allons changer de note... (d'un air troublé) Monsieur...

DON CÉSAR.

Qu'y a-t-il Gamache? Pourquoi te troubles-tu?

GAMACHE.

J'aperçois Fabio qui vient à nous à toutes jambes.

Il a bien la mine de nous apporter quelque fâcheuse nouvelle.

SCÈNE IV.

DON CÉSAR, LISARDE, CÉLIE, GAMACHE, FABIO.

DON CÉSAR à Fabio.

Que viens-tu nous annoncer?

FABIO tout essoufflé.

Seigneur, vous n'avez pas un moment à perdre, si vous voulez vous sauver. Le gouverneur s'approche de ce jardin. Embarquons-nous promptement.

LISARDE bas à Célie.

Mon père vient ici me surprendre. O Ciel!

CÉLIE bas.

C'est votre faute.

DON CÉSAR.

Que dois-je faire?

GAMACHE.

Que dois-je faire? dit-il, comme s'il avoit un autre parti à prendre que de gagner la barque, et de chercher son salut dans la fuite. Hé vite, décampons.

DON CÉSAR à Lisarde.

Pardon, Madame, si je vous quitte, mais la nécessité m'y oblige.

LISARDE à don César.

Ah! de grâce, Seigneur, ne m'abandonnez pas. Si vous êtes, comme vous le paroissez, un cavalier noble, vous ne laisserez pas dans le péril une personne qui ne s'y trouve que pour l'amour de vous. Hélas! je suis sur le point de perdre l'honneur et la vie peut-être, seulement pour vous être venu voir dans ce jardin.

DON CÉSAR se tournant vers Gamache.

Gamache!

GAMACHE.

Hé bien, Gamache, vous balancez, je crois. Hé, ventrebleu! tirons-nous d'ici; et n'écoutez pas davantage une matoise qui veut vous amuser.

DON CÉSAR.

Non, il ne sera pas dit que je laisse toujours les dames dans le danger. Belle inconnue, rassurez-vous. Je périrai plutôt que de souffrir qu'il vous soit fait le moindre outrage.

GAMACHE.

Quel enragé!

DON CÉSAR.

Retirez-vous dans cette maison, et ne craignez rien. Je suis assuré que c'est à moi seul qu'on en veut.

(Lisarde et Célie vont se cacher dans la maison.)

GAMACHE à don César.

Sauvez-vous donc présentement.

DON CÉSAR.

Je ne le puis. J'ai promis de défendre cette dame. Je tiendrai ma promesse.

GAMACHE.

Vous allez encore tuer quelqu'un? Pour moi je vais me mettre aussi en sûreté. (Il s'enfuit.)

DON CÉSAR.

Fais ce que tu voudras. Je prétends faire face à ma mauvaise fortune, quelque chose qu'il me puisse arriver.

SCÈNE V.

DON CÉSAR, LE GOUVERNEUR, GARDES.

LE GOUVERNEUR abordant don César.

N'êtes-vous pas don César Ursin?

DON CÉSAR.

Un homme tel que moi ne déguise point son nom. Oui, je le suis. Que me voulez-vous?

LE GOUVERNEUR.

Je vous arrête. Obéissez à l'ordre.

DON CÉSAR.

Je ne fais point de résistance; mais considérez qui je suis, et ne permettez pas qu'on m'insulte.

LE GOUVERNEUR.

J'aurai pour vous tous les égards qui sont dus à un cavalier de votre naissance.

DON CÉSAR lui présentant son épée.

Cela étant, faites-moi conduire où il vous plaira. Voilà mon épée.

LE GOUVERNEUR.

Non, gardez-la. Tout prisonnier que vous êtes, je vous la laisse pour commencer à vous traiter avec distinction. Mais je dois aussi m'assurer d'une dame qui est avec vous dans ce jardin.

DON CÉSAR.

Quelle dame, Seigneur?

LE GOUVERNEUR.

Il est inutile de feindre. Je suis informé de tout. (à ses gardes.) Gardes, cherchez-la dans cette maison, et l'amenez ici.

DON CÉSAR à part.

Ciel! qui peut être cette dame qu'on veut arrêter avec moi.

UN GARDE amenant Gamache.

Voici un homme qui cherchoit à se dérober à notre poursuite.

LE GOUVERNEUR à Gamache.

Qui êtes-vous, l'ami?

GAMACHE montrant don César.

Je suis l'écuyer de ce chevalier errant.

LE GOUVERNEUR.

Et pourquoi fuyez-vous?

GAMACHE.

C'est que j'ai la mauvaise habitude de fuir dès que j'ai peur.

SCÈNE VI.

LE GOUVERNEUR, DON CÉSAR, GAMACHE, LISARDE, CÉLIE, DEUX GARDES.

UN DES DEUX GARDES au gouverneur.

Seigneur, nous venons de trouver dans cette maison ces deux dames voilées... (à Lisarde.) Madame, découvrez-vous, cette déférence est due à M. le gouverneur.

LE GOUVERNEUR aux deux gardes.

Arrêtez, Ramire, ne faites aucune violence à cette dame. Elle doit être sacrée pour vous... (à Lisarde.) Non, Madame, ne vous découvrez pas. Je veux vous épargner cette confusion. Je suis même très mortifié de l'alarme que je vous cause en venant m'assurer de vous.

DON CÉSAR.

Seigneur, je ne souffrirai pas, s'il vous plaît, que vous l'emmeniez contre son gré. J'y perdrai plutôt le jour.

LE GOUVERNEUR.

Ne vous faites point de nouvelles affaires, don César. Je pardonne ce transport téméraire à votre amour. Réservez votre valeur pour une meilleure occasion. Sachez que cette dame ne m'est pas moins chère qu'à vous. Nous sommes tellement unis son père et moi que nous ne faisons tous deux qu'une âme.

DON CÉSAR.

Mais si je suis seul coupable, pourquoi cette dame sera-t-elle arrêtée? Quel crime a-t-elle commis?

LE GOUVERNEUR.

Vous me croyez bien mal instruit de ce qui s'est passé. Apprenez que je n'en ignore pas la moindre circonstance. Ainsi, don César, remettez vos intérêts entre mes mains. Vous aurez en moi un médiateur qui ne les trahira point. Je vais vous mener moi-même au château de cette ville. Je vous mettrai sous la garde de l'alcade, et fiez-vous à la parole que je vous donne que cette dame sera chez moi comme ma propre fille.

DON CÉSAR à Lisarde.

Consentez-vous, Madame, que l'on vous emmène au palais du seigneur don Fernand?

LISARDE.

Oui, Seigneur.

DON CÉSAR.

Je ne m'y oppose donc plus.

LE GOUVERNEUR à deux de ses gardes.

Allez vous deux, faites monter ces dames dans mon

carrosse. Conduisez-les au logis, et dites à ma fille qu'elle les reçoive comme des personnes qui lui sont envoyées de ma part. Pendant ce temps-là je vais mener au château mon prisonnier.

FIN DU SECOND ACTE.

ACTE III.

Le théâtre représente l'appartement de Lisarde.

SCÈNE PREMIÈRE.

NISE seule.

Ma maîtresse et Célie ne reviennent point. Elles se trouvent bien apparemment où elles sont. Par ma foi elles en feront tant qu'à la fin il pourra leur arriver quelque désagréable aventure..... Mais, que vois-je! les voici, ce me semble. Oui vraiment. Elles sont conduites par des gardes. Oh! oh! qu'est-ce que cela signifie?

SCÈNE II.

NISE, LISARDE, CÉLIE; DEUX GARDES.

PREMIER GARDE.

Mademoiselle Nise, faites-nous, s'il vous plaît, parler à votre maîtresse.

NISE.

A ma maîtresse!... (bas.) Dissimulons. Ma maîtresse est indisposée. Vous ne pouvez lui parler. Que lui voulez-vous?

PREMIER GARDE.

Lui présenter ces deux dames que nous lui amenons de la part de M. le gouverneur.

NISE.

Je les lui présenterai bien moi-même.

PREMIER GARDE.

Dites-lui qu'elle en ait un soin tout particulier.

NISE.

Je n'y manquerai pas.

SECOND GARDE.

Vous saurez au moins qu'elles sont prisonnières. Prenez bien garde qu'elles ne s'échappent.

NISE.

Allez, allez, je les garderai bien.

SECOND GARDE riant.

Je crois que oui. Vous aurez ma foi assez de peine à vous garder vous-même.

NISE.

Non pas du moins d'une figure comme la vôtre..... Tirez, tirez, M. le raisonneur. Je n'aime point les mauvais plaisants. (Elle repousse les gardes qui sortent.)

SCÈNE III.

LISARDE, CÉLIE, NISE.

LISARDE.

Ils sont enfin sortis. Otez ma mante, Célie, donnez-moi un autre habit. (Pendant qu'elle change d'habits.) Je suis très contente de vous, Nise; mais comment en nous voyant avez-vous pu ne nous pas découvrir par votre surprise?

NISE.

Oh! Madame, toute jeune que je suis, j'ai de la prudence.

LISARDE.

Je le vois bien ; mais, dis-moi, n'es-tu pas étonnée de me voir prisonnière dans ma propre maison et geôlière de moi-même ?

NISE.

En effet, comment cela s'est-il pu faire ? Je meurs d'envie de le savoir.

LISARDE.

Je vais te le dire. Je suis sortie pour m'aller promener dans un jardin. Je m'y entretenois avec un cavalier. Mon père, qui sans doute en a été averti, m'y est venu surprendre ; et, pour donner le change à ses gardes, il m'a fait ramener ici par eux comme une dame étrangère qu'il auroit arrêtée.

CÉLIE.

Je vous l'ai déjà dit, Madame, vous vous trompez quand vous croyez n'avoir pas été prise pour une autre. Quelle apparence y a-t-il qu'un homme aussi prudent que M. le gouverneur ait été capable de s'exposer à rendre son déshonneur public par une pareille démarche ? Encore une fois, cela n'est pas possible. Je craignois dans le jardin qu'il ne nous reconnût ; mais à présent je ne crains plus rien ; et vous devez avoir l'esprit tranquille là-dessus.

LISARDE.

Hé bien ! soit. Je veux qu'en m'arrêtant, mon père ait cru de bonne foi se saisir d'une autre personne ; nous voilà dans un nouvel embarras.

CÉLIE.

Dans quel embarras ?

LISARDE.

Il va revenir plein d'impatience de voir sa prisonnière. Il demandera ce qu'elle est devenue. Que lui dirons-nous ? Cela ne laisse pas d'être embarrassant.

NISE.

Pas trop. Il n'y a qu'à faire passer pour elle l'étrangère qui s'est réfugiée ici.

LISARDE.

L'heureuse imagination !

CÉLIE.

Nise m'a prévenue. C'est ce que j'allois vous proposer.

LISARDE.

J'épouse cette idée. Oui, soutenons que c'est cette dame dont mon père s'est saisi dans le jardin. Aussi bien c'est peut-être elle qu'il y étoit allé chercher.

CÉLIE.

Écoutez; je n'en jurerois pas. L'histoire qu'elle nous a contée me le feroit croire aisément.

LISARDE.

Quoi qu'il en soit, entretenons mon père dans son erreur. Quand il voudra parler à l'étrangère, mêlons-nous à leur conversation, et faisons si bien qu'ils ne s'entendent pas.

CÉLIE.

Taisons-nous, Madame, je la vois qui sort de votre cabinet.

SCÈNE IV.

LISARDE, CÉLIE, NISE, FLÉRIDE.

FLÉRIDE.

Oserois-je vous demander, Madame, si vous avez eu

la bonté de parler pour moi à monsieur le gouverneur?

LISARDE.

Je n'en ai pas encore trouvé l'occasion; mais le voici qui vient. Je vais le prévenir. Je suis persuadée qu'il approuvera ce que je veux faire pour vous.

(Lisarde et Fléride continuent de s'entretenir tout bas.)

SCÈNE V.

LISARDE, FLÉRIDE, CÉLIE, LE GOUVERNEUR, NISE, FÉLIX.

LE GOUVERNEUR parlant au fond du théâtre à Félix.

Retournez en diligence à Naples, et dites à votre maître que sa fille et don César sont en ma puissance.

FÉLIX.

Seigneur, je n'ai vu qu'une dame voilée; si je pouvois voir Fléride sans en être aperçu, je partirois plus sûr de mon rapport.

LE GOUVERNEUR.

Ce que vous dites est judicieux... (lui montrant du doigt les femmes.) Tenez, la voyez-vous parmi ces dames?

FÉLIX.

Oui, Seigneur, je reconnois Fléride.

LE GOUVERNEUR.

Partez donc... (Félix sort.)

LISARDE à Fléride.

Tenez-vous un peu à l'écart... (abordant son père.) Seigneur, j'ai suivi vos ordres. J'ai fait à cette dame, que vous m'avez envoyée, la réception la plus gracieuse qu'il m'a été possible.

LE GOUVERNEUR.
Vous avez fort bien fait.
LISARDE.
Je lui ai fait préparer un de nos plus beaux appartements.
LE GOUVERNEUR.
Elle le mérite bien. Nous ne pouvons avoir trop de considération pour elle. C'est une fille d'une illustre naissance, et dont le père est mon ancien ami.
LISARDE.
Il n'en faudroit pas davantage pour me faire épouser ses intérêts; mais elle joint à cela un mérite personnel qui m'enchante. Que j'ai découvert en elle de bonnes qualités! Qu'elle a d'esprit, de politesse et de douceur! on ne peut la voir sans l'aimer, ni sans prendre beaucoup de part à ses chagrins. Elle m'en a fait confidence, et je vous avouerai que j'en suis encore tout émue.
FLÉRIDE à part.
Elle lui conte apparemment mon histoire, pour m'épargner la honte d'en faire moi-même le récit.
LISARDE.
Permettez-moi, Seigneur, d'intercéder pour elle auprès de vous. Elle se repent d'avoir oublié son devoir... (se jetant aux pieds de son père.) Ayez pitié d'elle en faveur des remords qui la pressent.
FLÉRIDE à part.
Elle embrasse ses genoux! Avec quelle vivacité elle lui parle pour moi! Quelle bonté!
LE GOUVERNEUR aidant à relever sa fille.
Ma fille, je ne m'intéresse pas moins que vous pour

cette dame. Vous allez entendre ce que je vais lui dire.

CÉLIE à part.

Ouf! cet entretien me fait peur.

LE GOUVERNEUR s'approchant de Fléride.

Madame, vous n'êtes point ici prisonnière; et je vous prie de regarder ma maison comme la vôtre. Vous êtes chez un homme qui entre dans votre situation, qui se fait un devoir de vous servir, et qui n'épargnera rien pour vous rendre bientôt parfaitement contente. Vous pouvez compter là-dessus.

FLÉRIDE.

Seigneur, dans l'état où je me trouve, rien n'est plus propre à me consoler que votre protection... (à Lisarde.) Ah! que ne dois-je point à la généreuse Lisarde! C'est à sa bonté que je suis redevable d'un asile...

LISARDE l'interrompant avec précipitation.

Ce n'est point moi, Madame, c'est mon père que vous devez remercier de la disposition favorable où il est à votre égard.

LE GOUVERNEUR.

Non, Lisarde, il n'est pas temps encore qu'elle me fasse des remercîments. Qu'elle attende que j'aie rendu son sort plus doux. C'est à quoi je vais employer tous mes soins; et je me promets bien d'y réussir.

SCÈNE VI.

LE GOUVERNEUR, LISARDE, FLÉRIDE, UN PAGE, CÉLIE, NISE.

LE PAGE au gouverneur.

Le seigneur don Juan Osorio vient d'arriver. Il marche sur mes pas.

LISARDE bas à Célie.

Surcroît de peines pour moi.

LE GOUVERNEUR.

Ma fille, songeons à le bien recevoir... Vous, Nise, conduisez madame à son appartement. Elle doit avoir besoin de repos... (Fléride et Nise sortent.)

SCÈNE VII.

LE GOUVERNEUR, LISARDE, CÉLIE, DON JUAN.

DON JUAN saluant le gouverneur et lui baisant la main.

Seigneur, permettez que l'heureux don Juan vous rende ses devoirs, et vous témoigne l'impatience qu'il avoit d'être auprès de vous.

LE GOUVERNEUR l'embrassant.

Il y a long-temps que vous vous faites souhaiter ici. Je commençois à me plaindre de votre retardement, quoique que je fusse persuadé qu'il falloit que vous ne pussiez pas faire plus de diligence, puisque vous n'arriviez point.

DON JUAN.

Vous me rendiez justice ; et la charmante Lisarde devoit vous en répondre. Plein de la flatteuse espérance d'être son époux, pouvois-je ne pas compter tous les moments qui retardoient mon arrivée.

LISARDE.

Je n'attendois pas moins de votre politesse qu'un discours si galant ; mais je ne suis point assez crédule pour y ajouter foi. Je me connois bien, don Juan, et je serai fort contente de moi, si vous ne vous repentez pas en me voyant d'être venu à Gaëte.

DON JUAN.

Que dites-vous, Madame ? O Ciel ! fut-il jamais une beauté plus parfaite que.....!

LE GOUVERNEUR.

Oh ! vous allez vous engager tous deux dans les compliments ! Vous aurez tout le loisir de vous en faire l'un à l'autre...... Venez avec moi, mon gendre. Je veux, avant toutes choses, vous entretenir dans mon cabinet.   (Le gouverneur l'emmène.)

SCÈNE VIII.

LISARDE, CÉLIE.

LISARDE.

Que penses-tu de tout ceci, ma chère Célie ?

CÉLIE.

Je pense que vous êtes plus heureuse que sage. Monsieur le gouverneur, comme vous voyez, est persuadé que notre étrangère est la dame qu'il vient d'arrêter dans le jardin, et la dame croit que, touchée de ses malheurs, vous lui faites donner un asile chez vous. Ils viennent de se parler tous deux sans se détromper. Cela est heureux pour vous. Mais n'abusez point de ce bonheur..... Puisque don Juan est arrivé, ne songez qu'à répondre à ses vœux. Ne le mérite-t-il pas bien ? N'est-ce pas un cavalier fort bien fait ?

LISARDE.

Je ne dis pas le contraire

CÉLIE.

Un jeune guerrier de bonne mine.

LISARDE.

D'accord.

CÉLIE.

Hé bien, attachez-vous donc à lui. Oubliez pour jamais l'inconnu.

LISARDE.

C'est mon dessein, vraiment. Mais.....

CÉLIE.

Mais quoi ?

LISARDE.

Veux-tu que j'abandonne un homme qui n'a perdu sa liberté qu'en voulant conserver la mienne ?

CÉLIE.

Non, il y auroit de l'injustice là-dedans. Mettez tout en usage pour le tirer de prison ; mais ne poussez pas plus loin la reconnoissance. Aussi bien pourriez-vous, Madame, vous en repentir. Car je soupçonne violemment ce cavalier d'être celui qui fuit notre étrangère.

LISARDE.

C'est ce que je soupçonne comme toi ; mais je n'en suis pas sûre ; et, pour savoir à quoi m'en tenir, je vais lui mander, par un billet que tu lui porteras toi-même au château, que s'il peut cette nuit tromper ou gagner ses gardes, il vienne me trouver ici.

CÉLIE.

Quel projet! Madame; faites-y bien réflexion.

LISARDE.

Il n'y a rien dans ce projet qui doive t'alarmer. Je recevrai dans mon appartement l'inconnu, comme une dame qu'il croit prisonnière, et nous aurons ensemble un entretien, après lequel je prendrai mon parti de bonne grâce.

CÉLIE.

Vous me faites trembler.

LISARDE.

Que tu es sotte? Voilà la première soubrette qui soit fâchée de voir sa maîtresse amoureuse.

CÉLIE.

Mais considérez.....

LISARDE.

Quoi?

CÉLIE.

Le danger.....

LISARDE.

Je le vois.

CÉLIE.

Vous allez vous perdre.....

LISARDE.

Je n'aime pas qu'on s'oppose à mes volontés.

CÉLIE.

Quelle fureur !

LISARDE.

Tais-toi. Ne songe qu'à m'obéir aveuglément, si tu veux me plaire.

FIN DU TROISIÈME ACTE.

ACTE IV.

Le théâtre représente une prison.

SCÈNE PREMIÈRE.

DON CÉSAR, GAMACHE.

GAMACHE.

A votre avis, seigneur don César, ne sommes-nous pas ici bien gîtés?

DON CÉSAR.

Bien ou mal, je ne m'en plains pas. Si je cours quelque péril, en récompense j'ai vu des traits charmants, un visage céleste.

GAMACHE.

Il vaudroit mieux, morbleu! que vous eussiez vu une face de Guinée, que le beau minois de cette friponne, qui nous a si traîtreusement fait tomber entre les griffes de la justice.

DON CÉSAR.

Quoi! Gamache, tu soupçonnerois cette dame d'avoir joué cet indigne personnage?

GAMACHE.

Comment donc! Est-ce que vous en doutez encore?

DON CÉSAR.

Sans doute; rejette cette pensée, mon ami. Cette

dame est trop belle pour être capable d'une trahison si noire.

GAMACHE.

Hé, ventrebleu! c'est des belles qu'il faut se défier. Les laides n'attrapent personne.

DON CÉSAR.

Tu es trop défiant.

GAMACHE.

Vous ne l'êtes pas assez, vous.

DON CÉSAR.

Reconnois l'injustice de tes soupçons. S'il étoit vrai, comme tu te l'imagines, que ce fût une aventurière, et qu'elle eût été apostée pour me faire prendre, pourquoi le gouverneur, s'il n'en eût voulu qu'à moi, l'auroit-il arrêtée aussi?

GAMACHE.

Pourquoi? Pour mieux cacher son jeu.

DON CÉSAR.

Encore une fois, Gamache, tu juges mal de la dame. Crois plutôt que c'est une personne qualifiée, que quelque fâcheuse aventure obligeoit à se cacher comme moi dans le jardin; et que le gouverneur en ayant eu avis, nous y est venu surprendre l'un et l'autre en même temps.

GAMACHE.

Si cela est, je conclus que voilà Fléride cassée aux gages.

DON CÉSAR.

Point du tout. Fléride est ma première inclination; et son image gravée dans mon cœur n'en peut être effacée.

DON CÉSAR URSIN.

GAMACHE voyant entrer Célie voilée.

Je pourrois vous croire, si je ne voyois pas ce que je vois.

DON CÉSAR.

Hé! que vois-tu?

GAMACHE.

Une de nos drôlesses. Elles méditent apparemment quelque nouvelle tromperie.

SCÈNE II.

DON CÉSAR, GAMACHE, CÉLIE voilée.

CÉLIE à don César.

Seigneur, je viens de la part d'une belle prisonnière affligée.

DON CÉSAR.

Sois la bienvenue. Tu me rappelles à la vie.

CÉLIE lui présentant une lettre.

Voici un billet qu'elle vous écrit.

DON CÉSAR lui donnant un diamant.

Et voilà un diamant que je te prie d'accepter.

(Pendant que don César lit la lettre, Gamache s'approche de Célie en lui montrant le pouce entre l'index et le doigt du milieu, ce qu'on appelle en Espagne : *dar una higa*.)

GAMACHE.

Tenez, ma charmante, vous voyez un autre diamant. Je vous l'offre, à condition que vous me laisserez voir votre visage, tel qu'il a plu au Ciel de vous le donner.

CÉLIE.

Je m'en garderai bien.

GAMACHE.

Vous ferez sagement.

CÉLIE.

Hé, pourquoi?

GAMACHE.

C'est que je n'ai pas l'imagination prévenue en sa faveur.

CÉLIE.

Vous pourriez en voir de plus laid.

GAMACHE.

J'en doute, ma mignonne. Vous le dérobez à mes yeux si soigneusement, que je ne puis tirer de là une bonne conséquence.

CÉLIE.

Oh! c'en est trop, tu pousses à bout mon amour-propre. Il faut que je te montre mes charmes.

GAMACHE.

Je t'en quitte. Je ne les veux point voir à présent que tu désires que je les voie.

CÉLIE faisant semblant de vouloir se découvrir.

Regarde-moi, je te prie. Je te donnerai le brillant que j'ai reçu de ton maître, si tu veux m'envisager.

GAMACHE d'un air dédaigneux.

N'attends pas de moi cet honneur.

CÉLIE.

Le fat! Il ne s'aperçoit pas que je me moque de lui.

DON CÉSAR à Célie, après avoir lu le billet.

Oui, ma chère enfant, tu peux dire à ta maîtresse que je ne manquerai pas d'y aller.

CÉLIE sortant.

Je vais lui porter cette nouvelle, qui lui sera fort agréable. Adieu, Seigneur.

GAMACHE.

Adieu, notre diamant.

SCÈNE III.

DON CÉSAR, GAMACHE.

DON CÉSAR.

Gamache !

GAMACHE.

Monsieur ! Hé bien ! çà, que dit ce papier ? Sachons un peu quel nouveau piége vous tend l'inconnue.

DON CÉSAR.

Elle me mande qu'elle a gagné les femmes de Lisarde, et que si je puis me rendre cette nuit au palais du gouverneur, je trouverai à la porte une personne qui m'introduira dans l'appartement qu'elle y occupe.

GAMACHE.

Fort bien. Et sans façon, vous avez fait réponse que vous ne manquerez pas d'y aller, comme si vous aviez dans vos poches les clefs de cette tour ?

DON CÉSAR.

Oui, vraiment, je le lui ai promis, et je tiendrai ma parole.

GAMACHE.

Vous ne sauriez vous en dispenser. Je ne suis en peine que de savoir comment vous pourrez sortir d'ici.

DON CÉSAR.

Bon ! Je ne vois pas qu'il y ait de l'impossibilité là-dedans.

GAMACHE.

Et moi, je n'y vois aucune possibilité. Les gardes...

DON CÉSAR.

Les gardes peuvent se laisser endormir au son de l'or... Mais, quel cavalier!... Hé! c'est le seigneur don Juan.

SCÈNE IV.

DON CÉSAR, GAMACHE, DON JUAN.

DON JUAN.

Puisque les biens et les maux doivent être communs entre deux amis, je viens, mon cher don César, m'affliger avec vous de la perte de votre liberté, et vous faire part en même temps de la joie dont je suis transporté.

DON CÉSAR.

Laissons là mes chagrins, don Juan; ne nous entretenons que de vos plaisirs. Vous avez un air de satisfaction qui diminue mes peines... Vous êtes, à ce que je vois, fort content.

DON JUAN.

J'ai bien sujet de l'être, cher ami. Je viens de voir Lisarde, et je ne puis vous exprimer jusqu'à quel point elle m'a paru charmante. Représentez-vous toutes les qualités aimables rassemblées dans une personne, et l'image que vous vous en ferez sera celle de Lisarde. Enfin l'amour ne pouvoit me réserver une épouse plus parfaite, et je suis le plus heureux de tous les hommes.

DON CÉSAR.

Pour vous parler sur le même ton, je vous dirai

que je suis charmé aussi d'une autre dame, qui me mande, par un billet que je viens de recevoir de sa part, qu'elle souhaiteroit de me voir et de m'entretenir cette nuit, si je pouvois trouver moyen de sortir de prison. Ce qu'il y a de plaisant, c'est que je lui ai fait dire que je ne manquerai pas de me rendre auprès d'elle, comme si j'étois assuré de le pouvoir faire.

DON JUAN.

Je puis vous servir en cela... (à Gamache.) Mon enfant, va dire à l'alcade de ce château que je le prie de venir ici... (à don César.) Il est de mes amis, et je ne crois pas qu'il refuse à ma prière de vous laisser sortir cette nuit.

DON CÉSAR.

Vous me ferez un très grand plaisir, si vous obtenez cela de lui.

DON JUAN.

J'ose m'en flatter, quoique ce soit peut-être le sujet du monde le moins capable de se relâcher de son devoir.

SCÈNE V.

DON CÉSAR, DON JUAN, L'ALCADE, GAMACHE.

L'ALCADE.

Que voulez-vous, don Juan?

DON JUAN.

Vous apprendre que dans la personne de don César Ursin, vous avez un autre moi-même.

L'ALCADE.

Il n'étoit pas besoin de me recommander d'une

manière si puissante, un cavalier qui porte avec lui sa recommandation.

DON JUAN.

Ce n'est pas tout : je veux l'emmener avec moi, cette nuit, dans une maison où sa présence sera nécessaire; me le permettez-vous? Puis-je mettre votre amitié à une si forte épreuve?

L'ALCADE.

Il m'est ordonné de veiller sur lui, et de le garder à vue; mais les lois n'ont point de force sur moi, lorsqu'il s'agit de vous obliger. Votre ami sortira cette nuit de ce château, pourvu qu'il promette d'y rentrer demain avant l'aurore.

DON CÉSAR.

Oui, seigneur alcade, comptez que je serai de retour ici avant que le jour ait achevé de chasser les ombres de la nuit.

DON JUAN.

C'est de quoi je vous réponds aussi; et de plus, je prends sur mon compte tous les événements qui pourront arriver. *(L'alcade sort.)*

SCÈNE VI.

DON JUAN, DON CÉSAR, GAMACHE.

DON JUAN.

Vous êtes libre, don César. Allons où l'amour vous appelle.

DON CÉSAR.

Non, don Juan, laissez-moi, s'il vous plaît, aller seul.

DON JUAN.

Je n'ai garde d'abandonner un ami que j'expose moi-même au péril.

DON CÉSAR.

Ne m'accompagnez point.

DON JUAN.

Il est inutile de vous en défendre.

DON CÉSAR à part.

Je ne le mènerai pas chez son beau-père.

DON JUAN.

Pourquoi vous opposer à mon dessein?

DON CÉSAR.

Dé grâce, ne vous obstinez pas à vouloir venir avec moi. J'ai des raisons pour me rendre seul à l'endroit où je suis attendu.

DON JUAN.

C'est une défaite.

DON CÉSAR.

Non, c'est une chose que l'on exige de moi.

DON JUAN.

Cela étant, je ne puis plus, sans indiscrétion, vouloir vous accompagner. Adieu, don César, je ne veux pas vous gêner.

DON CÉSAR.

Sans adieu, cher ami.

SCÈNE VII.

DON CÉSAR, GAMACHE.

GAMACHE.

Nous pouvons donc sortir d'ici! Le Ciel en soit loué! Il ne tiendra qu'à vous de réparer la sottise que vous avez faite de vous laisser prendre.

DON CÉSAR.

C'est-à-dire que tu me conseillerois de sortir de ce château, pour n'y plus rentrer, n'est-ce pas?

GAMACHE.

Ma foi, oui. Je laisserois la fusée à démêler à l'alcade et à don Juan.

DON CÉSAR.

C'est ce que je ferois, si j'étois, comme toi, un homme sans cœur et sans honneur! Misérable, tu voudrois que je manquasse de parole à l'alcade, pour prix de m'avoir rendu un grand service!

GAMACHE.

Je ne trouve pas que ce service soit si considérable, puisqu'il ne nous tire point d'affaire.

DON CÉSAR.

Tais-toi, je suis las d'entendre tes sots discours.

GAMACHE.

Vous suivrai-je au rendez-vous?

DON CÉSAR.

Non, demeure; je n'ai pas besoin de toi.

GAMACHE.

Tant mieux. Les aventures nocturnes ne sont guère de mon goût.

SCÈNE VIII.

Le théâtre change en cet endroit, et représente l'appartement de Lisarde.

(On voit un flambeau sur une table.)

LISARDE, NISE.

LISARDE.

Nise!

NISE.

Madame!

LISARDE.

Mon père est-il couché?

NISE.

Il y a long-temps.

LISARDE.

Et don Juan?

NISE.

Il doit l'être aussi, de même que notre prisonnière.

LISARDE.

Que fait Célie?

NISE.

Ce que vous lui avez ordonné : elle attend le cavalier à la porte, pour l'introduire ici secrètement, s'il est assez adroit pour trouver moyen de sortir de la tour. Mais.......

LISARDE.

Mais quoi?

ACTE IV, SCÈNE VIII.

NISE.

Franchement, Madame, je crains qu'il n'ait compté sans son hôte, quand il vous a mandé qu'il viendroit.

LISARDE.

Oh! que non. J'ai trop bonne opinion de son esprit, pour douter qu'il vienne. Tu le verras paroître dans un moment.

NISE.

En effet je crois déjà entendre marcher doucement dans l'antichambre.

LISARDE.

Et moi aussi.

NISE.

Quelqu'un vient, assurément.

LISARDE.

Justement, voilà notre homme.

SCÈNE IX.

LISARDE, NISE, DON CÉSAR, CÉLIE

CÉLIE à don César.

Faisons le moins de bruit qu'il nous sera possible. Lisarde et son père couchent dans des appartements voisins de celui-ci, et peut-être ne sont-ils pas encore endormis.

LISARDE à don César.

Je me réjouis de votre heureuse arrivée..... (à Célie.) Célie, faites la sentinelle du côté de M. le gouverneur; et vous, Nise, ma chère amie, tenez-vous à la porte de l'appartement de Lisarde. Soyez toutes deux bien alertes.

NISE.

Il le faut bien, vraiment. Je ne vais qu'en tremblant occuper mon poste.

LISARDE.

Hé! d'où vient?

NISE.

Vous ne connoissez pas Lisarde. C'est un petit démon en fait d'honneur. Si elle savoit ce qui se passe actuellement ici, nous serions perdues, Célie et moi.

(Célie et Nise se retirent.)

DON CÉSAR.

Que j'avois d'impatience de vous revoir, Madame! De grâce, calmez l'inquiétude qui m'agite! Pourquoi avez-vous été arrêtée avec moi? Plus j'y pense et moins j'en pénètre la cause.

LISARDE.

Vous devriez pourtant avoir moins de peine qu'un autre à la deviner. Pouvez-vous être surpris que le gouverneur, cherchant une dame que vous avez enlevée, m'ait arrêtée pour elle?

DON CÉSAR.

Qui? moi! j'aurois enlevé une dame! Vous ne parlez pas sérieusement.

LISARDE.

Pardonnez-moi.

DON CÉSAR.

Qui peut m'accuser de ce crime?

LISARDE.

Pourquoi le nier? On a des preuves incontestables; et vous n'êtes prisonnier que pour l'avoir commis.

DON CÉSAR.

Si cela est, je suis donc en prison fort injustement ; et j'ai sujet de me plaindre du gouverneur.

LISARDE.

C'est ce que je ne crois pas. Si vous n'avez effectivement enlevé aucune dame, vous pouvez n'en être pas moins coupable. Que sais-je? vous avez peut-être, après la foi jurée, abandonné quelque beauté trop crédule dont les parents vous poursuivent en justice..... Mais je vois que vous vous troublez à ces paroles. Ah! si vous n'êtes pas un ravisseur, avouez que vous êtes un amant parjure.

DON CÉSAR troublé.

Madame!

LISARDE.

C'est un fait constant. Demeurez-en d'accord de bonne grâce.

DON CÉSAR se remettant.

Hé bien, j'en conviendrai donc. Je suis un amant parjure ; mais c'est à vous, Madame, qu'il faut reprocher mon infidélité, puisque ce n'est qu'en vous voyant que je suis devenu infidèle.

SCÈNE X.

LISARDE, DON CÉSAR, CÉLIE.

CÉLIE tout essoufflée.

Madame!.....

LISARDE.

Qu'y a-t-il donc, Célie? Tu parois effrayée. Que viens-tu m'annoncer? Quelqu'un m'auroit-il trahie?

CÉLIE.

Je le crois. Un domestique de don Juan m'aura vue sans doute introduire ce cavalier. Il en aura donné avis à son maître, qui, l'épée à la main, en fait la recherche par toute la maison.

LISARDE.

Je suis perdue!...... (à don César.) Cachez-vous, Seigneur, derrière ce paravent.

(Don César se cache derrière le paravent, et Lisarde se retire dans la chambre où elle couche.)

SCÈNE XI.

DON JUAN, seul, tenant d'une main son épée, et de l'autre un flambeau.

Cherchons partout le téméraire qui est entré dans cette maison. Qu'il n'échappe pas à ma vengeance. (Il aperçoit don César qui lui fait signe de se taire.) Que vois-je? César Ursin caché dans l'appartement de Lisarde! O Ciel! que dois-je faire? Faut-il que je perce en ce moment ce traître qui m'offense? Non, laissons-le retourner au château, puisque j'ai répondu de son retour à l'alcade; et demain il me fera raison de sa perfidie.....

SCÈNE XII.

DON JUAN, DON CÉSAR.

DON JUAN à don César.

Sortez, don César, et retournez au château, d'où vous êtes venu ici, par mon entremise, porter un coup mortel à mon honneur.

DON CÉSAR.

Ah! don Juan, permettez que je me justifie.

DON JUAN.

Laissons là les excuses frivoles.

DON CÉSAR.

Écoutez-moi, de grâce.

DON JUAN.

Que pouvez-vous dire, perfide? Vous qui trahissez ma confiance et mon amitié, en vous attachant à Lisarde, dont vous savez que je vais devenir l'époux.

DON CÉSAR.

Vous êtes dans l'erreur : apprenez, cher ami, que ce n'est point Lisarde que je viens chercher ici ; c'est une dame qui a été prise avec moi dans ce jardin, et que le gouverneur tient chez lui prisonnière.

DON JUAN.

Hé! pourquoi ne m'avez-vous pas dit cela tantôt?

DON CÉSAR.

Je vous en ai fait un mystère par discrétion. Je n'ai pas voulu, par respect pour la maison de votre épouse, vous dire que c'étoit chez le gouverneur que j'avois un rendez-vous. En un mot, don Juan, je n'ai porté aucune atteinte à votre honneur. Je n'ai point trahi votre confiance, ni trompé votre amitié.

DON JUAN.

C'est ce que je prétends approfondir. Vous pouvez sortir. Retournez au château. Vous m'y verrez demain.

DON CÉSAR.

Vous m'y trouverez.

(Don César sort, et don Juan retourne à son appartement.)

FIN DU QUATRIÈME ACTE.

ACTE V.

SCÈNE PREMIÈRE.

DON JUAN seul.

Quelle affreuse nuit j'ai passée! Qu'elle m'a paru longue! Je croyois que le jour ne reviendroit jamais. En vain don César s'est servi de bonnes raisons pour se justifier, je ne puis être tranquille que je ne sois entièrement désabusé; mais comment puis-je l'être? Il y en a un moyen infaillible. Parlons à la dame qui est prisonnière dans cette maison. Ce n'est que de sa bouche que je puis tirer la vérité. Attendons qu'elle sorte de son appartement. L'entretien que je vais avoir avec elle va décider de la conduite que je dois tenir avec César Ursin.

SCÈNE II.

DON JUAN, FLÉRIDE.

FLÉRIDE sortant de son appartement.

C'est vous, seigneur don Juan! Qui vous amène ici de si bon matin?

DON JUAN.

Madame, permettez que je vous demande un éclaircissement d'où dépend le repos de ma vie, et qu'il vous importe de me donner.

FLÉRIDE.

Seigneur, je suis prête à vous satisfaire. Vous n'avez qu'à parler. De quoi est-il question ?

DON JUAN.

Mais, de grâce, ne me déguisez rien. Ayez une entière confiance en moi. Étant ce que je m'imagine que vous êtes, vous devez être persuadée que j'épouse vos intérêts. Vous pouvez donc franchement répondre aux questions que je vais prendre la liberté de vous faire.

FLÉRIDE.

Je vous l'ai déjà dit, parlez.

DON JUAN.

Connoissez-vous César Ursin ?

FLÉRIDE.

Hélas ! plût au Ciel que je ne l'eusse jamais connu ! Il est l'auteur de mon infortune, et sans lui je ne serois pas à Gaëte.

DON JUAN.

(bas.) Je suis content de sa réponse... (haut) Lui auriez-vous donné occasion de vous entretenir la nuit ?

FLÉRIDE.

Plus d'une fois, malgré le péril que nous courions l'un et l'autre.

DON JUAN.

(bas.) Je respire : l'innocence de César se découvre... (haut.) Enfin, Madame, dites-moi si dans un jardin où l'amour vous avoit assemblés tous deux...

FLÉRIDE.

Ah ! ne poursuivez pas, je vous prie. C'est dans ce funeste jardin qu'il m'est arrivé un malheur auquel je ne puis penser sans ressentir une douleur mortelle.

DON JUAN.

C'est assez; vous me rendez la vie. Pardonne-moi, César, mon cher ami, d'avoir pu soupçonner ta fidélité. Je suis détrompé... Madame, ne parlez point de tout ceci à Lisarde. Adieu.

FLÉRIDE.

Où allez-vous ?

DON JUAN.

Je n'ai pas besoin d'en savoir davantage. Je vais voir César Ursin, qui, comme vous savez, est prisonnier dans le château de cette ville. (Don Juan sort.)

SCÈNE III.

FLÉRIDE seule.

Attendez, don Juan, un mot... Mais il m'échappe. O Ciel! que vient-il de me dire ? Si je l'ai bien entendu, don César est à Gaëte et en prison dans le château. J'en pénètre la cause : comme je suis sortie de Naples presqu'en même temps que César Ursin, mon père s'imagine apparemment que ce cavalier m'a enlevée, et, le croyant mon ravisseur, il aura écrit à don Fernand, pour le prier de le faire arrêter s'il passoit par Gaëte. Quoi qu'il en soit, je vais trouver César, puisque j'ai attaché mon sort au sien; je dois partager le péril où je l'ai jeté par ma fuite. Hâtons-nous de nous rendre...

SCÈNE IV.

FLÉRIDE, LISARDE, CÉLIE.

LISARDE.

Où, Madame?

FLÉRIDE.

Au château de cette ville. Prenez part à ma joie, généreuse Lisarde. Le cavalier que je cherche est à Gaëte en prison dans le château. Vous voulez bien qu'après vous avoir rendu mille grâces de l'asile que m'ont accordé vos bontés, j'aille rejoindre cet amant chéri? Je brûle d'impatience de le revoir.

LISARDE.

Résistez, Madame, aux mouvements impétueux qui vous agitent. Une fille ne sort pas ainsi sans façon pour aller voir un homme.

FLÉRIDE.

C'est mon époux.

LISARDE.

Il ne l'est pas encore.

FLÉRIDE.

Puisque je suis venue de Naples ici toute seule, je puis bien, ce me semble, aller d'ici à la prison.

CÉLIE.

Oh! que non. Vous n'êtes plus dans la situation où vous étiez lorsque vous êtes arrivée à Gaëte.

FLÉRIDE.

Je ne vois pas que je sois dans un autre état.

LISARDE.

Célie a raison. Vous êtes présentement sous ma garde. Je suis responsable de vos démarches et chargée du soin de votre honneur. En un mot je dois veiller sur vous. Si je vous laissois sortir, et que pendant ce temps-là mon père revînt, que diroit-il de ma complaisance?

FLÉRIDE.

Je serai rentrée avant son retour. Je ne veux seulement que jouir un instant de la vue de mon cher prisonnier.

CÉLIE.

Oui; mais c'est ce que nous ne voulons pas, nous.

FLÉRIDE.

Je suis fort étonnée de votre opposition

CÉLIE.

Et nous le sommes encore davantage de votre entêtement.

SCÈNE V.

FLÉRIDE, LISARDE, CÉLIE, LE GOUVERNEUR.

LE GOUVERNEUR.

Qu'est-ce que j'entends? Quelle contestation avez-vous donc ensemble?

LISARDE.

Seigneur, cette dame s'ennuie déjà dans votre maison; elle veut sortir en dépit de nous.

FLÉRIDE.

Assurément. Je veux m'en aller.

LE GOUVERNEUR.

Comment donc, Madame, n'y a-t-il qu'à dire : Je le veux?

ACTE V, SCÈNE V.

FLÉRIDE.

Sans doute. Si vous savez qui je suis, devez-vous m'empêcher d'aller voir César Ursin dans sa prison?

LE GOUVERNEUR.

Oui, vraiment; et c'est afin que vous ne lui parliez pas, que je vous retiens chez moi prisonnière.

FLÉRIDE.

Qui? moi! je suis prisonnière?

LE GOUVERNEUR.

Quoi! vous oubliez déjà l'aventure du jardin?

FLÉRIDE.

Non, Seigneur, j'y suis trop sensible pour que j'en puisse perdre la mémoire.

LE GOUVERNEUR.

Hier; ne fûtes-vous pas arrêtée, et conduite ici?

FLÉRIDE.

Arrêtée! Permettez-moi, Seigneur, de vous dire que non.

LISARDE bas à Célie.

Tout va se découvrir.

CÉLIE bas à Lisarde.

Il faut payer d'audace.

LE GOUVERNEUR à Fléride.

Est-il possible, ma chère Fléride, que vous ne vous souveniez plus de ce qui se passa hier entre nous? Cela est inconcevable.

FLÉRIDE.

Madame, et vous, Célie, dites la vérité. Vous ne l'ignorez pas. Sur quel pied suis-je dans cette maison?

LISARDE.

Sur le pied d'une fille de qualité que nous chérissons, que nous gardons soigneusement, et dont mon père veut rétablir l'honneur que l'amour a un peu terni.

CÉLIE à Fléride.

Oui, Madame, voilà de quelle façon vous êtes ici prisonnière. Vous ne l'êtes pas autrement... (bas au gouverneur.) Comme elle a l'esprit un peu troublé, il vaut mieux la flatter que la contredire.

LE GOUVERNEUR bas à Célie.

Tu as raison : il faut la ménager, de peur qu'elle ne devienne folle; car la tête, ce me semble, commence à lui tourner.

CÉLIE bas au gouverneur.

A vue d'œil.

LE GOUVERNEUR bas à Célie.

La pauvre enfant! Que je suis touché de son malheur!

FLÉRIDE à Célie.

M. le gouverneur dit que j'ai été arrêtée et conduite ici. Vous savez bien le contraire.

CÉLIE bas au gouverneur.

Vous l'entendez.

LE GOUVERNEUR bas à Célie.

Ne la contredisons point.

CÉLIE bas au gouverneur.

Non. Feignons de croire tout ce qu'elle voudra nous dire.

FLÉRIDE.

Parlez, Célie, ne suis-je pas venue demander un asile dans cette maison?

CÉLIE.

Oui, vraiment, et nous vous l'avons accordé comme

à une personne de condition que la fortune persécutoit.
FLÉRIDE.
Cela étant, je n'y suis donc pas prisonnière ?
CÉLIE.
Hé, non; mais nous sommes un peu roides sur les bienséances. Nous ne voulons pas que vous parliez à votre amant que pour l'épouser.

SCÈNE VI.

LE GOUVERNEUR, LISARDE, FLÉRIDE, CÉLIE, UN PAGE.

LE PAGE au gouverneur.
Un courier, qui vient d'arriver de Naples, attend dans la chambre prochaine le moment de vous présenter ses dépêches.
LE GOUVERNEUR.
Qu'on le fasse entrer; voyons ce que m'écrit Prosper Colone.

SCÈNE VII.

LE GOUVERNEUR, LISARDE, FLÉRIDE, CÉLIE, FÉLIX.

FÉLIX remettant ses dépêches au gouverneur.
Seigneur, j'ai fait toute la diligence possible.
LE GOUVERNEUR ouvrant la lettre.
Je le vois bien.
FLÉRIDE à part, reconnoissant Félix.
C'est Félix ! Mon père apparemment l'envoie au gouverneur de Gaëte. Je vais apprendre mon sort.

LE GOUVERNEUR après avoir lu la lettre, dit à Fléride.

Madame, cessez de vous plaindre de la fortune. Vos malheurs sont finis. Le cavalier que don César croit avoir tué n'est pas mort; et vous pourrez retourner à Naples avec votre amant, aussitôt que l'hymen aura joint votre destinée à la sienne. Je vais lui porter cette nouvelle au château, et le remettre en liberté. Vous le verrez dans un moment. (Il sort.)

SCÈNE VIII.

LISARDE, FLÉRIDE, CÉLIE.

LISARDE.

Nous pardonnez-vous, belle Fléride, le petit chagrin que nous vous avons causé en nous opposant à votre sortie?

FLÉRIDE.

Mais aussi pourquoi M. le gouverneur m'a-t-il dit qu'il me retenoit chez lui prisonnière?

LISARDE.

Cela ne doit pas vous étonner. Mon père, sur une lettre du vôtre, a fait arrêter don César; et, comme il vous cherchoit aussi pour vous faire le même traitement, vous êtes venue vous-même vous livrer à lui en vous réfugiant dans sa maison. Voilà pourquoi il vous regarde comme sa prisonnière; et n'a-t-il pas raison?

FLÉRIDE.

J'en demeure d'accord; et je n'ai plus rien à vous dire.

ACTE V, SCÈNE VIII.

CÉLIE à Fléride.

Vous ne trouvez donc plus mauvais que nous ayons voulu vous empêcher de sortir?

FLÉRIDE.

Vous n'avez fait que ce que vous deviez faire.

SCÈNE IX.

LISARDE, FLÉRIDE, CÉLIE, DON JUAN.

DON JUAN à Fléride.

Madame, je prends part à la joie que doivent vous causer les heureuses nouvelles qui sont venues de Naples. Le seigneur don Fernand est actuellement avec César Ursin, qu'il va faire sortir de prison, et il prétend dès ce jour vous unir ensemble. Je suis charmé de ce changement.

LISARDE bas à Célie.

Ah! Célie! quel sujet de mortification pour moi!

CÉLIE bas à Lisarde.

Rappelez votre raison. Cédez de bonne grâce à la nécessité.

FLÉRIDE à don Juan.

Don César et moi, Seigneur, nous n'oublierons jamais l'intérêt que vous prenez à notre sort.

DON JUAN.

Hé! comment pourrois-je ne pas m'intéresser pour don César? C'est mon meilleur ami.

CÉLIE à Fléride.

Nous nous intéressons tous, Madame, pour lui et

pour vous..... (*bas à Lisarde.*) Contraignez-vous; parlez. Dites-lui quelque chose qui la flatte.

LISARDE bas à Célie.

Je vais donc dire ce que je ne pense pas.

CÉLIE bas.

Ce ne sera pas la première fois.

LISARDE à Fléride, froidement.

Je me réjouis, Madame, de l'heureux succès de votre voyage à Gaëte.

FLÉRIDE.

C'est à vos bontés, trop généreuse Lisarde, que je dois mon bonheur.

SCÈNE X ET DERNIÈRE.

LISARDE, FLÉRIDE, CÉLIE, DON JUAN, LE GOUVERNEUR, DON CÉSAR, GAMACHE.

DON CÉSAR bas à Gamache en apercevant Fléride.

Juste Ciel! c'est effectivement Fléride!

GAMACHE bas à don César.

Et votre inconnue est Lisarde elle-même.

DON CÉSAR bas.

Je n'en puis douter.

GAMACHE bas.

Ne faites pas semblant de la connoître.

DON CÉSAR bas.

Laisse-moi faire.

LE GOUVERNEUR.

Oui, don César, le seigneur Prosper Colone veut bien oublier le passé, et vous accepter pour gendre.

Vous épouserez ce soir sa fille, et demain vous la remenerez à Naples, où vous recevrez de lui, l'un et l'autre, le meilleur traitement que vous puissiez attendre du plus affectionné de tous les pères.

DON CÉSAR.

Seigneur, Fléride et moi nous ne saurions assez vous remercier de vos bontés, et vous pouvez compter que nous en aurons tous deux une éternelle reconnoissance.

LE GOUVERNEUR à don Juan.

Il ne tiendra qu'à vous, don Juan, de suivre l'exemple de don César, et d'être dès aujourd'hui l'époux de ma fille.

DON JUAN.

Si Lisarde y veut bien consentir, je serai au comble de mes vœux.

LISARDE.

Je ne résiste point aux volontés d'un père.

CÉLIE bas.

Non, quand elles sont conformes aux vôtres.

LE GOUVERNEUR.

Ne songeons donc plus qu'à célébrer ce double hyménée.

FIN DU CINQUIÈME ET DERNIER ACTE.

CRISPIN

RIVAL DE SON MAITRE,

COMÉDIE

Représentée, pour la première fois, le 15 mars 1707.

PERSONNAGES.

ORONTE, bourgeois de Paris.
MME ORONTE, sa femme.
ANGÉLIQUE, leur fille, promise à Damis.
VALÈRE, amant d'Angélique.
ORGON, père de Damis.
LISETTE, suivante d'Angélique.
CRISPIN, valet de Valère.
LA BRANCHE, valet de Damis.

La scène est à Paris.

CRISPIN

RIVAL DE SON MAITRE,

COMÉDIE.

SCÈNE PREMIÈRE.

VALÈRE, CRISPIN.

VALÈRE.

Ah! te voilà, bourreau?

CRISPIN.

Parlons sans emportement.

VALÈRE.

Coquin!

CRISPIN.

Laissons là, je vous prie, nos qualités..... De quoi vous plaignez-vous?

VALÈRE.

De quoi je me plains? traître! Tu m'avois demandé congé pour huit jours, et il y a plus d'un mois que je ne t'ai vu. Est-ce ainsi qu'un valet doit servir?

CRISPIN.

Parbleu! Monsieur, je vous sers comme vous me payez. Il me semble que l'un n'a pas plus de sujet de se plaindre que l'autre.

VALÈRE.

Je voudrois bien savoir d'où tu peux venir?

CRISPIN.

Je viens de travailler à ma fortune. J'ai été en Touraine, avec un chevalier de mes amis, faire une petite expédition.

VALÈRE.

Quelle expédition?

CRISPIN.

Lever un droit qu'il s'est acquis sur les gens de province par sa manière de jouer.

VALÈRE.

Tu viens donc fort à propos, car je n'ai point d'argent, et tu dois être en état de m'en prêter.

CRISPIN.

Non, Monsieur. Nous n'avons pas fait une heureuse pêche. Le poisson a vu l'hameçon; il n'a point voulu mordre à l'appât.

VALÈRE.

Le bon fonds de garçon que voilà! Écoute, Crispin, je veux bien te pardonner le passé; j'ai besoin de ton industrie.

CRISPIN.

Quelle clémence!

VALÈRE.

Je suis dans un grand embarras.

CRISPIN.

Vos créanciers s'impatientent-ils? Ce gros marchand à qui vous avez fait un billet de neuf cents francs pour trente pistoles d'étoffe qu'il vous a fournie, auroit-il obtenu sentence contre vous?

SCÈNE I.

VALÈRE.

Non.

CRISPIN.

Ah! j'entends. Cette généreuse marquise qui alla elle-même payer votre tailleur qui vous avoit fait assigner, a découvert que nous agissions de concert avec lui.

VALÈRE.

Ce n'est point cela, Crispin, je suis devenu amoureux.

CRISPIN.

Oh! oh!..... Hé, de qui par aventure?

VALÈRE.

D'Angélique, fille unique de M. Oronte.

CRISPIN.

Je la connois de vue. Peste! la jolie figure! Son père, si je ne me trompe, est un bourgeois qui demeure en ce logis, et qui est très riche?

VALÈRE.

Oui; il a trois grandes maisons dans les plus beaux quartiers de Paris.

CRISPIN.

L'adorable personne qu'Angélique!

VALÈRE.

De plus, il passe pour avoir de l'argent comptant.

CRISPIN.

Je connois tout l'excès de votre amour!... Mais où en êtes-vous avec la petite fille? Elle sait vos sentiments?

VALÈRE.

Depuis huit jours, que j'ai un libre accès chez son père, j'ai si bien fait, qu'elle me voit d'un œil favorable; mais Lisette, sa femme de chambre, m'apprit hier une nouvelle qui me met au désespoir.

CRISPIN.

Eh! que vous a-t-elle dit cette désespérante Lisette?

VALÈRE.

Que j'ai un rival; que M. Oronte a donné sa parole à un jeune homme de province, qui doit incessamment arriver à Paris pour épouser Angélique.

CRISPIN.

Eh! qui est ce rival?

VALÈRE.

C'est ce que je ne sais point encore. On appela Lisette dans le temps qu'elle me disoit cette fâcheuse nouvelle, et je fus obligé de me retirer, sans apprendre son nom.

CRISPIN.

Nous avons bien la mine de n'être pas sitôt propriétaires des trois belles maisons de M. Oronte.

VALÈRE.

Va trouver Lisette de ma part. Parle-lui; après cela nous prendrons nos mesures.

CRISPIN.

Laissez-moi faire.

VALÈRE.

Je vais t'attendre au logis. (Il sort.)

SCÈNE II.

CRISPIN seul.

Que je suis las d'être valet! Ah! Crispin, c'est la

faute! Tu as toujours donné dans la bagatelle ; tu devrois présentement briller dans la finance... Avec l'esprit que j'ai, morbleu! j'aurois déjà fait plus d'une banqueroute.

SCÈNE III.

LA BRANCHE, CRISPIN.

LA BRANCHE à part.

N'est-ce pas là Crispin?

CRISPIN à part.

Est-ce là La Branche que je vois?

LA BRANCHE à part.

C'est Crispin, c'est lui-même.

CRISPIN à part.

C'est La Branche, ou je meure!... (à La Branche.) L'heureuse rencontre!.. Que je t'embrasse, mon cher!... (Ils s'embrassent.) Franchement, ne te voyant plus paroître à Paris, je craignois que quelque arrêt de la cour ne t'en eût éloigné.

LA BRANCHE

Ma foi, mon ami, je l'ai échappé belle, depuis que je ne t'ai vu. On m'a voulu donner de l'occupation sur mer; j'ai pensé être du dernier détachement de la Tournelle.

CRISPIN.

Tudieu!... qu'avois-tu donc fait?

LA BRANCHE

Une nuit, je m'avisai d'arrêter, dans une rue détournée, un marchand étranger, pour lui demander, par curiosité, des nouvelles de son pays. Comme il n'entendoit pas le françois, il crut que je lui demandois la bourse. Il crie au voleur. Le guet vient : on me prend pour un fripon; on me mène au Châtelet. J'y ai demeuré sept semaines.

CRISPIN.

Sept semaines!

LA BRANCHE.

J'y aurois demeuré bien davantage sans la nièce d'une revendeuse à la toilette.

CRISPIN.

Est-il vrai?

LA BRANCHE.

On étoit furieusement prévenu contre moi! Mais cette bonne amie se donna tant de mouvement, qu'elle fit connoître mon innocence.

CRISPIN.

Il est bon d'avoir de puissants amis.

LA BRANCHE.

Cette aventure m'a fait faire des réflexions.

CRISPIN.

Je le crois. Tu n'es plus curieux de savoir des nouvelles des pays étrangers?

LA BRANCHE.

Non, ventrebleu! Je me suis remis dans le service... Et toi, Crispin, travailles-tu toujours.

CRISPIN.

Non, je suis comme toi, un fripon honoraire. Je suis rentré dans le service aussi; mais je sers un maître sans biens, ce qui suppose un valet sans gages. Je ne suis pas trop content de ma condition.

SCÈNE III.

LA BRANCHE.

Je le suis assez de la mienne, moi. Je demeure à Chartres; j'y sers un jeune homme appelé Damis. C'est un aimable garçon : il aime le jeu, le vin, les femmes; c'est un homme universel. Nous faisons ensemble toutes sortes de débauches. Cela m'amuse; cela me détourne de mal faire.

CRISPIN.

L'innocente vie !

LA BRANCHE.

N'est-il pas vrai?

CRISPIN.

Assurément. Mais, dis-moi, La Branche, qu'es-tu venu faire à Paris? Où vas-tu?

LA BRANCHE *lui montrant la maison de M. Oronte.*

Je vais dans cette maison.

CRISPIN.

Chez M. Oronte?

LA BRANCHE.

Sa fille est promise à Damis.

CRISPIN.

Angélique est promise à ton maître?

LA BRANCHE.

M. Orgon, père de Damis, étoit à Paris il y a quinze jours; j'y étois avec lui. Nous allâmes voir M. Oronte, qui est de ses anciens amis, et ils arrêtèrent entre eux ce mariage.

CRISPIN.

C'est donc une affaire résolue?

LA BRANCHE.

Oui. Le contrat est déjà signé des deux pères et de

madame Oronte. La dot, qui est de vingt mille écus, en argent comptant, est toute prête : on n'attend que l'arrivée de Damis pour terminer la chose.

CRISPIN.

Ah! parbleu! cela étant, Valère mon maître n'a donc qu'à chercher fortune ailleurs.

LA BRANCHE.

Quoi! ton maître?...

CRISPIN l'interrompant.

Il est amoureux de cette même Angélique; mais puisque Damis...

LA BRANCHE l'interrompant aussi.

Oh! Damis n'épousera point Angélique : il y a une petite difficulté.

CRISPIN.

Et quelle?

LA BRANCHE.

Pendant que son père le marioit ici, il s'est marié à Chartres, lui.

CRISPIN.

Comment donc?

LA BRANCHE.

Il aimoit une jeune personne, avec qui il avoit fait les choses de manière qu'au retour du bon homme Orgon il s'est fait en secret une assemblée de parents. La fille est de condition. Damis a été obligé de l'épouser.

CRISPIN.

Oh! cela change la thèse.

LA BRANCHE.

J'ai trouvé les habits de noce de mon maître tout faits. J'ai ordre de les emporter à Chartres, aussitôt que j'aurai vu monsieur et madame Oronte, et retiré la parole de M. Orgon.

CRISPIN.

Retirer la parole de M. Orgon!

LA BRANCHE.

C'est ce qui m'amène à Paris. (Voulant s'éloigner pour entrer chez M. Oronte.) Sans adieu, Crispin, nous nous reverrons.

CRISPIN le retenant.

Attends, La Branche, attends, mon enfant. Il me vient une idée... Dis-moi un peu : ton maître est-il connu de M. Oronte?

LA BRANCHE.

Ils ne se sont jamais vus.

CRISPIN.

Ventrebleu! si tu voulois, il y auroit un beau coup à faire... Mais, après ton aventure du Châtelet, je crains que tu ne manques de courage.

LA BRANCHE.

Non, non, tu n'as qu'à dire. Une tempête essuyée n'empêche point un bon matelot de se remettre en mer. Parle; de quoi s'agit-il? Est-ce que tu voudrois faire passer ton maître pour Damis, et lui faire épouser?...

CRISPIN l'interrompant.

Mon maître? fi donc! voilà un plaisant gueux pour une fille comme Angélique! Je lui destine un meilleur parti.

LA BRANCHE.

Qui donc?

CRISPIN.

Moi.

LA BRANCHE.

Malepeste ! tu as raison; cela n'est pas mal imaginé, au moins.

CRISPIN.

Je suis aussi amoureux d'elle.

LA BRANCHE.

J'approuve ton amour.

CRISPIN.

Je prendrai le nom de Damis.

LA BRANCHE.

C'est bien dit.

CRISPIN.

J'épouserai Angélique.

LA BRANCHE.

J'y consens.

CRISPIN.

Je toucherai la dot.

LA BRANCHE.

Fort bien.

CRISPIN.

Et je disparoîtrai avant qu'on en vienne aux éclaircissements.

LA BRANCHE.

Expliquons-nous mieux sur cet article.

CRISPIN.

Pourquoi ?

LA BRANCHE.

Tu parles de disparoître avec la dot, sans faire mention de moi. Il y a quelque chose à corriger dans ce plan-là.

CRISPIN.

Oh ! nous disparoîtrons ensemble.

SCÈNE III.

LA BRANCHE.

A cette condition-là, je te sers de croupier.... Le coup, je l'avoue, est un peu hardi; mais mon audace se réveille, et je sens que je suis né pour les grandes choses..... Où irons-nous cacher la dot?

CRISPIN.

Dans le fond de quelque province éloignée.

LA BRANCHE.

Je crois qu'elle sera mieux hors du royaume. Qu'en dis-tu?

CRISPIN.

C'est ce que nous verrons. Apprends-moi de quel caractère est M. Oronte.

LA BRANCHE.

C'est un bourgeois fort simple, un petit génie.

CRISPIN.

Et madame Oronte?

LA BRANCHE.

Une femme de vingt-cinq à soixante ans; une femme qui s'aime, et qui est d'un esprit tellement incertain, qu'elle croit, dans le même moment, le pour et le contre.

CRISPIN.

Cela suffit. Il faut à présent emprunter des habits pour...

LA BRANCHE l'interrompant.

Tu peux te servir de ceux de mon maître... (*Examinant la taille de Crispin.*) Oui, justement, tu es à peu près de sa taille.

CRISPIN.

Peste! il n'est pas mal fait.

LA BRANCHE.

Je vois sortir quelqu'un de chez M. Oronte... Allons dans mon auberge concerter l'exécution de notre entreprise.

CRISPIN.

Il faut auparavant que je coure au logis parler à Valère, et que je l'engage, par une fausse confidence, à ne point venir de quelques jours chez M. Oronte. Je t'aurai bientôt rejoint.

(Il sort d'un côté et La Branche de l'autre.)

SCÈNE IV.

ANGÉLIQUE, LISETTE.

ANGÉLIQUE.

Oui, Lisette, depuis que Valère m'a découvert sa passion, un secret chagrin me dévore, et je sens que si j'épouse Damis, il m'en coûtera le repos de ma vie.

LISETTE.

Voilà un dangereux homme que ce Valère!

ANGÉLIQUE.

Que je suis malheureuse!... Entre dans ma situation, Lisette. Que dois-je faire? Conseille-moi, je t'en conjure.

LISETTE.

Quel conseil pouvez-vous attendre de moi?

ANGÉLIQUE.

Celui que t'inspirera l'intérêt que tu prends à ce qui me touche.

LISETTE.

On ne peut vous donner que deux sortes de con-

SCÈNE IV.

seils; l'un d'oublier Valère, et l'autre de vous roidir contre l'autorité paternelle. Vous avez trop d'amour pour suivre le premier; j'ai la conscience trop délicate pour vous donner le second. Cela est embarrassant, comme vous voyez.

ANGÉLIQUE.

Ah! Lisette, tu me désespères.

LISETTE.

Attendez... Il me semble pourtant que l'on peut concilier votre amour et ma conscience... Oui, allons trouver votre mère.

ANGÉLIQUE.

Que lui dire?

LISETTE.

Avouons-lui tout. Elle aime qu'on la flatte, qu'on la caresse; flattons-la, caressons-la. Dans le fond, elle a de l'amitié pour vous, et elle obligera peut-être M. Oronte à retirer sa parole.

ANGÉLIQUE.

Tu as raison, Lisette; mais je crains... (Elle hésite.)

LISETTE.

Quoi?

ANGÉLIQUE.

Tu connois ma mère : son esprit a si peu de fermeté!

LISETTE.

Il est vrai qu'elle est toujours du sentiment de celui qui lui parle le dernier. N'importe, ne laissons pas de l'attirer dans notre parti... (Voyant approcher madame Oronte.) Mais je la vois... Retirez-vous pour un moment; vous reviendrez quand je vous en ferai signe.

(Angélique se retire au fond du théâtre.)

SCÈNE V.

Mme ORONTE, ANGÉLIQUE dans le fond, LISETTE.

LISETTE à part, sans faire semblant de voir madame Oronte.

Il faut convenir que madame Oronte est une des plus aimables femmes de Paris.

Mme ORONTE.

Vous êtes flatteuse, Lisette !

LISETTE avec une feinte surprise.

Ah ! Madame, je ne vous voyois pas... Ces paroles que vous venez d'entendre sont la suite d'un entretien que je viens d'avoir avec mademoiselle Angélique, au sujet de son mariage. « Vous avez, lui disois-je, la plus « judicieuse de toutes les mères, la plus raisonnable. »

Mme ORONTE.

Effectivement, Lisette, je ne ressemble guère aux autres femmes ; c'est toujours la raison qui me détermine.

LISETTE.

Sans doute.

Mme ORONTE.

Je n'ai ni entêtement, ni caprice.

LISETTE.

Et, avec cela, vous êtes la meilleure mère du monde. Je mets en fait que si votre fille avoit de la répugnance à épouser Damis, vous ne voudriez pas contraindre là-dessus son inclination.

Mme ORONTE.

Moi, la contraindre ? moi, gêner ma fille ? à Dieu ne

plaise que je fasse la moindre violence à ses sentiments! Dites-moi, Lisette, auroit-elle de l'aversion pour Damis?

LISETTE.

Eh! mais.......

(Elle hésite.)

MME ORONTE.

Ne me cachez rien.

LISETTE.

Puisque vous voulez savoir les choses, Madame, je vous dirai qu'elle a de la répugnance pour ce mariage.

MME ORONTE.

Elle a peut-être une passion dans le cœur?

LISETTE.

Oh! Madame, c'est la règle. Quand une fille a de l'aversion pour un homme qu'on lui destine pour mari, cela suppose toujours qu'elle a de l'inclination pour un autre. Vous m'avez dit, par exemple, que vous haïssiez M. Oronte la première fois qu'on vous le proposa, parce que vous aimiez un officier qui mourut au siège de Candie.

MME ORONTE.

Il est vrai; et si ce pauvre garçon ne fût pas mort, je n'aurois jamais épousé M. Oronte.

LISETTE.

Eh bien! Madame, mademoiselle votre fille est dans la même disposition où vous étiez avant le siège de Candie.

MME ORONTE.

Eh! qui est donc le cavalier qui a trouvé le secret de lui plaire?

LISETTE.

C'est ce jeune gentilhomme qui vient jouer chez vous depuis quelques jours.

Mme ORONTE.

Qui ? Valère ?

LISETTE.

Lui-même.

Mme ORONTE.

A propos, vous m'en faites souvenir; il nous regardoit hier, Angélique et moi, avec des yeux si passionnés..... Êtes-vous bien assurée, Lisette, que c'est de ma fille qu'il est amoureux ?

LISETTE faisant signe à Angélique de s'approcher.

Oui, Madame, il me l'a dit lui-même, et il m'a chargée de vous prier, de sa part, de trouver bon qu'il vienne vous en faire la demande.

ANGÉLIQUE s'approchant, à madame Oronte.

Pardonnez, Madame, si mes sentiments ne sont pas conformes aux vôtres; mais vous savez...

Mme ORONTE l'interrompant.

Je sais bien qu'une fille ne règle pas toujours les mouvements de son cœur sur les vues de ses parents; mais je suis tendre, je suis bonne, j'entre dans vos peines; en un mot j'agrée la recherche de Valère.

ANGÉLIQUE.

Je ne puis vous exprimer, Madame, tout le ressentiment que j'ai de vos bontés.

LISETTE à madame Oronte.

Ce n'est pas assez, Madame, M. Oronte est un petit opiniâtre; si vous ne soutenez pas avec vigueur...

MME ORONTE l'interrompant.

Oh! n'ayez point d'inquiétude là-dessus, je prends Valère sous ma protection; ma fille n'aura point d'autre époux que lui; c'est moi qui vous le dis... (Apercevant M. Oronte.) Mon mari vient. Vous allez voir de quel ton je vais lui parler.

SCÈNE VI.

M. ORONTE, MME ORONTE, ANGÉLIQUE, LISETTE.

MME ORONTE à son mari.

Vous venez fort à propos, Monsieur; j'ai à vous dire que je ne suis plus dans le dessein de marier ma fille avec Damis.

M. ORONTE.

Ah! ah! Peut-on savoir, Madame, pourquoi vous avez changé de résolution?

MME ORONTE.

C'est qu'il se présente un meilleur parti pour Angélique. Valère la demande. Il n'est pas à la vérité si riche que Damis; mais il est gentilhomme; et, en faveur de sa noblesse, nous devons lui passer son peu de bien.

LISETTE bas.

Bon!

M. ORONTE à sa femme.

J'estime Valère; et, sans faire attention à son peu de bien, je lui donnerois très volontiers ma fille, si je le pouvois avec honneur; mais cela ne se peut pas, Madame.

Mme ORONTE.

D'où vient, Monsieur ?

M. ORONTE.

D'où vient ? Voulez-vous que nous manquions de parole à M. Orgon, notre ancien ami ? Avez-vous quelque sujet de vous plaindre de lui ?

Mme ORONTE.

Non.

LISETTE bas.

Courage ! ne mollissez point.

M. ORONTE à sa femme.

Pourquoi donc lui faire un pareil affront ? Songez que le contrat est signé, que tous les préparatifs sont faits, et que nous n'attendons que Damis. La chose n'est-elle pas trop avancée pour s'en dédire.

Mme ORONTE.

Effectivement, je n'avois pas fait toutes ces réflexions.

LISETTE à part.

Adieu, la girouette va tourner.

M. ORONTE à sa femme.

Vous êtes trop raisonnable, Madame, pour vouloir vous opposer à ce mariage.

Mme ORONTE.

Oh ! je ne m'y oppose pas.

LISETTE à part.

Mort de ma vie ! Est-ce-là une femme ? Elle ne contredit point.

Mme ORONTE.

Vous le voyez, Lisette, j'ai fait ce que j'ai pu pour Valère.

LISETTE ironiquement.

Oui, vraiment, voilà un amant bien protégé!

M. ORONTE voyant paroître La Branche.

J'aperçois le valet de Damis.

SCÈNE VII.

LA BRANCHE, M. ORONTE, Mme ORONTE, ANGÉLIQUE, LISETTE.

LA BRANCHE à M. et à madame Oronte.

Très humble serviteur à monsieur et à madame Oronte... (à Angélique.) Serviteur très humble à mademoiselle Angélique... (à Lisette.) Bonjour, Lisette.

M. ORONTE.

Eh bien! La Branche, quelle nouvelle?

LA BRANCHE.

Monsieur Damis, votre gendre et mon maître, vient d'arriver de Chartres. Il marche sur mes pas; j'ai pris les devants pour vous en avertir.

ANGÉLIQUE à part.

Oh Ciel!

M. ORONTE à La Branche.

Je l'attendois avec impatience... Mais pourquoi n'est-il pas venu tout droit chez moi? Dans les termes où nous en sommes, doit-il faire ces façons-là?

LA BRANCHE.

Oh! Monsieur, il sait trop bien vivre pour en user si familièrement avec vous. C'est le garçon de France qui a les meilleures manières; quoique je sois son valet, je n'en puis dire que du bien.

Mme ORONTE.

Est-il poli? est-il sage?

LA BRANCHE.

S'il est sage, Madame? Il a été élevé avec la plus brillante jeunesse de Paris. Tudieu! c'est une tête bien sensée.

M. ORONTE.

Et M. Orgon, n'est-il pas avec lui?

LA BRANCHE.

Non, Monsieur. De vives atteintes de goutte l'ont empêché de se mettre en chemin.

M. ORONTE.

Le pauvre bon homme!

LA BRANCHE.

Cela l'a pris subitement la veille de notre départ.

(Il tire une lettre de sa poche, et la donne à M. Oronte.)

M. ORONTE prenant la lettre et en lisant le dessus.

« A M. Craquet, médecin, dans la rue du Sépulcre. »

LA BRANCHE reprenant la lettre.

Ce n'est point cela, Monsieur.

M. ORONTE riant.

Voilà un médecin qui loge dans le quartier de ses malades.

LA BRANCHE tirant plusieurs lettres de sa poche, et en lisant les adresses.

J'ai plusieurs lettres que je me suis chargé de rendre à leurs adresses... Voyons celle-ci... (il lit.) « A M. Bre-« douillet, avocat au parlement, rue des Mauvaises-« Paroles... » Ce n'est point encore cela; passons à l'autre... (il lit.) « A M. Gourmandin, chanoine de... » Ouais! je ne trouverai point celle que je cherche?... (il lit) « A M. Oronte... » Ah! voici la lettre de M. Orgon... (il donne cette dernière lettre à M. Oronte.) Il l'a écrite d'une main si tremblante, que vous n'en reconnoîtrez pas l'écriture.

M. ORONTE.

En effet elle n'est pas reconnoissable.

LA BRANCHE.

La goutte est un terrible mal!... Le Ciel vous en veuille préserver, aussi bien que madame Oronte, mademoiselle Angélique, Lisette et toute la compagnie.

M. ORONTE ouvrant la lettre et la lisant.

« Je me disposois à partir avec Damis; mais la goutte
« m'en a empêché; néanmoins, comme ma présence
« n'est point absolument nécessaire à Paris, je n'ai pas
« voulu que mon indisposition retardât un mariage qui
« fait ma plus chère envie, et toute la consolation de
« ma vieillesse. Je vous envoie mon fils; servez-lui de
« père, comme à votre fille. Je trouverai bon tout ce
« que vous ferez. »

« De Chartres.

« Votre affectionné serviteur,

ORGON. »

(Après avoir lu.) Que je le plains!... (voyant paroître Crispin, vêtu des habits de Damis.) Mais, qui est ce jeune homme qui s'avance? Ne seroit-ce point Damis?

LA BRANCHE.

C'est lui-même... (à madame Oronte.) Qu'en dites-vous, Madame? n'a-t-il pas un air qui prévient en sa faveur?

Mme ORONTE.

Il n'est pas mal fait, vraiment!

SCÈNE VIII.

CRISPIN, M. ORONTE, M.ᵐᵉ ORONTE, ANGÉLIQUE, LISETTE, LA BRANCHE.

CRISPIN à La Branche.

La Branche !

LA BRANCHE.

Monsieur !

CRISPIN montrant M. Oronte.

Est-ce là M. Oronte, mon illustre beau-père ?

LA BRANCHE.

Oui ; vous le voyez, en propre original.

M. ORONTE à Crispin, en l'embrassant.

Soyez le bienvenu, mon gendre, embrassez-moi.

CRISPIN embrassant M. Oronte.

Ma joie est extrême de pouvoir vous témoigner l'extrême joie que j'ai de vous embrasser... (Montrant madame Oronte.) Voilà, sans doute, l'aimable enfant qui m'est destinée ?

M. ORONTE.

Non, mon gendre, c'est ma femme... (lui montrant Angélique.) Voici ma fille Angélique.

CRISPIN.

Malepeste ! la jolie famille ! Je ferois volontiers ma femme de l'une et ma maîtresse de l'autre.

M.ᵐᵉ ORONTE.

Cela est trop galant !... (bas à Lisette.) Il paroît avoir de l'esprit, Lisette.

LISETTE bas.

Et du goût même !

SCÈNE VIII.

CRISPIN à madame Oronte.

Quel air! quelle grâce! quelle noble fierté! Ventrebleu! Madame, vous êtes tout adorable! Mon père me le disoit bien : « Tu verras madame Oronte; c'est la beauté la plus piquante! »

MME ORONTE.

Fi donc!

CRISPIN.

« La plus désag... Je voudrois, disoit-il, qu'elle fût veuve; je l'aurois bientôt épousée. »

M. ORONTE riant.

Je lui suis, parbleu, bien obligé.

MME ORONTE à Crispin.

Je l'estime infiniment, monsieur votre père... Que je suis fâchée qu'il n'ait pu venir avec vous!

CRISPIN.

Qu'il est mortifié de ne pouvoir être de la noce! Il se promettoit bien de danser la bourrée avec madame Oronte.

LA BRANCHE à M. Oronte.

Il vous prie d'achever promptement ce mariage, car il a une furieuse impatience d'avoir sa bru auprès de lui.

M. ORONTE.

Hé! mais toutes les conditions sont arrêtées entre nous et signées. Il ne reste plus qu'à terminer la chose et compter la dot.

CRISPIN.

Compter la dot? Oui, c'est fort bien dit. (à La Branche.) La Branche!... (à M. Oronte.) Permettez que je donne une commission à mon valet... (à La Branche.) Va chez le marquis... (bas.) Va-t'en arrêter des chevaux pour cette nuit... Tu m'entends?... (haut.) Et tu lui diras que je lui baise les mains.

LA BRANCHE sortant.

J'y vole.

SCÈNE IX.

M. ORONTE, Mme ORONTE, ANGÉLIQUE, LISETTE, CRISPIN.

M. ORONTE à Crispin.

Revenons à votre père. Je suis très affligé de son indisposition; mais satisfaites, je vous prie, ma curiosité. Dites-moi un peu des nouvelles de son procès?

CRISPIN embarrassé et appelant.

La Branche!

M. ORONTE.

Vous êtes bien ému, qu'avez-vous?

CRISPIN à part.

Maugrebleu de la question!... (à M. Oronte.) J'ai oublié de charger La Branche... (à part.) Il devoit bien me parler de ce procès-là!

M. ORONTE.

Il reviendra... Eh bien! ce procès a-t-il enfin été jugé?

CRISPIN.

Oui, Dieu merci, l'affaire en est faite.

M. ORONTE.

Et vous l'avez gagné?

CRISPIN.

Avec dépens.

SCÈNE IX.

M. ORONTE.

J'en suis ravi, je vous assure!

Mme ORONTE.

Le Ciel en soit loué!

CRISPIN.

Mon père avoit cette affaire à cœur; il auroit donné tout son bien aux juges plutôt que d'en avoir le démenti.

M. ORONTE.

Ma foi, cette affaire lui a bien coûté de l'argent, n'est-ce pas?

CRISPIN.

Je vous en réponds... Mais la justice est une si belle chose, qu'on ne sauroit trop l'acheter!

M. ORONTE.

J'en conviens. Mais outre cela ce procès lui a bien donné de la peine.

CRISPIN.

Oh! cela n'est pas concevable. Il avoit affaire au plus grand chicanneur, au moins raisonnable de tous les hommes.

M. ORONTE.

Qu'appelez-vous de tous les hommes? Il m'a dit que sa partie étoit une femme.

CRISPIN.

Oui, sa partie étoit une femme, d'accord; mais cette femme avoit dans ses intérêts un certain vieux Normand qui lui donnoit des conseils. C'est cet homme-là qui a bien fait de la peine à mon père... Mais changeons de discours; laissons là les procès : je ne veux m'occuper que de mon mariage, et que du plaisir de voir madame Oronte.

M. ORONTE.

Eh bien! allons, mon gendre, entrons : je vais ordonner les apprêts de vos noces.

CRISPIN à madame Oronte, en lui présentant la main.

Madame!

Mme ORONTE à Angélique.

Vous n'êtes pas à plaindre, ma fille; Damis a du mérite.

(Monsieur et madame Oronte entrent chez eux avec Crispin.)

SCÈNE X.

ANGÉLIQUE, LISETTE.

ANGÉLIQUE.

Hélas! que vais-je devenir?

LISETTE.

Vous allez devenir femme de M. Damis; cela n'est pas difficile à deviner.

ANGÉLIQUE pleurant.

Ah! Lisette, tu sais mes sentiments, montre-toi sensible à mes peines.

LISETTE pleurant aussi.

La pauvre enfant!

ANGÉLIQUE.

Auras-tu la dureté de m'abandonner à mon sort?

LISETTE.

Vous me fendez le cœur.

ANGELIQUE.

Lisette, ma chère Lisette!

LISETTE.

Ne m'en dites pas davantage. Je suis si touchée, que je pourrois bien vous donner quelque mauvais conseil ; et je vous vois si affligée, que vous ne manqueriez pas de le suivre.

SCÈNE XI.

VALÈRE, ANGÉLIQUE, LISETTE.

VALÈRE à part, dans le fond, sans voir d'abord Angélique.

Crispin m'a dit de ne point paroître ici de quelques jours, qu'il méditoit un stratagème ; mais il ne m'a point expliqué ce que c'est. Je ne puis vivre dans cette incertitude.

LISETTE à Angélique, en apercevant Valère.

Valère vient.

VALÈRE à part, en apercevant aussi Angélique.

Je ne me trompe point... C'est elle-même... (à Angélique.) Belle Angélique ! de grâce, apprenez-moi vous-même ma destinée. Quel sera le fruit... (Voyant Angélique et Lisette en pleurs.) Mais, quoi vous pleurez l'une et l'autre ?

LISETTE.

Eh! oui, Monsieur, nous pleurons, nous nous désespérons. Votre rival est arrivé.

VALÈRE.

Qu'est-ce que j'entends ?

LISETTE.

Et dès ce soir il épouse ma maîtresse.

VALÈRE.

Juste Ciel !

LISETTE.

Si du moins après son mariage elle demeuroit à Paris; passe encore : vous pourriez quelquefois tous deux pleurer vos déplaisirs; mais, pour comble de chagrin, il faudra que vous pleuriez séparément.

VALÈRE.

J'en mourrai.... Mais, Lisette, qui est donc cet heureux rival qui m'enlève ce que j'ai de plus cher au monde?

LISETTE.

On le nomme Damis.

VALÈRE.

Damis?

LISETTE.

C'est un homme de Chartres.

VALÈRE.

Je connois tout ce pays-là, et je ne sache point qu'il y ait un autre Damis que le fils de M. Orgon.

LISETTE.

Justement; c'est le fils de M. Orgon qui est votre rival.

VALÈRE.

Ah! si nous n'avons que ce Damis à craindre, nous devons nous rassurer.

ANGÉLIQUE.

Que dites-vous, Valère?

VALÈRE.

Cessons de nous affliger, charmante Angélique; Damis, depuis huit jours, s'est marié à Chartres.

LISETTE.

Bon!

SCÈNE XI.

ANGÉLIQUE à Valère.

Vous vous moquez, Valère? Damis est ici, qui s'apprête à recevoir ma main.

LISETTE à Valère.

Il est en ce moment au logis avec monsieur et madame Oronte.

VALÈRE.

Damis est de mes amis; et il n'y a pas huit jours qu'il m'a écrit..... J'ai sa lettre chez moi.

ANGÉLIQUE.

Que vous mande-t-il?

VALÈRE.

Qu'il s'est marié secrètement à Chartres, avec une fille de condition.

LISETTE.

Marié secrètement?.... Oh! oh! approfondissons un peu cette affaire. Il me paroît qu'elle en vaut bien la peine..... Allez, Monsieur, allez querir cette lettre, et ne perdez point de temps.

VALÈRE.

Dans un moment je suis de retour. (Il sort.)

SCÈNE XII.

ANGÉLIQUE, LISETTE.

LISETTE.

Et nous, ne négligeons point cette nouvelle. Je suis fort trompée si nous n'en tirons pas quelque avantage. Elle nous servira, du moins, à faire suspendre pour quelque temps votre mariage..... (A Angélique, en voyant paroître M. Oronte, qui a aperçu Valère s'éloigner.) Je vois venir M. Oronte : pendant que je la lui apprendrai, courez en faire part à madame votre mère.

(Angélique rentre.)

SCÈNE XIII.

M. ORONTE, LISETTE.

M. ORONTE.

Valère vient de vous quitter, Lisette ?

LISETTE.

Oui, Monsieur; il vient de nous dire une chose qui vous surprendra, sur ma parole.

M. ORONTE.

Et quoi ?

LISETTE.

Par ma foi ! Damis est un plaisant homme de vouloir avoir deux femmes, pendant que tant d'honnêtes gens sont si fâchés d'en avoir une.

M. ORONTE.

Explique-toi, Lisette.

LISETTE.

Damis est marié : il a épousé secrètement une fille de Chartres, une fille de qualité.

M. ORONTE.

Bon ! cela se peut-il, Lisette ?

LISETTE.

Il n'y a rien de plus véritable, Monsieur; Damis l'a mandé lui-même à Valère, qui est son ami.

M. ORONTE.

Tu me contes une fable, te dis-je.

SCÈNE XIII.

LISETTE.

Non, Monsieur, je vous assure ; Valère est allé querir la lettre : il ne tiendra qu'à vous de la voir.

M. ORONTE.

Encore un coup, je ne puis croire ce que tu dis.

LISETTE.

Eh ! Monsieur, pourquoi ne le croiriez-vous pas ? Les jeunes gens ne sont-ils pas aujourd'hui capables de tout ?

M. ORONTE.

Il est vrai qu'ils sont plus corrompus qu'ils ne l'étoient de mon temps.

LISETTE.

Que savons-nous si Damis n'est point un de ces petits scélérats qui ne se font point un scrupule de la pluralité des dots ? Cependant la personne qu'il a épousée étant de condition, ce mariage clandestin aura des suites qui ne seront pas fort agréables pour vous.

M. ORONTE.

Ce que tu dis ne laisse pas de mériter qu'on y fasse quelque attention.

LISETTE.

Comment ! quelque attention ? Si j'étois à votre place, avant que de livrer ma fille, je voudrois du moins être éclairci de la chose.

M. ORONTE.

Tu as raison..... (apercevant La Branche.) Je vois paroître le valet de Damis ; il faut que je le sonde finement..... Retire-toi, Lisette, et me laisse avec lui.

LISETTE à part, en s'en allant.

Si cette nouvelle pouvoit se confirmer !

SCÈNE XIV.

M. ORONTE, LA BRANCHE.

M. ORONTE.

Approche, La Branche; viens çà. Je te trouve une physionomie d'honnête homme.

LA BRANCHE.

Oh! Monsieur, sans vanité, je suis encore plus honnête homme que ma physionomie.

M. ORONTE.

J'en suis bien aise..... Écoute : ton maître a la mine d'un vert-galant.

LA BRANCHE.

Tudieu! c'est un joli homme. Les femmes en sont folles! Il a un certain air libre qui les charme. M. Orgon, en le mariant, assure le repos de trente familles, pour le moins.

M. ORONTE.

Cela étant, je ne m'étonne point qu'il ait poussé à bout une fille de qualité.

LA BRANCHE.

Que dites-vous?

M. ORONTE.

Il faut, mon ami, que tu me confesses la vérité. Je sais tout : je sais que Damis est marié; qu'il a épousé une fille de Chartres.

LA BRANCHE à part.

Ouf!

SCÈNE XIV.

M. ORONTE.

Tu te troubles..... Je vois qu'on m'a dit vrai : tu es un fripon.

LA BRANCHE.

Moi, Monsieur?

M. ORONTE.

Oui, toi, pendard! Je suis instruit de votre dessein, et je prétends te faire punir, comme complice d'un projet si criminel.

LA BRANCHE.

Quel projet, Monsieur? Que je meure si je comprends.....

M. ORONTE l'interrompant.

Tu feins d'ignorer ce que je veux dire, traître! mais si tu ne me fais tout à l'heure un aveu sincère de toutes choses, je vais te mettre entre les mains de la justice.

LA BRANCHE.

Faites tout ce qu'il vous plaira, Monsieur; je n'ai rien à vous avouer. J'ai beau donner la torture à mon esprit, je ne devine point le sujet de plaintes que vous pouvez avoir contre moi.

M. ORONTE.

Tu ne veux donc pas parler?... (appelant.) Holà! quelqu'un! Qu'on me fasse venir un commissaire.

LA BRANCHE.

Attendez, Monsieur, point de bruit. Tout innocent que je suis, vous le prenez sur un ton qui ne laisse pas d'embarrasser mon innocence. Allons, éclaircissons-nous tous deux de sang-froid. Çà, qui vous a dit que mon maître étoit marié?

M. ORONTE.

Qui? il l'a mandé lui-même à un de ses amis, à Valère.

LA BRANCHE.

A Valère, dites-vous?

M. ORONTE.

A Valère, oui. Que répondras-tu à cela?

LA BRANCHE riant.

Rien... Parbleu! le trait est excellent!... (à part.) Ah! ah! M. Valère, vous ne vous y prenez pas mal, ma foi!

M. ORONTE.

Comment! qu'est-ce que cela signifie?

LA BRANCHE riant.

On nous l'avoit bien dit qu'il nous régaleroit tôt ou tard d'un plat de sa façon. Il n'y a pas manqué comme vous voyez.

M. ORONTE.

Je ne vois point cela.

LA BRANCHE.

Vous l'allez voir, vous l'allez voir. Premièrement, ce Valère aime mademoiselle votre fille, je vous en avertis.

M. ORONTE.

Je le sais bien.

LA BRANCHE.

Lisette est dans ses intérêts. Elle entre dans toutes les mesures qu'il prend pour faire réussir sa recherche. Je vais parier que c'est elle qui vous aura débité ce mensonge-là.

M. ORONTE.

Il est vrai.

SCÈNE XIV.

LA BRANCHE.

Dans l'embarras où l'arrivée de mon maître les a jetés tous deux, qu'ont-ils fait? Ils ont fait courir le bruit que Damis étoit marié. Valère même montre une lettre supposée, qu'il dit avoir reçue de mon maître; et tout cela, vous m'entendez bien, pour suspendre le mariage d'Angélique

M. ORONTE à part.

Ce qu'il dit est assez vraisemblable.

LA BRANCHE.

Et, pendant que vous approfondirez ce faux bruit, Lisette gagnera l'esprit de sa maîtresse, et lui fera faire quelque mauvais pas; après quoi vous ne pourrez plus la refuser à Valère.

M. ORONTE à part.

Hon, hon, ce raisonnement est assez raisonnable.

LA BRANCHE.

Mais ma foi les trompeurs seront trompés. M. Oronte est homme d'esprit, homme de tête; ce n'est point à lui qu'il faut se jouer.

M. ORONTE.

Non, parbleu!

LA BRANCHE.

Vous savez toutes les rubriques du monde, toutes les ruses qu'un amant met en usage pour supplanter son rival.

M. ORONTE.

Je t'en réponds... Je vois bien que ton maître n'est point marié... Admirez un peu la fourberie de Valère! Il assure qu'il est intime ami de Damis, et je vais parier qu'ils ne se connoissent seulement pas.

LA BRANCHE.

Sans doute... Malepeste! Monsieur, que vous êtes pénétrant! Comment! rien ne vous échappe.

M. ORONTE.

Je ne me trompe guère dans mes conjectures... (voyant paroître Crispin.) J'aperçois ton maître, je veux rire avec lui de son prétendu mariage... (riant.) Ah! ah! ah! ah!

LA BRANCHE riant aussi.

Hé! hé! hé! hé! hé! hé! hé!

SCÈNE XV.

M. ORONTE, LA BRANCHE, CRISPIN.

M. ORONTE à Crispin en riant.

Vous ne savez pas, mon gendre, ce que l'on dit de vous? Que cela est plaisant! on m'est venu donner avis, mais avis comme d'une chose assurée, que vous étiez marié. Vous avez, dit-on, épousé secrètement une fille de Chartres. Ah! ah! ah! ah! est-ce que vous ne trouvez pas cela plaisant?

LA BRANCHE riant, et faisant des signes à Crispin.

Hé! hé! hé! hé! il n'y a rien de si plaisant!

CRISPIN.

Ho! ho! ho! ho! cela est tout-à-fait plaisant!

M. ORONTE.

Un autre, j'en suis sûr, seroit assez sot pour donner là-dedans; mais moi, serviteur!

LA BRANCHE.

Oh! diable, M. Oronte est un des plus gros génies!

SCÈNE XV.

CRISPIN.

Je voudrois savoir qui peut être l'auteur d'un bruit si ridicule.

LA BRANCHE.

Monsieur dit que c'est un gentilhomme appelé Valère.

CRISPIN faisant l'étonné.

Valère! qui est cet homme-là?

LA BRANCHE à M. Oronte.

Vous voyez bien, Monsieur, qu'il ne le connoît pas... (à Crispin.) Eh! là, c'est ce jeune homme que tu sais... que vous savez, dis-je... qui est votre rival, à ce qu'on nous a dit.

CRISPIN.

Ah! oui, oui, je m'en souviens; à telles enseignes qu'on nous a dit qu'il a peu de bien, et qu'il doit beaucoup; mais qu'il couche en joue la fille de M. Oronte, et que ses créanciers font des vœux très ardents pour la prospérité de ce mariage.

M. ORONTE.

Ils n'ont qu'à s'y attendre, vraiment! ils n'ont qu'à s'y attendre!

LA BRANCHE.

Il n'est pas sot, ce Valère, il n'est parbleu pas sot!

M. ORONTE.

Je ne suis pas bête, non plus; je ne suis, palsembleu! pas bête; et pour le lui faire voir, je vais de ce pas chez mon notaire... (à Damis.) ou plutôt, Damis, j'ai une proposition à vous faire. Je suis convenu, je l'avoue, avec M. Orgon, de vous donner vingt mille écus en argent comptant; mais voulez-vous prendre, pour cette somme, ma maison du faubourg Saint-Germain? elle m'a coûté plus de quatre-vingt mille francs à bâtir.

CRISPIN.

Je suis homme à tout prendre; mais, entre nous, j'aimerois mieux de l'argent comptant.

LA BRANCHE à M. Oronte.

L'argent, comme vous savez, est plus portatif.

M. ORONTE.

Assurément.

CRISPIN.

Oui, cela se met mieux dans une valise. C'est qu'il se vend une terre auprès de Chartres; je voudrois bien l'acheter.

LA BRANCHE à M. Oronte.

Ah! Monsieur, la belle acquisition! Si vous aviez vu cette terre-là, vous en seriez charmé.

CRISPIN à M. Oronte.

Je l'aurai pour vingt-cinq mille écus, et je suis assuré qu'elle en vaut bien soixante mille.

LA BRANCHE à M. Oronte.

Du moins, Monsieur, du moins. Comment! sans parler du reste, il y a deux étangs où l'on pêche chaque année pour deux mille francs de goujons.

M. ORONTE à Crispin.

Il ne faut pas laisser échapper une si belle occasion. Écoutez, j'ai chez mon notaire cinquante mille écus que je réservois pour acheter le château d'un certain financier qui va bientôt disparoître; je veux vous en donner la moitié.

CRISPIN embrassant M. Oronte.

Ah! quelle bonté, M. Oronte! je n'en perdrai jamais

SCÈNE XV.

la mémoire; une éternelle reconnoissance... mon cœur... enfin j'en suis tout pénétré !

LA BRANCHE.

M. Oronte est le phénix des beaux-pères.

M. ORONTE.

Je vais vous querir cet argent... Mais je rentre auparavant, pour donner cet avis à ma femme.

CRISPIN.

Les créanciers de Valère vont se pendre.

M. ORONTE.

Qu'ils se pendent. Je veux que dans une heure vous épousiez ma fille.

CRISPIN.

Ah! ah! ah! que cela sera plaisant !

LA BRANCHE.

Oui, oui, c'est cela qui sera tout-à-fait drôle !

(M Oronte sort.)

SCÈNE XVI.

CRISPIN, LA BRANCHE.

CRISPIN.

Il faut que mon maître ait eu un éclaircissement avec Angélique, et qu'il connoisse Damis.

LA BRANCHE.

Ils se connoissent si bien qu'ils s'écrivent, comme tu vois. Mais, grâce à mes soins, M. Oronte est prévenu contre Valère, et j'espère que nous aurons la dot en croupe, avant qu'il soit désabusé.

CRISPIN voyant paroître Valère.

O Ciel !

Le Sage. Théâtre.

LA BRANCHE.

Qu'as-tu, Crispin?

CRISPIN.

Mon maître vient ici.

LA BRANCHE.

Le fâcheux contre-temps!

SCÈNE XVII.

VALÈRE, CRISPIN, LA BRANCHE.

VALÈRE à part, dans le fond, et tenant une lettre à la main.

Je puis, avec cette lettre, entrer chez M. Oronte... (apercevant Crispin, qu'il ne reconnoît pas d'abord.) Mais, je vois un jeune homme. Seroit-ce Damis? Abordons-le; il faut que je m'éclaircisse... (reconnoissant Crispin.) Juste Ciel! c'est Crispin.

CRISPIN.

C'est moi-même. Que diable venez-vous faire ici? Ne vous ai-je pas défendu d'approcher de la maison de M. Oronte? Vous allez détruire tout ce que mon industrie a fait pour vous.

VALÈRE.

Il n'est pas nécessaire d'employer aucun stratagème pour moi, mon cher Crispin.

CRISPIN.

Pourquoi?

VALÈRE.

Je sais le nom de mon rival; il s'appelle Damis. Je n'ai rien à craindre; il est marié.

SCÈNE XVII.

CRISPIN.

Damis marié?... (montrant La Branche.) Tenez, Monsieur, voilà son valet que j'ai mis dans vos intérêts. Il va vous dire de ses nouvelles.

VALÈRE.

Seroit-il possible que Damis ne m'eût pas mandé une chose véritable? A quel propos m'avoir écrit dans ces termes?

(Il lit la lettre qu'il tient à la main, et qui est de Damis.)

« De Chartres.

« Vous saurez, cher ami, que je me suis marié en
« cette ville, ces jours passés. J'ai épousé secrètement
« une fille de condition. J'irai bientôt à Paris, où je
« prétends vous faire, de vive voix, tout le détail de ce
« mariage.

« DAMIS. »

LA BRANCHE.

Ah! Monsieur, je suis au fait. Dans le temps que mon maître vous a écrit cette lettre, il avoit effectivement ébauché un mariage; mais M. Orgon, au lieu d'approuver l'ébauche, a donné une grosse somme au père de la fille, et a, par ce moyen assoupi la chose.

VALÈRE.

Damis n'est donc point marié?

LA BRANCHE.

Bon!

CRISPIN à Valère.

Eh! non.

VALÈRE.

Ah! mes enfants, j'implore votre secours... (à Crispin.) Quelle entreprise as-tu formée, Crispin? Tu n'as pas voulu tantôt m'en instruire. Ne me laisse pas plus long-temps dans l'incertitude. Pourquoi ce déguisement? Que prétends-tu faire en ma faveur?

CRISPIN.

Votre rival n'est point encore à Paris. Il n'y sera que dans deux jours. Je veux, avant ce temps-là, dégoûter monsieur et madame Oronte de son alliance.

VALÈRE.

De quelle manière?

CRISPIN.

En passant pour Damis. J'ai déjà fait beaucoup d'extravagances; je tiens des discours insensés; je fais des actions ridicules qui révoltent à tout moment contre moi le père et la mère d'Angélique. Vous connoissez le caractère de madame Oronte; elle aime les louanges; je lui dis des duretés qu'un petit-maître n'oseroit dire à une femme de robe.

VALÈRE.

Eh bien?

CRISPIN.

Eh bien! je ferai et dirai tant de sottises qu'avant la fin du jour je prétends qu'ils me chassent, et qu'ils prennent la résolution de vous donner Angélique.

VALÈRE.

Et Lisette, entre-t-elle dans ce stratagème?

CRISPIN.

Oui, Monsieur; elle agit de concert avec nous.

VALÈRE.

Ah! Crispin, que ne te dois-je pas?

CRISPIN lui montrant La Branche.

Demandez par plaisir, à ce garçon-là, si je joue bien mon rôle.

SCÈNE XVII.

LA BRANCHE à Valère.

Ah! Monsieur, que vous avez là un domestique adroit! C'est le plus grand fourbe de Paris!... Il m'arrache cet éloge. Je ne le seconde pas mal, à la vérité; et si notre entreprise réussit, vous ne m'en aurez pas moins d'obligation qu'à lui.

VALÈRE.

Vous pouvez tous deux compter sur ma reconnoissance; je vous promets...

CRISPIN l'interrompant.

Eh! Monsieur, laissez là les promesses. Songez que, si l'on vous voyoit avec nous, tout seroit perdu. Retirez-vous, et ne paroissez point ici d'aujourd'hui.

VALÈRE.

Je me retire donc... Adieu, mes amis; je me repose sur vos soins.

LA BRANCHE.

Ayez l'esprit tranquille, Monsieur. Éloignez-vous vite; abandonnez-nous votre fortune.

VALÈRE.

Souvenez-vous que mon sort...

CRISPIN l'interrompant.

Que de discours!

VALÈRE.

Dépend de vous.

CRISPIN le repoussant.

Allez-vous-en, vous dis-je.   (Valère sort.)

SCÈNE XVIII.

CRISPIN, LA BRANCHE.

LA BRANCHE.

Enfin, il est parti.

CRISPIN.

Je respire.

LA BRANCHE.

Nous avons eu une alarme assez chaude... Je mourois de peur que M. Oronte ne nous surprît avec ton maître.

CRISPIN.

C'est ce que je craignois aussi. Mais, comme nous n'avions que cela à craindre, nous sommes assurés du succès de notre projet. Nous pouvons à présent choisir la route que nous avons à prendre. As-tu arrêté des chevaux pour cette nuit?

LA BRANCHE regardant dans l'éloignement.

Oui.

CRISPIN.

Bon!... Je suis d'avis que nous prenions le chemin de Flandre.

LA BRANCHE regardant toujours au loin et avec distraction.

Le chemin de Flandre?.... Oui, c'est fort bien raisonné. J'opine aussi pour le chemin de Flandre.

CRISPIN.

Que regardes-tu donc avec tant d'attention?

LA BRANCHE de même.

Je regarde..... Oui..... non..... Ventrebleu! seroit-ce lui?

SCÈNE XVIII.

CRISPIN.

Qui, lui?

LA BRANCHE de même.

Hélas! voilà toute sa figure.

CRISPIN.

La figure de qui?

LA BRANCHE de même.

Crispin, mon pauvre Crispin! c'est M. Orgon.

CRISPIN.

Le père de Damis?

LA BRANCHE.

Lui-même.

CRISPIN.

Le maudit vieillard!

LA BRANCHE.

Je crois que tous les diables sont déchaînés contre la dot.

CRISPIN regardant du côté d'où vient M. Orgon.

Il vient ici... Il va entrer chez M. Oronte, et tout va se découvrir.

LA BRANCHE.

C'est ce qu'il faut empêcher, s'il est possible... Va m'attendre à l'auberge... Ce que je crains le plus, c'est que M. Oronte ne sorte pendant que je lui parlerai.

(Crispin s'éloigne.)

SCÈNE XIX.

M. ORGON, LA BRANCHE.

M. ORGON à part, sans voir d'abord La Branche.

Je ne sais quel accueil je vais recevoir de M. et de madame Oronte.

LA BRANCHE à part.

Vous n'êtes pas encore chez eux... (à Orgon.) Serviteur à monsieur Orgon.

M. ORGON.

Ah! je ne te voyois pas, La Branche.

LA BRANCHE.

Comment! Monsieur, c'est donc ainsi que vous surprenez les gens? Qui vous croyoit à Paris?

M. ORGON.

Je suis parti de Chartres peu de temps après toi, parce que j'ai fait réflexion qu'il valoit mieux que je parlasse moi-même à M. Oronte, et qu'il n'était pas honnête de retirer ma parole par le ministère d'un valet.

LA BRANCHE.

Vous êtes délicat sur les bienséances, à ce que je vois. Si bien donc que vous allez trouver M. et madame Oronte?

M. ORGON.

C'est mon dessein.

LA BRANCHE.

Rendez grâces au Ciel de me rencontrer ici à propos, pour vous en empêcher.

M. ORGON.

Comment! les as-tu déjà vus, toi, La Branche?

SCÈNE XIX.

LA BRANCHE.

Eh! oui, morbleu! je les ai vus. Je sors de chez eux. Madame Oronte est dans une colère horrible contre vous.

M. ORGON.

Contre moi?

LA BRANCHE.

Contre vous..... « Eh! quoi! a-t-elle dit, M. Orgon nous manque de parole? Qui l'auroit cru? Ma fille désormais ne doit plus espérer d'établissement. »

M. ORGON.

Quel tort cela peut-il faire à sa fille?

LA BRANCHE.

C'est ce que je lui ai répondu; mais comment voulez-vous qu'une femme en colère entende raison? c'est tout ce qu'elle peut faire de sang-froid. Elle a fait là-dessus des raisonnements bourgeois..... On ne croira point dans le monde, a-t-elle dit, que Damis ait été obligé d'épouser une fille de Chartres; on dira plutôt que M. Orgon a approfondi nos biens, et que ne les ayant pas trouvés solides, il a retiré sa parole.

M. ORGON.

Fi donc! peut-elle s'imaginer qu'on dira cela?

LA BRANCHE.

Vous ne sauriez croire jusqu'à quel point la fureur s'est emparée de ses sens!.... Elle a les yeux dans la tête..... Elle ne connoît personne..... Elle m'a pris à la gorge, et j'ai eu toutes les peines du monde à me tirer de ses griffes.

M. ORGON.

Et M. Oronte?

LA BRANCHE.

Oh! pour M. Oronte, je l'ai trouvé plus modéré, lui...... Il m'a seulement donné deux soufflets.

M. ORGON.

Tu m'étonnes, La Branche. Peuvent-ils être capables d'un pareil emportement, et doivent-ils trouver mauvais que j'aie consenti au mariage de mon fils? Ne leur en as-tu pas expliqué toutes les circonstances?

LA BRANCHE.

Pardonnez-moi. Je leur ai dit que monsieur votre fils ayant commencé par où l'on finit d'ordinaire, la famille de votre bru se préparoit à vous faire un procès que vous avez sagement prévenu en unissant les parties.

M. ORGON.

Ils ne se sont pas rendus à cette raison?

LA BRANCHE.

Bon! rendus; ils sont bien en état de se rendre. Si vous m'en croyez, Monsieur, vous retournerez à Chartres tout à l'heure.

M. ORGON *voulant entrer chez M. Oronte.*

Non, La Branche, je veux les voir, et leur représenter si bien les choses, que.....

LA BRANCHE *l'interrompant et le retenant.*

Vous n'entrerez pas, Monsieur, je vous assure. Je ne souffrirai point que vous alliez vous faire dévisager. Si vous leur voulez parler absolument, laissez passer leurs premiers transports.

M. ORGON.

Cela est de bon sens.

LA BRANCHE.

Remettez votre visite à demain. Ils seront plus disposés à vous recevoir.

M. ORGON.

Tu as raison; ils seront dans une situation moins violente. Allons, je veux suivre ton conseil.

LA BRANCHE.

Cependant, Monsieur, vous ferez ce qu'il vous plaira; vous êtes le maître.

M. ORGON.

Non, non... Viens, La Branche : je les verrai demain.

(Il sort.)

LA BRANCHE.

Je marche sur vos pas...

SCÈNE XX.

LA BRANCHE seul.

Ou plutôt je vais trouver Crispin... Nous voilà, pour le coup, au-dessus de toutes les difficultés... Il ne me reste plus qu'un petit scrupule au sujet de la dot. Il me fâche de la partager avec un associé; car enfin, Angélique ne pouvant être à mon maître, il me semble que la dot m'appartient de droit tout entière. Comment tromperai-je Crispin! Il faut que je lui conseille de passer la nuit avec Angélique... Ce sera sa femme, une fois; il l'aime, et il est homme à suivre ce conseil. Pendant qu'il s'amusera à la bagatelle, je déménagerai avec le solide... Mais, non; rejetons cette pensée. Ne nous brouillons point avec un homme qui en sait aussi long que moi. Il pourroit bien, quelque jour, avoir sa revanche; d'ailleurs ce seroit aller contre nos lois. Nous autres gens d'intrigue, nous nous gardons les uns aux autres une fidélité plus exacte que les honnêtes gens... (Voyant paroître M. Oronte avec Lisette.) Voici M. Oronte qui sort de chez lui pour aller chez son notaire... Quel bonheur d'avoir éloigné d'ici M. Orgon !

(Il sort.)

SCÈNE XXI.

M. ORONTE, LISETTE.

LISETTE.

Je vous le dis encore, Monsieur, Valère est honnête homme, et vous devez approfondir...

M. ORONTE l'interrompant.

Tout n'est que trop approfondi, Lisette. Je sais que vous êtes dans les intérêts de Valère; et je suis fâché que vous n'ayez pas inventé ensemble un meilleur expédient pour m'obliger à différer le mariage de Damis.

LISETTE.

Quoi! Monsieur, vous vous imaginez...

M. ORONTE l'interrompant.

Non, Lisette, je ne m'imagine rien. Je suis facile à tromper. Moi! je suis le plus pauvre génie du monde... Allez, Lisette, dites à Valère qu'il ne sera jamais mon gendre : c'est de quoi il peut assurer messieurs ses créanciers.

(Il sort.)

SCÈNE XXII.

LISETTE seule.

Ouais! que signifie tout ceci ? Il y a quelque chose là-dedans qui passe ma pénétration.

SCÈNE XXIII.

VALÈRE, LISETTE.

VALÈRE à part, sans voir d'abord Lisette.

Quoique m'ait dit Crispin, je ne puis attendre tranquillement le succès de son artifice. Après tout, je ne sais pourquoi il m'a recommandé avec tant de soin de ne point paroître ici; car enfin, au lieu de détruire son stratagème, je pourrois l'appuyer.

LISETTE.

Ah! Monsieur...

VALÈRE.

Eh bien, Lisette?

LISETTE.

Vous avez tardé bien long-temps... Où est la lettre de Damis?

VALÈRE tirant une lettre de sa poche, et la lui montrant.

La voici... Mais elle nous sera inutile. Dis-moi plutôt, Lisette, comment va le stratagème?

LISETTE.

Quel stratagème?

VALÈRE.

Celui que Crispin a imaginé pour mon amour.

LISETTE.

Crispin! Qu'est-ce que c'est que ce Crispin?

VALÈRE.

Eh! parbleu! c'est mon valet.

LISETTE.

Je ne le connois pas.

VALÈRE.

C'est pousser trop loin la dissimulation, Lisette. Crispin m'a dit que vous étiez tous deux d'intelligence.

LISETTE.

Je ne sais ce que vous voulez dire, Monsieur.

VALÈRE.

Ah! c'en est trop; je perds patience: je suis au désespoir!

SCÈNE XXIV.

Mme ORONTE, ANGÉLIQUE, VALÈRE, LISETTE.

Mme ORONTE à Valère.

Je suis bien aise de vous trouver, Valère, pour vous faire des reproches. Un galant homme doit-il supposer des lettres?

VALÈRE.

Supposer! moi, Madame? Qui peut m'avoir rendu ce mauvais office auprès de vous?

LISETTE à madame Oronte.

Eh! Madame, M. Valère n'a rien supposé. Il y a de la manigance en cette affaire (*apercevant venir M. Oronte et M. Orgon.*) Mais voici M. Oronte qui revient. M. Orgon est avec lui. Nous allons tout découvrir.

SCÈNE XXV.

M. ORONTE, M. ORGON, Mme ORONTE, ANGÉLIQUE, LISETTE.

M. ORONTE à M. Orgon.

Il y a de la friponnerie là-dedans, monsieur Orgon.

M. ORGON.

C'est ce qu'il faut éclaircir, monsieur Oronte.

M. ORONTE à sa femme.

Madame, je viens de rencontrer M. Orgon en allant chez mon notaire. Il vient, dit-il, à Paris pour retirer sa parole. Damis est effectivement marié.

ANGÉLIQUE à part.

Qu'est-ce que j'entends?

M. ORGON à madame Oronte.

Il est vrai, Madame; et, quand vous saurez toutes les circonstances de ce mariage, vous excuserez.......

M. ORONTE à sa femme.

M. Orgon n'a pu se dispenser d'y consentir; mais ce que je ne comprends pas, c'est qu'il assure que son fils est actuellement à Chartres.

M. ORGON.

Sans doute.

Mme ORONTE.

Cependant il y a ici un jeune homme qui se dit votre fils.

M. ORGON.

C'est un imposteur.

M. ORONTE.

Et La Branche, ce même valet qui étoit ici avec vous, il y a quinze jours, l'appelle son maître.

M. ORGON.

La Branche, dites-vous? Ah! le pendard. Je ne m'étonne plus s'il m'a, tout à l'heure, empêché d'entrer chez vous. Il m'a dit que vous étiez tous deux dans une colère épouvantable contre moi, et que vous l'aviez maltraité, lui.

Mme ORONTE.

Le menteur!

LISETTE à part.

Je vois l'enclouure, ou peu s'en faut.

VALÈRE à part.

Mon traître se seroit-il joué de moi?

M. ORONTE voyant paroître La Branche et Crispin.

Nous allons approfondir cela, car les voici tous deux.

SCÈNE XXVI.

M. ORONTE, M. ORGON, Mme ORONTE, ANGÉLIQUE, VALÈRE, LISETTE, CRISPIN, LA BRANCHE.

CRISPIN à M. Oronte, sans voir d'abord Valère et M. Orgon.

Eh bien! monsieur Oronte, tout est-il prêt?... Notre mariage... (apercevant Valère et Orgon.) Ouf! Qu'est-ce que je vois?

LA BRANCHE bas à Crispin, en apercevant aussi Valère et M. Oronte.

Aïe! nous sommes découverts, sauvons-nous!

(Il veut se sauver avec Crispin, mais Valère court à eux et les arrête.)

SCÈNE XXVI.
VALÈRE.

Oh! vous ne nous échapperez pas, messieurs les marauds, et vous serez traités comme vous le méritez.

(Valère prend Crispin au collet; M. Oronte et M. Orgon se saisissent de La Branche.)

M. ORONTE à Crispin et à La Branche.

Ah! ah! nous vous tenons, fourbes!

M. ORGON à La Branche en montrant Crispin.

Dis-nous, méchant, qui est cet autre fripon que tu fais passer pour Damis?

VALÈRE.

C'est mon valet.

MME ORONTE.

Un valet? juste Ciel! un valet!

VALÈRE.

Un perfide! qui me fait accroire qu'il est dans mes intérêts, pendant qu'il emploie, pour me tromper, le plus noir de tous les artifices.

CRISPIN.

Doucement, Monsieur, doucement! ne jugeons point sur les apparences.

M. ORGON à La Branche.

Et toi, coquin! voilà donc comme tu fais les commissions que je te donne?

LA BRANCHE.

Allons, Monsieur, allons, bride en main, s'il vous plaît: ne condamnons point les gens sans les entendre.

M. ORGON.

Quoi! tu voudrois soutenir que tu n'es pas un maître fripon?

LA BRANCHE feignant de pleurer.

Je suis un fripon, fort bien; voyez les douceurs qu'on s'attire en servant avec affection!

VALÈRE à Crispin.

Tu ne demeureras pas d'accord, non plus, toi, que tu es un fourbe, un scélérat?

CRISPIN avec un fort emportement.

Scélérat! fourbe! Que diable, Monsieur, vous me prodiguez des épithètes qui ne me conviennent point du tout.

VALÈRE.

Nous aurons encore tort de soupçonner votre fidélité, traîtres?

M. ORGON à La Branche et à Crispin.

Que direz-vous pour vous justifier, misérables?

LA BRANCHE.

Tenez, voilà Crispin qui va vous tirer d'erreur.

CRISPIN à M. Oronte.

La Branche vous expliquera la chose en deux mots.

LA BRANCHE.

Parle, Crispin, fais-leur voir notre innocence.

CRISPIN.

Parle toi-même, La Branche : tu les auras bientôt désabusés.

LA BRANCHE.

Non, non, tu débrouilleras mieux le fait.

CRISPIN à M. Oronte et à Valère.

Eh bien! Messieurs, je vais vous dire la chose tout naturellement. J'ai pris le nom de Damis, pour dégoûter, par mon air ridicule, monsieur et madame Oronte, de l'alliance de M. Orgon, et les mettre par-là dans une disposition favorable pour mon maître; mais, au lieu de les rebuter par mes manières impertinentes, j'ai eu le malheur de leur plaire. Ce n'est pas ma faute, une fois.

M. ORONTE.

Cependant, si on t'avoit laissé faire, tu aurois poussé la feinte jusqu'à épouser ma fille?

CRISPIN.

Non, Monsieur; demandez à La Branche : nous venions ici vous découvrir tout.

VALÈRE.

Vous ne sauriez donner à votre perfidie des couleurs qui puissent nous éblouir. Puisque Damis est marié, il étoit inutile que Crispin fît le personnage qu'il a fait.

CRISPIN.

Eh bien, Messieurs, puisque vous ne voulez pas nous absoudre comme innocents, faites-nous donc grâce comme à des coupables. Nous implorons votre bonté.

(Il se jette aux genoux de M. Oronte.)

LA BRANCHE se jetant aussi à genoux.

Oui, nous avons recours à votre clémence.

CRISPIN à M. Oronte.

Franchement la dot nous a tentés. Nous sommes accoutumés à faire des fourberies; pardonnez-nous celle-ci à cause de l'habitude.

M. ORONTE.

Non, non, votre audace ne demeurera point impunie.

LA BRANCHE.

Eh! Monsieur, laissez-vous toucher. Nous vous en conjurons par les beaux yeux de madame Oronte.

CRISPIN à M. Oronte.

Par la tendresse que vous devez avoir pour une femme si charmante!

MME ORONTE à son mari.

Ces pauvres garçons me font pitié! je demande grâce pour eux.

LISETTE à part.

Les habiles fripons que voilà!

M. ORGON à La Branche et à Crispin.

Vous êtes bien heureux, pendards! que madame Oronte intercède pour vous.

M. ORONTE à La Branche et à Crispin.

J'avois grande envie de vous faire punir; mais, puisque ma femme le veut, oublions le passé. Aussi bien je donne aujourd'hui ma fille à Valère, il ne faut songer qu'à se réjouir... On vous pardonne donc; et même, si vous voulez me promettre que vous vous corrigerez, je serai encore assez bon pour me charger de votre fortune.

CRISPIN se relevant.

Oh! Monsieur, nous vous le promettons.

LA BRANCHE se relevant aussi.

Oui, Monsieur... nous sommes si mortifiés de n'avoir pas réussi dans notre entreprise, que nous renonçons à toutes les fourberies.

M. ORONTE.

Vous avez de l'esprit; mais il en faut faire un meilleur usage, et, pour vous rendre honnêtes gens, je veux vous mettre tous deux dans les affaires... (à La Branche.) J'obtiendrai pour toi, La Branche, une bonne commission.

SCÈNE XXVI.

LA BRANCHE.

Je vous réponds, Monsieur, de ma bonne volonté.

M. ORONTE à Crispin.

Et pour le valet de mon gendre, je lui ferai épouser la filleule d'un sous-fermier de mes amis.

CRISPIN.

Je tâcherai, Monsieur, de mériter, par ma complaisance, toutes les bontés du parrain.

M. ORONTE.

Ne demeurons pas ici plus long-temps... Entrons... (à M. Orgon.) j'espère que M. Orgon voudra bien honorer de sa présence les noces de ma fille?

M. ORGON.

J'y veux danser avec madame Oronte.

(Il donne la main à madame Oronte, et Valère à Angélique, pour rentrer chez M. Oronte.)

FIN.

TURCARET,

COMÉDIE,

Représentée, pour la première fois, le 14 février 1709.

PERSONNAGES.

M. TURCARET, traitant, amoureux de la baronne.
Mme TURCARET, épouse de M. Turcaret.
Mme JACOB, revendeuse à la toilette, et sœur de M. Turcaret.
LA BARONNE, jeune veuve coquette.
LE CHEVALIER, } petits-maîtres.
LE MARQUIS, }
M. RAFLE, commis de M. Turcaret.
FLAMAND, valet de M. Turcaret.
MARINE, } suivantes de la baronne.
LISETTE, }
JASMIN, petit laquais de la baronne.
FRONTIN, valet du chevalier.
M. FURET, fourbe.

La scène est à Paris, chez la baronne.

TURCARET,

COMÉDIE.

ACTE PREMIER.

SCÈNE PREMIÈRE.

LA BARONNE, MARINE.

MARINE.

Encore hier, deux cents pistoles?

LA BARONNE.

Cesse de me reprocher...

MARINE, l'interrompant.

Non, Madame, je ne puis me taire; votre conduite est insupportable.

LA BARONNE.

Marine!

MARINE.

Vous mettez ma patience à bout.

LA BARONNE.

Eh! comment veux-tu donc que je fasse? Suis-je femme à thésauriser?

MARINE.

Ce seroit trop exiger de vous; et cependant je vous vois dans la nécessité de le faire.

LA BARONNE.

Pourquoi?

MARINE.

Vous êtes veuve d'un colonel étranger qui a été tué en Flandre, l'année passée. Vous aviez déjà mangé le petit douaire qu'il vous avait laissé en partant, et il ne vous restait plus que vos meubles que vous auriez été obligée de vendre, si la fortune propice ne vous eût fait faire la précieuse conquête de M. Turcaret, le traitant. Cela n'est-il pas vrai, Madame?

LA BARONNE.

Je ne dis pas le contraire.

MARINE.

Or ce M. Turcaret, qui n'est pas un homme fort aimable, et qu'aussi vous n'aimez guère, quoique vous ayez dessein de l'épouser, comme il vous l'a promis, M. Turcaret, dis-je, ne se presse pas de vous tenir parole, et vous attendez patiemment qu'il accomplisse sa promesse, parce qu'il vous fait tous les jours quelque présent considérable : je n'ai rien à dire à cela. Mais ce que je ne puis souffrir, c'est que vous soyez coiffée d'un petit chevalier joueur qui va mettre à la réjouissance les dépouilles du traitant. Eh! que prétendez-vous faire de ce chevalier?

LA BARONNE.

Le conserver pour ami. N'est-il pas permis d'avoir des amis?

MARINE.

Sans doute, et de certains amis encore dont on peut faire son pis-aller. Celui-ci, par exemple, vous pourriez fort bien l'épouser, en cas que M. Turcaret vînt à vous manquer; car il n'est pas de ces chevaliers qui sont consacrés au célibat et obligés de courir au secours de Malte. C'est un chevalier de Paris; il fait ses caravanes dans les lansquenets.

LA BARONNE.

Oh! je le crois un fort honnête homme.

MARINE.

J'en juge tout autrement. Avec ses airs passionnés, son ton radouci, sa face minaudière, je le crois un grand comédien; et ce qui me confirme dans mon opinion, c'est que Frontin, son bon valet Frontin, ne m'en a pas dit le moindre mal.

LA BARONNE.

Le préjugé est admirable! et tu conclus de là?

MARINE.

Que le maître et le valet sont deux fourbes qui s'entendent pour vous duper; et vous vous laissez surprendre à leurs artifices, quoiqu'il y ait déjà du temps que vous les connoissiez. Il est vrai que depuis votre veuvage il a été le premier à vous offrir brusquement sa foi; et cette façon de sincérité l'a tellement établi chez vous qu'il dispose de votre bourse, comme de la sienne.

LA BARONNE.

Il est vrai que j'ai été sensible aux premiers soins du chevalier. J'aurois dû, je l'avoue, l'éprouver avant que de lui découvrir mes sentimens, et je conviendrai, de bonne foi, que tu as peut-être raison de me reprocher tout ce que je fais pour lui.

MARINE.

Assurément, et je ne cesserai point de vous tourmenter, que vous ne l'ayez chassé de chez vous; car enfin, si cela continue, savez-vous ce qui en arrivera?

LA BARONNE.

Eh! quoi?

MARINE.

M. Turcaret saura que vous voulez conserver le chevalier pour ami; et il ne croit pas, lui, qu'il soit permis d'avoir des amis. Il cessera de vous faire des présents, il ne vous épousera point; et si vous êtes réduite à épouser le chevalier, ce sera un fort mauvais mariage pour l'un et pour l'autre.

LA BARONNE.

Tes réflexions sont judicieuses, Marine; je veux songer à en profiter.

MARINE.

Vous ferez bien; il faut prévoir l'avenir. Envisagez dès à présent un établissement solide. Profitez des prodigalités de M. Turcaret, en attendant qu'il vous épouse. S'il y manque, à la vérité on en parlera un peu dans le monde; mais vous aurez, pour vous en dédommager, de bons effets, de l'argent comptant, des bijoux, de bons billets au porteur, des contrats de rente, et vous trouverez alors quelque gentilhomme capricieux, ou malaisé, qui réhabilitera votre réputation par un bon mariage.

LA BARONNE.

Je cède à tes raisons, Marine; je veux me détacher du chevalier, avec qui je sens bien que je me ruinerois à la fin.

MARINE.

Vous commencez à entendre raison. C'est là le bon

parti. Il faut s'attacher à M. Turcaret, pour l'épouser, ou pour le ruiner. Vous tirerez du moins, des débris de sa fortune, de quoi vous mettre en équipage, de quoi soutenir dans le monde une figure brillante, et, quoi que l'on puisse dire, vous lasserez les caquets, vous fatiguerez la médisance, et l'on s'accoutumera insensiblement à vous confondre avec les femmes de qualité.

LA BARONNE.

Ma résolution est prise, je veux bannir de mon cœur le chevalier. C'en est fait, je ne prends plus de part à sa fortune, je ne réparerai plus ses pertes, il ne recevra plus rien de moi.

MARINE voyant paroître Frontin.

Son valet vient; faites-lui un accueil glacé. Commencez par-là ce grand ouvrage que vous méditez.

LA BARONNE.

Laissez-moi faire.

SCÈNE II.

LA BARONNE, MARINE, FRONTIN.

FRONTIN à la baronne.

Je viens de la part de mon maître et de la mienne, Madame, vous donner le bonjour.

LA BARONNE d'un air froid.

Je vous en suis obligée, Frontin.

FRONTIN à Marine.

Et mademoiselle Marine veut bien aussi qu'on prenne la liberté de la saluer?

MARINE d'un air brusque.

Bonjour et bon an.

FRONTIN à la baronne, en lui présentant un billet.

Ce billet que M. le chevalier vous écrit, vous instruira, Madame, de certaine aventure...

MARINE bas à la baronne.

Ne le recevez pas.

LA BARONNE prenant le billet des mains de Frontin.

Cela n'engage à rien, Marine... Voyons, voyons ce qu'il me mande.

MARINE à part.

Sotte curiosité !

LA BARONNE lisant.

« Je viens de recevoir le portrait d'une comtesse. Je
« vous l'envoie et vous le sacrifie; mais vous ne devez
« point me tenir compte de ce sacrifice, ma chère ba-
« ronne. Je suis si occupé, si possédé de vos charmes,
« que je n'ai pas la liberté de vous être infidèle. Par-
« donnez, mon adorable, si je ne vous en dis pas
« davantage; j'ai l'esprit dans un accablement mortel.
« J'ai perdu cette nuit tout mon argent, et Frontin
« vous dira le reste.   LE CHEVALIER. »

MARINE à Frontin.

Puisqu'il a perdu tout son argent, je ne vois pas qu'il y ait du reste à cela.

FRONTIN.

Pardonnez-moi. Outre les deux cents pistoles que Madame eut la bonté de lui prêter hier, et le peu d'argent qu'il avait d'ailleurs, il a encore perdu mille écus sur parole; voilà le reste. Oh! diable, il n'y a pas un mot inutile dans les billets de mon maître.

ACTE I, SCÈNE II.

LA BARONNE.

Où est le portrait?

FRONTIN lui donnant un portrait.

Le voici.

LA BARONNE examinant le portrait.

Il ne m'a point parlé de cette comtesse-là, Frontin.

FRONTIN.

C'est une conquête, Madame, que nous avons faite sans y penser. Nous rencontrâmes l'autre jour cette comtesse dans un lansquenet.

MARINE.

Une comtesse de lansquenet!

FRONTIN à la baronne.

Elle agaça mon maître. Il répondit, pour rire, à ses minauderies. Elle, qui aime le sérieux, a pris la chose fort sérieusement. Elle nous a, ce matin, envoyé son portrait. Nous ne savons pas seulement son nom.

MARINE.

Je vais parier que cette comtesse-là est quelque dame normande. Toute sa famille bourgeoise se cottise pour lui faire tenir à Paris une petite pension, que les caprices du jeu augmentent ou diminuent.

FRONTIN.

C'est ce que nous ignorons.

MARINE.

Oh! que non, vous ne l'ignorez pas. Peste! vous n'êtes pas gens à faire sottement des sacrifices. Vous en connoissez bien le prix.

FRONTIN à la baronne.

Savez-vous bien, Madame, que cette dernière nuit a pensé être une nuit éternelle pour monsieur le chevalier? En arrivant au logis il se jette dans un fauteuil; il commence par se rappeler les plus malheureux coups du jeu, assaisonnant ses réflexions d'épithètes et d'apostrophes énergiques.

LA BARONNE regardant le portrait.

Tu as vu cette comtesse, Frontin? N'est-elle pas plus belle que son portrait?

FRONTIN.

Non, Madame; et ce n'est pas, comme vous voyez, une beauté régulière; mais elle est assez piquante, ma foi, elle est assez piquante... Or, je voulus d'abord représenter à mon maître que tous ses jurements étoient des paroles perdues; mais, considérant que cela soulage un joueur désespéré, je le laissai s'égayer dans ses apostrophes.

LA BARONNE regardant toujours le portrait.

Quel âge a-t-elle, Frontin?

FRONTIN.

C'est ce que je ne sais pas trop bien; car elle a le teint si beau que je pourrois m'y tromper d'une bonne vingtaine d'années.

MARINE.

C'est-à-dire qu'elle a pour le moins cinquante ans?

FRONTIN.

Je le croirois bien, car elle en paroît trente... (à la baronne.) Mon maître donc, après avoir bien réfléchi, s'abandonne à la rage; il demande ses pistolets.

LA BARONNE à Marine.

Ses pistolets, Marine, ses pistolets!

MARINE.

Il ne se tuera point, Madame, il ne se tuera point.

FRONTIN à la baronne.

Je les lui refuse ; aussitôt il tire brusquement son épée.

LA BARONNE à Marine.

Ah! il s'est blessé, Marine, assurément!

MARINE.

Eh! non, non, Frontin l'en aura empêché.

FRONTIN à la baronne.

Oui... Je me jette sur lui à corps perdu... « Monsieur
« le chevalier, lui dis-je; qu'allez-vous faire? Vous
« passez les bornes de la douleur du lansquenet. Si
« votre malheur vous fait haïr le jour, conservez-vous
« du moins, vivez pour votre aimable baronne. Elle
« vous a jusqu'ici tiré généreusement de tous vos em-
« barras; et soyez sûr, ai-je ajouté, seulement pour
« calmer sa fureur, qu'elle ne vous laissera point dans
« celui-ci. »

MARINE bas à la baronne.

L'entend-il, le maraud?

FRONTIN à la baronne.

« Il ne s'agit que de mille écus, une fois. M. Tur-
« caret a bon dos : il portera bien encore cette charge-là. »

LA BARONNE.

Eh bien, Frontin?

FRONTIN.

Eh bien! Madame, à ces mots, admirez le pouvoir
de l'espérance, il s'est laissé désarmer comme un enfant, il s'est couché et s'est endormi.

MARINE ironiquement.

Le pauvre chevalier!

FRONTIN à la baronne.

Mais ce matin, à son réveil, il a senti renaître ses

chagrins; le portrait de la comtesse ne les a point dissipés. Il m'a fait partir sur-le-champ pour venir ici, et il attend mon retour pour disposer de son sort. Que lui dirai-je, madame?

LA BARONNE.

Tu lui diras, Frontin, qu'il peut toujours faire fond sur moi, et que, n'étant point en argent comptant.....
(Elle veut tirer son diamant de son doigt pour le lui donner.)

MARINE la retenant.

Eh! Madame, y songez-vous?

LA BARONNE à Frontin, en remettant son diamant.

Tu lui diras que je suis touchée de son malheur.

MARINE à Frontin, ironiquement.

Et que je suis, de mon côté, très-fâchée de son infortune.

FRONTIN à la baronne.

Ah! qu'il sera fâché, lui... (à part.) Maugrebleu de la soubrette!

LA BARONNE.

Dis-lui bien, Frontin, que je suis sensible à ses peines.

MARINE à Frontin, ironiquement.

Que je sens vivement son affliction, Frontin.

FRONTIN à la baronne.

C'en est donc fait, madame, vous ne verrez plus monsieur le chevalier. La honte de ne pouvoir payer ses dettes va l'écarter de vous pour jamais; car rien n'est plus sensible pour un enfant de famille. Nous allons tout à l'heure prendre la poste.

LA BARONNE bas à Marine.

Prendre la poste, Marine!

MARINE.

Ils n'ont pas de quoi la payer.

FRONTIN à la baronne.

Adieu, madame.

LA BARONNE tirant son diamant de son doigt.

Attends, Frontin.

MARINE à Frontin.

Non, non, va-t-en vite lui faire réponse.

LA BARONNE à Marine.

Oh! je ne puis me résoudre à l'abandonner..... (à Frontin, en lui donnant son diamant.) Tiens, voilà un diamant de cinq cents pistoles que M. Turcaret m'a donné ; va le mettre en gage, et tire ton maître de l'affreuse situation où il se trouve.

FRONTIN.

Je vais le rappeler à la vie..... (à Marine, avec ironie.) Je lui rendrai compte, Marine, de l'excès de ton affliction.

MARINE.

Ah! que vous êtes tous deux bien ensemble, messieurs les fripons!

(Frontin sort.)

SCÈNE III.

LA BARONNE, MARINE.

LA BARONNE.

Tu vas te déchaîner contre moi, Marine, t'emporter ?

MARINE.

Non, madame; je ne m'en donnerai pas la peine, je vous assure. Eh! que m'importe, après tout, que votre bien s'en aille comme il vient? Ce sont vos affaires, Madame, ce sont vos affaires.

LA BARONNE.

Hélas! je suis plus à plaindre qu'à blâmer; ce que tu me vois faire n'est point l'effet d'une volonté libre: je suis entraînée par un penchant si tendre, que je ne puis y résister.

MARINE.

Un penchant tendre? Ces foiblesses vous conviennent-elles? Eh! fi! vous aimez comme une vieille bourgeoise.

LA BARONNE.

Que tu es injuste, Marine! puis-je ne pas savoir gré au chevalier du sacrifice qu'il me fait?

MARINE.

Le plaisant sacrifice!... Que vous êtes facile à tromper! Mort de ma vie! c'est quelque vieux portrait de famille; que sait-on? de sa grand'mère, peut-être.

LA BARONNE regardant le portrait.

Non, j'ai quelque idée de ce visage-là, et une idée récente.

MARINE prenant le portrait et l'examinant à son tour.

Attendez... Ah! justement, c'est ce colosse de provinciale que nous vîmes au bal il y a trois jours, qui se fit tant prier pour ôter son masque, et que personne ne connut quand elle fut démasquée.

LA BARONNE.

Tu as raison, Marine... Cette comtesse-là n'est pas mal faite.

MARINE rendant le portrait à la baronne.

A peu près comme M. Turcaret. Mais, si la comtesse étoit femme d'affaires, on ne vous la sacrifieroit pas, sur ma parole.

LA BARONNE voyant paroître Flamand.

Tais-toi, Marine; j'aperçois le laquais de M. Turcaret.

MARINE.

Oh! pour celui-ci, passe : il ne nous apporte que de bonnes nouvelles.... (regardant venir Flamand, et le voyant chargé d'un petit coffre.) Il tient quelque chose; c'est sans doute un nouveau présent que son maître vous fait.

SCÈNE IV.

LA BARONNE, MARINE, FLAMAND.

FLAMAND à la baronne, en lui présentant un petit coffre.

M. Turcaret, madame, vous prie d'agréer ce petit présent. (à Marine.) Serviteur, Marine.

MARINE.

Tu sois le bien venu, Flamand. J'aime mieux te voir que ce vilain Frontin.

LA BARONNE à Marine, en lui montrant le coffre.

Considère, Marine; admire le travail de ce petit coffre : as-tu rien vu de plus délicat?

MARINE.

Ouvrez, ouvrez; je réserve mon admiration pour le dedans. Le cœur me dit que nous en serons plus charmées que du dehors.

LA BARONNE ouvrant le coffret.

Que vois-je? un billet au porteur! L'affaire est sérieuse.

MARINE.

De combien, madame?

LA BARONNE examinant le billet.

De dix mille écus.

MARINE bas.

Bon! voilà la faute du diamant réparée.

LA BARONNE regardant dans le coffret.

Je vois un autre billet.

MARINE.

Encore au porteur?

LA BARONNE examinant le second billet.

Non, ce sont des vers que M. Turcaret m'adresse.

MARINE.

Des vers de M. Turcaret!

LA BARONNE lisant.

A Philis... Quatrain... (interrompant sa lecture). Je suis la Philis, et il me prie, en vers, de recevoir son billet en prose.

MARINE.

Je suis fort curieuse d'entendre des vers d'un auteur qui envoie de si bonne prose.

LA BARONNE.

Les voici; écoute: (Elle lit.)

« Recevez ce billet, charmante Philis,
« Et soyez assurée que mon âme
« Conservera toujours une éternelle flamme,
« Comme il est certain que trois et trois font six. »

MARINE.

Que cela est finement pensé!

LA BARONNE.

Et noblement exprimé! Les auteurs se peignent dans

leurs ouvrages....... Allez porter ce coffre dans mon cabinet, Marine.

(Marine sort.)

SCÈNE V.

LA BARONNE, FLAMAND.

LA BARONNE.

Il faut que je te donne quelque chose, à toi, Flamand. Je veux que tu boives à ma santé.

FLAMAND.

Je n'y manquerai pas, madame, et du bon encore.

LA BARONNE.

Je t'y convie.

FLAMAND.

Quand j'étois chez ce conseiller que j'ai servi ci-devant, je m'accommodois de tout; mais depuis que je suis chez M. Turcaret, je suis devenu délicat, oui !

LA BARONNE.

Rien n'est tel que la maison d'un homme d'affaires pour perfectionner le goût.

FLAMAND voyant paroître M. Turcaret.

Le voici, madame, le voici.

(Il sort.)

SCÈNE VI.

LA BARONNE, M. TURCARET, MARINE.

LA BARONNE.

Je suis ravie de vous voir, monsieur Turcaret, pour

vous faire des compliments sur les vers que vous m'avez envoyés.

M. TURCARET riant.

Oh! oh!

LA BARONNE.

Savez-vous bien qu'ils sont du dernier galant? Jamais les Voiture, ni les Pavillon n'en ont fait de pareils.

M. TURCARET.

Vous plaisantez, apparemment?

LA BARONNE.

Point du tout.

M. TURCARET.

Sérieusement, madame, les trouvez-vous bien tournés?

LA BARONNE.

Le plus spirituellement du monde.

M. TURCARET.

Ce sont pourtant les premiers vers que j'aie faits de ma vie.

LA BARONNE.

On ne le diroit pas.

M. TURCARET.

Je n'ai pas voulu emprunter le secours de quelque auteur, comme cela se pratique.

LA BARONNE.

On le voit bien. Les auteurs de profession ne pensent et ne s'expriment pas ainsi : on ne sauroit les soupçonner de les avoir faits.

M. TURCARET.

J'ai voulu voir, par curiosité, si je serois capable d'en composer, et l'amour m'a ouvert l'esprit.

ACTE I, SCÈNE VI.

LA BARONNE.

Vous êtes capable de tout, monsieur; il n'y a rien d'impossible pour vous.

MARINE à M. Turcaret.

Votre prose, monsieur, mérite aussi des complimens : elle vaut bien votre poésie, au moins.

M. TURCARET.

Il est vrai que ma prose a son mérite; elle est signée et approuvée par quatre fermiers-généraux.

MARINE.

Cette approbation vaut mieux que celle de l'Académie.

LA BARONNE à M. Turcaret.

Pour moi, je n'approuve point votre prose, monsieur; et il me prend envie de vous quereller.

M. TURCARET.

D'où vient?

LA BARONNE.

Avez-vous perdu la raison de m'envoyer un billet au porteur? Vous faites tous les jours quelque folie comme cela.

M. TURCARET.

Vous vous moquez?

LA BARONNE.

De combien est-il ce billet? Je n'ai pas pris garde à la somme, tant j'étois en colère contre vous!

M. TURCARET.

Bon! il n'est que de dix mille écus.

LA BARONNE.

Comment! de dix mille écus? Ah! si j'avois su cela, je vous l'aurois renvoyé sur-le-champ.

M. TURCARET.

Fi donc!

LA BARONNE.

Mais je vous le renverrai.

M. TURCARET.

Oh! vous l'avez reçu; vous ne le rendrez point.

MARINE à part.

Oh! pour cela, non.

LA BARONNE à M. Turcaret.

Je suis plus offensée du motif que de la chose même.

M. TURCARET.

Eh! pourquoi?

LA BARONNE.

En m'accablant tous les jours de présents, il semble que vous vous imaginiez avoir besoin de ces liens-là pour m'attacher à vous.

M. TURCARET.

Quelle pensée! Non, madame, ce n'est point dans cette vue que.....

LA BARONNE l'interrompant.

Mais vous vous trompez, monsieur; je ne vous en aime point davantage pour cela.

M. TURCARET à part.

Qu'elle est franche! qu'elle est sincère!

LA BARONNE.

Je ne suis sensible qu'à vos empressements, qu'à vos soins.

M. TURCARET à part.

Quel bon cœur!

LA BARONNE.

Qu'au seul plaisir de vous voir.

ACTE I, SCÈNE VI.

M. TURCARET à part.

Elle me charme..... (à la baronne.) Adieu, charmante Philis.

LA BARONNE.

Quoi! vous sortez sitôt?

M. TURCARET.

Oui, ma reine. Je ne viens ici que pour vous saluer en passant. Je vais à une de nos assemblées, pour m'opposer à la réception d'un pied-plat, d'un homme de rien, qu'on veut faire entrer dans notre compagnie. Je reviendrai dès que je pourrai m'échapper.

(Il lui baise la main.)

LA BARONNE.

Fussiez-vous déjà de retour.

MARINE à M. Turcaret, en lui faisant la révérence.

Adieu, monsieur. Je suis votre très humble servante.

M. TURCARET.

A propos, Marine, il me semble qu'il y a long-temps que je ne t'ai rien donné... (il lui donne une poignée d'argent.) Tiens; je donne sans compter, moi.

MARINE prenant l'argent.

Et moi, je reçois de même, monsieur. Oh nous sommes tous deux des gens de bonne foi.

(M. Turcaret sort.)

SCÈNE VII.

LA BARONNE, MARINE.

LA BARONNE.
Il s'en va fort satisfait de nous, Marine.
MARINE.
Et nous demeurons fort contentes de lui, madame. L'excellent sujet! il a de l'argent, il est prodigue et crédule; c'est un homme fait pour les coquettes.
LA BARONNE.
J'en fais assez ce que je veux, comme tu vois.
MARINE apercevant le chevalier et Frontin.
Oui; mais, par malheur, je vois arriver ici des gens qui vengent bien M. Turcaret.

SCÈNE VIII.

LA BARONNE, LE CHEVALIER, MARINE, FRONTIN.

LE CHEVALIER à la baronne.
Je viens, madame, vous témoigner ma reconnaissance. Sans vous j'aurois violé la foi des joueurs : ma parole perdoit tout son crédit, et je tombois dans le mépris des honnêtes gens.
LA BARONNE.
Je suis bien aise, chevalier, de vous avoir fait ce plaisir.

LE CHEVALIER.

Ah! qu'il est doux de voir sauver son honneur par l'objet même de son amour!

MARINE à part.

Qu'il est tendre et passionné. Le moyen de lui refuser quelque chose!

LE CHEVALIER.

Bonjour, Marine. (à la baronne, avec ironie.) Madame, j'ai aussi quelques grâces à lui rendre. Frontin m'a dit qu'elle s'est intéressée à ma douleur.

MARINE.

Eh! oui, merci de ma vie, je m'y suis intéressée; elle nous coûte assez pour cela.

LA BARONNE.

Taisez-vous, Marine. Vous avez des vivacités qui ne me plaisent pas.

LE CHEVALIER.

Eh! Madame, laissez-la parler; j'aime les gens francs et sincères.

MARINE.

Et moi, je hais ceux qui ne le sont pas.

LE CHEVALIER à la baronne, ironiquement.

Elle est toute spirituelle dans ses mauvaises humeurs; elle a des reparties brillantes qui m'enlèvent... (à Marine, ironiquement.) Marine, au moins, j'ai pour vous ce qui s'appelle une véritable amitié; et je veux vous en donner des marques..... (Il fait semblant de fouiller dans ses poches. A Frontin, ironiquement.) Frontin, la première fois que je gagnerai, fais-m'en ressouvenir.

FRONTIN à Marine, ironiquement.

C'est de l'argent comptant.

MARINE.

J'ai bien affaire de son argent... Eh! qu'il ne vienne pas ici piller le nôtre.

LA BARONNE.

Prenez garde à ce que vous dites, Marine.

MARINE.

C'est voler au coin d'un bois.

LA BARONN

Vous perdez le respect.

LE CHEVALIER.

Ne prenez point la chose sérieusement.

MARINE à la baronne.

Je ne puis me contraindre, madame; je ne puis voir tranquillement que vous soyez la dupe de monsieur, et que M. Turcaret soit la vôtre.

LA BARONNE.

Marine!...

MARINE l'interrompant.

Eh! fi, fi, madame, c'est se moquer, de recevoir d'une main pour dissiper de l'autre; la belle conduite! Nous en aurons toute la honte, et M. le chevalier tout le profit.

LA BARONNE.

Oh! pour cela, vous êtes trop insolente; je n'y puis plus tenir.

MARINE.

Ni moi non plus.

LA BARONNE.

Je vous chasserai.

MARINE.

Vous n'aurez pas cette peine-là, madame. Je me

ACTE I, SCÈNE VIII.

donne mon congé moi-même; je ne veux pas que l'on dise dans le monde que je suis infructueusement complice de la ruine d'un financier.

LA BARONNE.

Retirez-vous, impudente, et ne paroissez jamais devant moi que pour me rendre vos comptes.

MARINE.

Je les rendrai à M. Turcaret, madame; et, s'il est assez sage pour m'en croire, vous compterez aussi tous deux ensemble.

(Elle sort.)

SCÈNE IX.

LA BARONNE, LE CHEVALIER, FRONTIN.

LE CHEVALIER à la baronne.

Voilà, je l'avoue, une créature impertinente! Vous avez eu raison de la chasser.

FRONTIN à la baronne.

Oui, madame, vous avez eu raison. Comment donc! mais c'est une espèce de mère que cette servante-là.

LA BARONNE.

C'est un pédant éternel que j'avois aux oreilles.

FRONTIN.

Elle se mêloit de vous donner des conseils; elle vous auroit gâtée à la fin.

LA BARONNE.

Je n'avois que trop d'envie de m'en défaire; mais je suis femme d'habitude, et je n'aime point les nouveaux visages.

LE CHEVALIER.

Il seroit pourtant fâcheux que, dans le premier mouvement de sa colère, elle allât donner à M. Turcaret des impressions qui ne conviendroient ni à vous ni à moi.

FRONTIN à la baronne.

Oh! diable, elle n'y manquera pas. Les soubrettes sont comme les bigotes, elles font des actions charitables pour se venger.

LA BARONNE.

De quoi s'inquiéter? Je ne la crains point. J'ai de l'esprit, et M. Turcaret n'en a guère. Je ne l'aime point, et il est amoureux : je saurai me faire auprès de lui un mérite de l'avoir chassée.

FRONTIN.

Fort bien, madame, il faut tout mettre à profit.

LA BARONNE.

Mais je songe que ce n'est pas assez de nous être débarrassées de Marine, il faut encore exécuter une idée qui me vient dans l'esprit.

LE CHEVALIER.

Quelle idée, madame?

LA BARONNE.

Le laquais de M. Turcaret est un sot, un benêt, dont on ne peut tirer le moindre service; et je voudrois mettre à sa place quelque habile homme, quelqu'un de ces génies supérieurs qui sont faits pour gouverner les esprits médiocres, et les tenir toujours dans la situation dont on a besoin.

FRONTIN.

Quelqu'un de ces génies supérieurs?... Je vous vois venir, madame; cela me regarde.

ACTE I, SCÈNE IX.

LE CHEVALIER à la baronne.

Mais, en effet, Frontin ne nous sera pas inutile auprès de notre traitant.

LA BARONNE.

Je veux l'y placer.

LE CHEVALIER.

Il nous en rendra bon compte... (à Frontin.) N'est-ce pas?

FRONTIN.

Je suis jaloux de l'invention. On ne pouvoit rien imaginer de mieux... (à part.) Par ma foi, monsieur Turcaret, je vous ferai bien voir du pays, sur ma parole.

LA BARONNE au chevalier.

Il m'a fait présent d'un billet au porteur, de dix mille écus; je veux changer cet effet-là de nature: il en faut faire de l'argent. Je ne connois personne pour cela. Chevalier, chargez-vous de ce soin. Je vais vous remettre le billet; retirez ma bague : je suis bien aise de l'avoir, et vous me tiendrez compte du surplus.

FRONTIN.

Cela est trop juste, Madame; et vous n'avez rien à craindre de notre probité.

LE CHEVALIER à la baronne.

Je ne perdrai point de temps, Madame; et vous aurez cet argent incessamment.

LA BARONNE.

Attendez un moment, je vais vous donner le billet.

(Elle passe dans son cabinet.)

SCÈNE X.

LE CHEVALIER, FRONTIN.

FRONTIN.

Un billet de dix mille écus! La bonne aubaine et la bonne femme! Il faut être aussi heureux que vous l'êtes pour en rencontrer de pareilles : savez-vous que je la trouve un peu trop crédule pour une coquette?

LE CHEVALIER.

Tu as raison.

FRONTIN.

Ce n'est pas mal payer le sacrifice de notre vieille folle de comtesse, qui n'a pas le sou.

LE CHEVALIER.

Il est vrai.

FRONTIN.

Madame la baronne est persuadée que vous avez perdu mille écus sur votre parole, et que son diamant est en gage. Le lui rendrez-vous, Monsieur, avec le reste du billet?

LE CHEVALIER.

Si je le lui rendrai?

FRONTIN.

Quoi! tout entier, sans quelque nouvel article de dépense?

LE CHEVALIER.

Assurément, je me garderai bien d'y manquer.

FRONTIN.

Vous avez des moments d'équité.... Je ne m'y attendois pas.

LE CHEVALIER.

Je serois un grand malheureux de m'exposer à rompre avec elle à si bon marché!

FRONTIN.

Ah! je vous demande pardon, j'ai fait un jugement téméraire; je croyois que vous vouliez faire les choses à demi.

LE CHEVALIER.

Oh! non. Si jamais je me brouille, ce ne sera qu'après la ruine totale de M. Turcaret.

FRONTIN.

Qu'après sa destruction, là son anéantissement?

LE CHEVALIER.

Je ne rends des soins à la coquette que pour l'aider à ruiner le traitant.

FRONTIN.

Fort bien! A ces sentiments généreux je reconnois mon maître.

LE CHEVALIER *voyant revenir la baronne.*

Paix, Frontin; voici la baronne.

SCÈNE XI.

LA BARONNE, LE CHEVALIER, FRONTIN.

LA BARONNE *au chevalier, en lui donnant le billet au porteur.*

Allez, chevalier, allez, sans tarder davantage, négocier ce billet, et me rendez ma bague, le plus tôt que vous pourrez.

LE CHEVALIER.

Frontin, Madame, va vous la rapporter incessamment... Mais, avant que je vous quitte, souffrez que, charmé de vos manières généreuses, je vous fasse connoître que...

LA BARONNE l'interrompant.

Non, je vous le défends : ne parlons point de cela.

LE CHEVALIER.

Quelle contrainte pour un cœur aussi reconnoissant que le mien !

LA BARONNE en s'en allant.

Sans adieu, chevalier. Je crois que nous nous reverrons tantôt.

LE CHEVALIER en s'en allant aussi.

Pourrois-je m'éloigner de vous sans une si douce espérance ?

SCÈNE XII.

FRONTIN seul.

J'admire le train de la vie humaine ! Nous plumons une coquette, la coquette mange un homme d'affaires ; l'homme d'affaires en pille d'autres : cela fait un ricochet de fourberies le plus plaisant du monde.

FIN DU PREMIER ACTE.

ACTE II.

SCÈNE PREMIÈRE.

LA BARONNE, FRONTIN.

FRONTIN donnant le diamant à la baronne.

Je n'ai pas perdu de temps, comme vous voyez, Madame; voilà votre diamant. L'homme qui l'avoit en gage me l'a remis entre les mains, dès qu'il a vu briller le billet au porteur, qu'il veut escompter, moyennant un très honnête profit. Mon maître, que j'ai laissé avec lui, va venir vous en rendre compte.

LA BARONNE.

Je suis enfin débarrassée de Marine; elle a sérieusement pris son parti. J'appréhendois que ce ne fût qu'une feinte : elle est sortie. Ainsi, Frontin, j'ai besoin d'une femme de chambre; je te charge de m'en chercher une autre.

FRONTIN.

J'ai votre affaire en main. C'est une jeune personne, douce, complaisante, comme il vous la faut. Elle verroit tout aller sens dessus dessous dans votre maison, sans dire une syllabe.

LA BARONNE.

J'aime ces caractères-là. Tu la connois particulièrement?

FRONTIN.

Très particulièrement. Nous sommes même un peu parents.

LA BARONNE.

C'est-à-dire que l'on peut s'y fier?

FRONTIN.

Comme à moi-même. Elle est sous ma tutelle : j'ai l'administration de ses gages et de ses profits, et j'ai soin de lui fournir tous ses petits besoins.

LA BARONNE.

Elle sert sans doute actuellement?

FRONTIN.

Non; elle est sortie de condition depuis quelques jours.

LA BARONNE.

Eh! pour quel sujet?

FRONTIN.

Elle servoit des personnes qui mènent une vie retirée, qui ne reçoivent que des visites sérieuses; un mari et une femme qui s'aiment; des gens extraordinaires. Enfin c'est une maison triste : ma pupille s'y est ennuyée.

LA BARONNE.

Où est-elle donc à l'heure qu'il est?

FRONTIN.

Elle est logée chez une vieille prude de ma connoissance qui, par charité, retire des femmes de chambre hors de condition, pour savoir ce qui se passe dans les familles.

LA BARONNE.

Je la voudrois avoir dès aujourd'hui. Je ne puis me passer de fille.

FRONTIN.

Je vais vous l'envoyer, Madame, ou vous l'amener moi-même ; vous en serez contente. Je ne vous ai pas dit toutes ses bonnes qualités : elle chante et joue à ravir de toutes sortes d'instruments.

LA BARONNE.

Mais, Frontin, vous me parlez là d'un fort joli sujet.

FRONTIN.

Je vous en réponds : aussi je la destine pour l'Opéra ; mais je veux auparavant qu'elle se fasse dans le monde, car il n'en faut là que de toutes faites.

LA BARONNE.

Je l'attends avec impatience.

(Frontin sort.)

SCÈNE II.

LA BARONNE seule.

Cette fille-là me sera d'un grand agrément : elle me divertira par ses chansons, au lieu que l'autre ne faisoit que me chagriner par sa morale..... (voyant entrer M. Turcaret, qui paroît en colère.) Mais je vois M. Turcaret......... Ah! qu'il paroît agité! Marine l'aura été trouver.

SCÈNE III.

M. TURCARET, LA BARONNE.

M. TURCARET tout essoufflé.

Ouf! je ne sais par où commencer, perfide!

LA BARONNE à part.

Elle lui a parlé.

M. TURCARET.

J'ai appris de vos nouvelles, déloyale! j'ai appris de vos nouvelles! On vient de me rendre compte de vos perfidies, de votre dérangement!

LA BARONNE.

Le début est agréable, et vous employez de fort jolis termes, Monsieur.

M. TURCARET.

Laissez-moi parler; je veux vous dire vos vérités..... Marine me les a dites..... Ce beau chevalier, qui vient ici à toute heure, et qui ne m'étoit pas suspect sans raison, n'est pas votre cousin, comme vous me l'avez fait accroire. Vous avez des vues pour l'épouser et pour me planter là, moi, quand j'aurai fait votre fortune.

LA BARONNE.

Moi, Monsieur, j'aimerois le chevalier?

M. TURCARET.

Marine me l'a assuré, et qu'il ne faisoit figure dans le monde qu'aux dépens de votre bourse et de la mienne, et que vous lui sacrifiez tous les présents que je vous fais.

LA BARONNE.

Marine est une fort jolie personne!... Ne vous a-t-elle dit que cela, Monsieur?

M. TURCART.

Ne me répondez point, félonne! j'ai de quoi vous confondre; ne me répondez point..... Parlez, qu'est devenu, par exemple, ce gros brillant que je vous donnai l'autre jour? Montrez-le tout à l'heure, montrez-le-moi.

LA BARONNE.

Puisque vous le prenez sur ce ton-là, Monsieur, je ne veux pas vous le montrer.

M. TURCARET.

Eh! sur quel ton, morbleu! prétendez-vous donc que je le prenne? Oh! vous n'en serez pas quitte pour des reproches. Ne croyez pas que je sois assez sot pour rompre avec vous sans bruit, pour me retirer sans éclat; je veux laisser ici des marques de mon ressentiment. Je suis honnête homme : j'aime de bonne foi, je n'ai que des vues légitimes; je ne crains pas le scandale, moi. Ah! vous n'avez pas affaire à un abbé, je vous en avertis.

(Il entre dans la chambre de la baronne.)

SCÈNE IV.

LA BARONNE seule.

Non, j'ai affaire à un extravagant, un possédé... Oh bien! faites, Monsieur, faites tout ce qu'il vous plaira; je ne m'y opposerai point, je vous assure..... Mais..... qu'entends-je?..... Ciel! quel désordre!..... Il est effectivement devenu fou..... Monsieur Turcaret, monsieur Turcaret, je vous ferai bien expier vos emportements.

SCÈNE V.

M. TURCARET, LA BARONNE.

M. TURCARET.

Me voilà à demi soulagé. J'ai déjà cassé la grande glace et les plus belles porcelaines.

LA BARONNE.

Achevez, Monsieur, que ne continuez-vous?

M. TURCARET.

Je continuerai quand il me plaira, Madame..... Je vous apprendrai à vous jouer à un homme comme moi... Allons, ce billet au porteur, que je vous ai tantôt envoyé, qu'on me le rende.

LA BARONNE.

Que je vous le rende? et si je l'ai aussi donné au chevalier.

M. TURCARET.

Ah! si je le croyois!

LA BARONNE.

Que vous êtes fou! En vérité vous me faites pitié.

M. TURCARET.

Comment donc! au lieu de se jeter à mes genoux et de me demander grâce, encore dit-elle que j'ai tort, encore dit-elle que j'ai tort!

LA BARONNE.

Sans doute.

M. TURCARET.

Ah! vraiment, je voudrois bien, par plaisir, que vous entreprissiez de me persuader cela.

LA BARONNE.

Je le ferais, si vous étiez en état d'entendre raison.

M. TURCARET.

Eh! que me pourriez-vous dire, traîtresse?

LA BARONNE.

Je ne vous dirai rien... Ah! quelle fureur!

M. TURCARET essayant de se modérer.

Eh bien! parlez, Madame, parlez, je suis de sang-froid.

LA BARONNE.

Écoutez-moi donc... Toutes les extravagances que vous venez de faire sont fondées sur un faux rapport que Marine.....

M. TURCARET l'interrompant.

Un faux rapport? Ventrebleu! ce n'est point...

LA BARONNE l'interrompant à son tour.

Ne jurez pas, Monsieur; ne m'interrompez pas : songez que vous êtes de sang-froid.

M. TURCARET.

Je me tais..... Il faut que je me contraigne.

LA BARONNE.

Savez-vous bien pourquoi je viens de chasser Marine?

M. TURCARET.

Oui; pour avoir pris trop chaudement mes intérêts.

LA BARONNE.

Tout au contraire; c'est à cause qu'elle me reprochoit sans cesse l'inclination que j'avois pour vous. « Est-il « rien de si ridicule, me disoit-elle à tous moments, « que de voir la veuve d'un colonel songer à épouser « un M. Turcaret, un homme sans naissance, sans « esprit, de la mine la plus basse.....

M. TURCARET.

Passons, s'il vous plaît, sur les qualités; cette Marine-là est une impudente.

LA BARONNE.

« Pendant que vous pouvez choisir un époux entre
« vingt personnes de la première qualité, lorsque vous
« refusez votre aveu même aux pressantes instances
« de toute la famille d'un marquis dont vous êtes
« adorée, et que vous avez la foiblesse de sacrifier à
« ce M. Turcaret. »

M. TURCARET.

Cela n'est pas possible.

LA BARONNE.

Je ne prétends pas m'en faire un mérite, Monsieur. Ce marquis est un jeune homme, fort agréable de sa personne, mais dont les mœurs et la conduite ne me conviennent point. Il vient ici quelquefois avec mon cousin le chevalier, son ami. J'ai découvert qu'il avoit gagné Marine, et c'est pour cela que je l'ai congédiée. Elle a été vous débiter mille impostures pour se venger, et vous êtes assez crédule pour y ajouter foi. Ne deviez-vous pas, dans le moment, faire réflexion que c'étoit une servante passionnée qui vous parloit; et que, si j'avois eu quelque chose à me reprocher, je n'aurois pas été assez imprudente pour chasser une fille dont j'avois à craindre l'indiscrétion? Cette pensée, dites-moi ne se présente-t-elle pas naturellement à l'esprit?

M. TURCARET.

J'en demeure d'accord; mais.....

LA BARONNE l'interrompant.

Mais, mais vous avez tort..... Elle vous a donc dit,

entre autres choses, que je n'avois plus ce gros brillant qu'en badinant vous me mîtes l'autre jour au doigt, et que vous me forçâtes d'accepter?

M. TURCARET.

Oh! oui, elle m'a juré que vous l'aviez donné aujourd'hui au chevalier, qui est, dit-elle, votre parent comme Jean-de-Vert.

LA BARONNE.

Et, si je vous montrois tout à l'heure ce même diamant, que diriez-vous?

M. TURCARET.

Oh! je dirois en ce cas-là que... Mais cela ne se peut pas.

LA BARONNE lui montrant son diamant.

Le voilà, Monsieur. Le reconnoissez-vous? voyez le fond que l'on doit faire sur le rapport de certains valets.

M. TURCARET.

Ah! que cette Marine-là est une grande scélérate! Je reconnois sa friponnerie et mon injustice. Pardonnez-moi, Madame, d'avoir soupçonné votre bonne foi.

LA BARONNE.

Non, vos fureurs ne sont point excusables : allez, vous êtes indigne de pardon.

M. TURCARET.

Je l'avoue.

LA BARONNE.

Falloit-il vous laisser si facilement prévenir contre une femme qui vous aime avec trop de tendresse?

M. TURCARET.

Hélas! non..... Que je suis malheureux!

LA BARONNE.

Convenez que vous êtes un homme bien foible.

M. TURCARET.

Oui, Madame.

LA BARONNE.

Une franche dupe.

M. TURCARET.

J'en conviens... (à part.) Ah! Marine, coquine de Marine!... (à la baronne.) Vous ne sauriez vous imaginer tous les mensonges que cette pendarde-là m'est venue conter... Elle m'a dit que vous et M. le chevalier, vous me regardiez comme votre vache à lait; et que, si aujourd'hui pour demain je vous avois tout donné, vous me feriez fermer votre porte au nez.

LA BARONNE.

La malheureuse!

M. TURCARET.

Elle me l'a dit; c'est un fait constant : je n'invente rien, moi.

LA BARONNE.

Et vous avez eu la foiblesse de la croire un seul moment?

M. TURCARET.

Oui, Madame; j'ai donné là-dedans comme un franc sot... Où diable avois-je l'esprit?

LA BARONNE.

Vous repentez-vous de votre crédulité?

M. TURCARET se jetant à genoux.

Si je m'en repens?... Je vous demande mille pardons de ma colère.

LA BARONNE le relevant.

On vous la pardonne. Levez-vous, Monsieur. Vous auriez moins de jalousie si vous aviez moins d'amour, et l'excès de l'un fait oublier la violence de l'autre.

M. TURCARET.

Quelle bonté !.. Il faut avouer que je suis un grand brutal !

LA BARONNE.

Mais, sérieusement, Monsieur, croyez-vous qu'un cœur puisse balancer un instant entre vous et le chevalier ?

M. TURCARET.

Non, Madame, je ne le crois pas ; mais je le crains.

LA BARONNE.

Que faut-il faire pour dissiper vos craintes ?

M. TURCARET.

Éloigner d'ici cet homme-là ; consentez-y, Madame ; j'en sais les moyens.

LA BARONNE.

Eh ! quels sont-ils ?

M. TURCARET.

Je lui donnerai une direction en province.

LA BARONNE.

Une direction ?

M. TURCARET.

C'est ma manière d'écarter les incommodes..... Ah ! combien de cousins, d'oncles et de maris j'ai fait directeurs en ma vie ! J'en ai envoyé jusqu'en Canada.

LA BARONNE.

Mais, vous ne songez pas que mon cousin le chevalier est homme de condition, et que ces sortes d'emplois ne lui conviennent pas..... Allez, sans vous mettre en peine de l'éloigner de Paris, je vous jure que c'est l'homme du monde qui doit vous causer le moins d'inquiétude.

M. TURCARET.

Ouf! j'étouffe d'amour et de joie. Vous me dites cela d'une manière si naïve que vous me le persuadez... Adieu, mon adorable, mon tout, ma déesse... Allez, allez, je vais bien réparer la sottise que je viens de faire. Votre grande glace n'étoit pas tout-à-fait nette, au moins, et je trouvois vos porcelaines assez communes.

LA BARONNE.

Il est vrai.

M. TURCARET.

Je vais vous en chercher d'autres.

LA BARONNE.

Voilà ce que vous coûtent vos folies.

M. TURCARET.

Bagatelle!.... Tout ce que j'ai cassé ne valoit pas plus de trois cents pistoles.

(Il veut s'en aller, et la baronne l'arrête.)

LA BARONNE.

Attendez, Monsieur, il faut que je vous fasse une prière auparavant.

M. TURCARET.

Une prière? Oh! donnez vos ordres.

LA BARONNE.

Faites avoir une commission, pour l'amour de moi, à ce pauvre Flamand, votre laquais. C'est un garçon pour qui j'ai pris de l'amitié.

M. TURCARET.

Je l'aurois déjà poussé si je lui avois trouvé quelque disposition; mais il a l'esprit trop bonace : cela ne vaut rien pour les affaires.

ACTE II, SCÈNE V.

LA BARONNE.

Donnez-lui un emploi qui ne soit pas difficile à exercer.

M. TURCARET.

Il en aura un dès aujourd'hui; cela vaut fait.

LA BARONNE.

Ce n'est pas tout. Je veux mettre auprès de vous Frontin, le laquais de mon cousin le chevalier; c'est aussi un très bon enfant.

M. TURCARET.

Je le prends, Madame; et vous promets de le faire commis au premier jour.

SCÈNE VI.

LA BARONNE, M. TURCARET, FRONTIN.

FRONTIN à la baronne.

Madame, vous allez bientôt avoir la fille dont je vous ai parlé.

LA BARONNE à M. Turcaret.

Monsieur, voilà le garçon que je veux vous donner.

M. TURCARET.

Il paroît un peu innocent.

LA BARONNE.

Que vous vous connoissez bien en physionomies!

M. TURCARET.

J'ai le coup d'œil infaillible... *à Frontin.* Approche, mon ami. Dis-moi un peu, as-tu déjà quelques principes?

FRONTIN.

Qu'appelez-vous des principes?

M. TURCARET.

Des principes de commis; c'est-à-dire si tu sais comment on peut empêcher les fraudes ou les favoriser?

FRONTIN.

Pas encore, Monsieur, mais je sens que j'apprendrai cela fort facilement.

M. TURCARET.

Tu sais du moins l'arithmétique? tu sais faire des comptes à parties simples?

FRONTIN.

Oh! oui, Monsieur; je sais même faire des parties doubles. J'écris aussi de deux écritures, tantôt de l'une et tantôt de l'autre.

M. TURCARET.

De la ronde, n'est-ce pas?

FRONTIN.

De la ronde, de l'oblique.

M. TURCARET.

Comment de l'oblique?

FRONTIN.

Eh! oui, d'une écriture que vous connoissez... là... d'une certaine écriture qui n'est pas légitime.

M. TURCARET à la baronne.

Il veut dire de la bâtarde.

FRONTIN.

Justement; c'est ce mot-là que je cherchois.

M. TURCARET à la baronne.

Quelle ingénuité! Ce garçon-là, Madame, est bien niais.

LA BARONNE.

Il se déniaisera dans vos bureaux.

M. TURCARET.

Oh! qu'oui, Madame, oh! qu'oui. D'ailleurs un bel esprit n'est pas nécessaire pour faire son chemin. Hors moi et deux ou trois autres, il n'y a parmi nous que des génies assez communs. Il suffit d'un certain usage, d'une routine que l'on ne manque guère d'attraper. Nous voyons tant de gens! nous nous étudions à prendre ce que le monde a de meilleur; voilà toute notre science.

LA BARONNE.

Ce n'est pas la plus inutile de toutes.

M. TURCARET à Frontin.

Oh! çà, mon ami, tu es à moi, et tes gages courent dès ce moment.

FRONTIN.

Je vous regarde donc, Monsieur, comme mon nouveau maître... Mais, en qualité d'ancien laquais de M. le chevalier, il faut que je m'acquitte d'une commission dont il m'a chargé; il vous donne, et à madame sa cousine, à souper ici ce soir.

M. TURCARET.

Très volontiers.

FRONTIN.

Je vais ordonner chez Fite[1] toutes sortes de ragoûts, avec vingt-quatre bouteilles de vin de Champagne; et, pour égayer le repas, vous aurez des voix et des instruments.

---

[1] Traiteur célèbre du temps.

LA BARONNE.

De la musique, Frontin?

FRONTIN.

Oui, Madame; à telles enseignes que j'ai ordre de commander cent bouteilles de Surène, pour abreuver la symphonie.

LA BARONNE.

Cent bouteilles?

FRONTIN.

Ce n'est pas trop, Madame. Il y aura huit concertants, quatre Italiens de Paris, trois chanteuses et deux gros chantres.

M. TURCARET.

Il a, ma foi, raison; ce n'est pas trop. Ce repas sera fort joli.

FRONTIN.

Oh, diable! quand M. le chevalier donne des soupers comme cela, il n'épargne rien, Monsieur.

M. TURCARET.

J'en suis persuadé.

FRONTIN.

Il semble qu'il ait à sa disposition la bourse d'un partisan.

LA BARONNE à M. Turcaret.

Il veut dire qu'il fait les choses fort magnifiquement.

M. TURCARET.

Qu'il est ingénu!... (à Frontin.) Eh bien! nous verrons cela tantôt... (à la baronne.) Et, pour surcroît de réjouissance, j'amènerai ici M. Gloutonneau le poëte : aussi bien je ne saurois manger si je n'ai quelque bel esprit à ma table.

LA BARONNE.

Vous me ferez plaisir. Cet auteur apparemment est fort brillant dans la conversation?

M. TURCARET.

Il ne dit pas quatre paroles dans un repas; mais il mange et pense beaucoup. Peste! c'est un homme bien agréable... Oh! çà, je cours chez Dautel [1] vous acheter...

LA BARONNE l'interrompant.

Prenez garde à ce que vous ferez, je vous en prie; ne vous jetez point dans une dépense...

M. TURCARET l'interrompant à son tour.

Eh! fi! Madame, fi! vous vous arrêtez à des minuties. Sans adieu, ma reine.

LA BARONNE.

J'attends votre retour impatiemment.

(M. Turcaret sort.)

SCÈNE VII.

LA BARONNE, FRONTIN.

LA BARONNE.

Enfin te voilà en train de faire ta fortune.

FRONTIN.

Oui, Madame; et en état de ne pas nuire à la vôtre.

LA BARONNE.

C'est à présent, Frontin, qu'il faut donner l'essor à ce génie supérieur.

---

[1] Fameux bijoutier d'alors.

FRONTIN.

On tâchera de vous prouver qu'il n'est pas médiocre.

LA BARONNE.

Quand m'amènera-t-on cette fille?

FRONTIN.

Je l'attends; je lui ai donné rendez-vous ici.

LA BARONNE.

Tu m'avertiras quand elle sera venue.

(Elle passe dans sa chambre.)

SCÈNE VIII.

FRONTIN seul.

Courage! Frontin, courage! mon ami; la fortune t'appelle. Te voilà placé chez un homme d'affaires, par le canal d'une coquette. Quelle joie! l'agréable perspective! Je m'imagine que toutes les choses que je vais toucher vont se convertir en or... (voyant paroître Lisette.) Mais j'aperçois ma pupille.

SCÈNE IX.

FRONTIN, LISETTE.

FRONTIN.

Tu sois la bienvenue, Lisette! On t'attend avec impatience dans cette maison.

LISETTE.

J'y entre avec une satisfaction dont je tire un bon augure.

FRONTIN.

Je t'ai mise au fait sur tout ce qui s'y passe, et sur tout ce qui s'y doit passer; tu n'as qu'à te régler là-dessus. Souviens-toi seulement qu'il faut avoir une complaisance infatigable.

LISETTE.

Il n'est pas besoin de me recommander cela.

FRONTIN.

Flatte sans cesse l'entêtement que la baronne a pour le chevalier; c'est là le point.

LISETTE.

Tu me fatigues de leçons inutiles.

FRONTIN voyant arriver le chevalier.

Le voici qui vient.

LISETTE examinant le chevalier.

Je ne l'avois point encore vu... Ah! qu'il est bien fait, Frontin!

FRONTIN.

Il ne faut pas être mal bâti pour donner de l'amour à une coquette.

SCÈNE X.

LE CHEVALIER, FRONTIN, LISETTE.

LE CHEVALIER à Frontin, sans voir d'abord Lisette.

Je te rencontre à propos, Frontin, pour t'apprendre... (apercevant Lisette.) Mais que vois-je? quelle est cette beauté brillante?

FRONTIN.

C'est une fille que je donne à madame la baronne, pour remplacer Marine.

LE CHEVALIER.

Et c'est sans doute une de tes amies?

FRONTIN.

Oui, Monsieur; il y a long-temps que nous nous connoissons. Je suis son répondant.

LE CHEVALIER.

Bonne caution! c'est faire son éloge en un mot. Elle est, parbleu! charmante... Monsieur le répondant, je me plains de vous.

FRONTIN.

D'où vient?

LE CHEVALIER.

Je me plains de vous, vous dis-je. Vous savez toutes mes affaires, et vous me cachez les vôtres. Vous n'êtes pas un ami sincère.

FRONTIN.

Je n'ai pas voulu, Monsieur...

LE CHEVALIER l'interrompant.

La confiance pourtant doit être réciproque. Pourquoi m'avoir fait mystère d'une si belle découverte?

FRONTIN.

Ma foi! Monsieur, je craignois...

LE CHEVALIER l'interrompant.

Quoi?

FRONTIN.

Oh! Monsieur, que diable! vous m'entendez de reste.

LE CHEVALIER à part.

Le maraud! où a-t-il été déterrer ce petit minois-là... (à Frontin.) Frontin, M. Frontin, vous avez le discernement fin et délicat quand vous faites un choix pour vous-même; mais vous n'avez pas le goût si bon pour vos amis... Ah! la piquante représentation! l'adorable grisette!

LISETTE à part.

Que les jeunes seigneurs sont honnêtes!

LE CHEVALIER.

Non, je n'ai jamais rien vu de si beau que cette créature-là.

LISETTE à part.

Que leurs expressions sont flatteuses!... Je ne m'étonne plus que les femmes les courent.

LE CHEVALIER à Frontin.

Faisons un troc, Frontin; cède-moi cette fille-là, et je t'abandonne ma vieille comtesse.

FRONTIN.

Non, Monsieur; j'ai les inclinations roturières; je m'en tiens à Lisette, à qui j'ai donné ma foi.

LE CHEVALIER.

Va, tu peux te vanter d'être le plus heureux faquin!... (à Lisette.) Oui, belle Lisette, vous méritez...

LISETTE l'interrompant.

Trêve de douceurs, monsieur le chevalier. Je vais me présenter à ma maîtresse, qui ne m'a point encore vue; vous pouvez venir, si vous voulez, continuer devant elle la conversation.

(Elle passe dans la chambre de la baronne.)

SCÈNE XI.

LE CHEVALIER, FRONTIN.

LE CHEVALIER.

Parlons de choses sérieuses, Frontin. Je n'apporte point à la baronne l'argent de son billet.

FRONTIN.

Tant pis.

LE CHEVALIER.

J'ai été chercher un usurier qui m'a déjà prêté de l'argent, mais il n'est plus à Paris. Des affaires, qui lui sont survenues, l'ont obligé d'en sortir brusquement; ainsi je vais te charger du billet.

FRONTIN.

Pourquoi?

LE CHEVALIER.

Ne m'as-tu pas dit que tu connoissois un agent de change, qui te donneroit de l'argent à l'heure même?

FRONTIN.

Cela est vrai; mais que direz-vous à madame la baronne? Si vous lui dites que vous avez encore son billet, elle verra bien que nous n'avions pas mis son brillant en gage; car enfin elle n'ignore pas qu'un homme qui prête ne se dessaisit pas pour rien de son nantissement.

LE CHEVALIER.

Tu as raison; aussi suis-je d'avis de lui dire que j'ai touché l'argent, qu'il est chez moi, et que demain matin tu le feras apporter ici. Pendant ce temps-là, eours chez ton agent de change, et fais porter au logis l'argent que tu en recevras. Je vais t'y attendre aussitôt que j'aurai parlé à la baronne.

(Il entre dans la chambre de la baronne.)

SCÈNE XII.

FRONTIN seul.

Je ne manque pas d'occupation, Dieu merci! Il faut que j'aille chez le traiteur, de là chez l'agent de change; de chez l'agent de change au logis, et puis il faudra que je revienne ici joindre M. Turcaret. Cela s'appelle, ce me semble, une vie assez agissante... Mais, patience! après quelque temps de fatigue et de peine, je parviendrai enfin à un état d'aise. Alors quelle satisfaction! quelle tranquillité d'esprit!... Je n'aurai plus à mettre en repos que ma conscience.

FIN DU SECOND ACTE.

ACTE III.

SCÈNE PREMIÈRE.

LA BARONNE, FRONTIN, LISETTE.

LA BARONNE.

Eh bien! Frontin, as-tu commandé le soupé? fera-t-on grand'chère?

FRONTIN.

Je vous en réponds, Madame; demandez à Lisette de quelle manière je régale pour mon compte, et jugez par-là de ce que je sais faire lorsque je régale aux dépens des autres.

LISETTE à la baronne.

Il est vrai, Madame; vous pouvez vous en fier à lui.

FRONTIN à la baronne.

M. le chevalier m'attend. Je vais lui rendre compte de l'arrangement de son repas, et puis je viendrai ici prendre possession de M. Turcaret, mon nouveau maître. (Il sort.)

SCÈNE II.

LA BARONNE, LISETTE.

LISETTE.

Ce garçon-là est un garçon de mérite, Madame.

ACTE III, SCÈNE II.

LA BARONNE.

Il me paroît que vous n'en manquez pas, vous, Lisette.

LISETTE.

Il a beaucoup de savoir-faire.

LA BARONNE.

Je ne vous crois pas moins habile.

LISETTE.

Je serois bien heureuse, Madame, si mes petits talents pouvoient vous être utiles.

LA BARONNE.

Je suis contente de vous... Mais j'ai un avis à vous donner; je ne veux pas qu'on me flatte.

LISETTE.

Je suis ennemie de la flatterie.

LA BARONNE.

Surtout, quand je vous consulterai sur des choses qui me regarderont, soyez sincère.

LISETTE.

Je n'y manquerai pas.

LA BARONNE.

Je vous trouve pourtant trop de complaisance.

LISETTE.

A moi, Madame?

LA BARONNE.

Oui; vous ne combattez pas assez les sentiments que j'ai pour le chevalier.

LISETTE.

Et pourquoi les combattre? ils sont si raisonnables!

LA BARONNE.

J'avoue que le chevalier me paroît digne de toute ma tendresse.

LISETTE.

J'en fais le même jugement.

LA BARONNE.

Il a pour moi une passion véritable et constante.

LISETTE.

Un chevalier fidèle et sincère ; on n'en voit guère comme cela !

LA BARONNE.

Aujourd'hui même encore il m'a sacrifié une comtesse.

LISETTE.

Une comtesse ?

LA BARONNE.

Elle n'est pas, à la vérité, dans la première jeunesse.

LISETTE.

C'est ce qui rend le sacrifice plus beau. Je connois messieurs les chevaliers ; une vieille dame leur coûte plus qu'une autre à sacrifier.

LA BARONNE.

Il vient de me rendre compte d'un billet que je lui ai confié. Que je lui trouve de bonne foi !

LISETTE.

Cela est admirable !

LA BARONNE.

Il a une probité qui va jusqu'au scrupule.

LISETTE.

Mais, mais voilà un chevalier unique en son espèce !

LA BARONNE.

Taisons-nous ; j'aperçois M. Turcaret.

SCÈNE III.

M. TURCARET, LA BARONNE, LISETTE.

M. TURCARET à la baronne.

Je viens, Madame..... (apercevant Lisette.) Oh! oh! vous avez une nouvelle femme de chambre?

LA BARONNE.

Oui, Monsieur. Que vous semble de celle-ci?

M. TURCARET examinant Lisette.

Ce qu'il m'en semble? elle me revient assez; il faudra que nous fassions connoissance.

LISETTE.

La connoissance sera bientôt faite, Monsieur.

LA BARONNE à Lisette.

Vous savez qu'on soupe ici? Donnez ordre que nous ayons un couvert propre, et que l'appartement soit bien éclairé. (Lisette sort.)

SCÈNE IV.

M. TURCARET, LA BARONNE.

M. TURCARET.

Je crois cette fille-là fort raisonnable.

LA BARONNE.

Elle est fort dans vos intérêts, du moins.

M. TURCARET.

Je lui en sais bon gré... Je viens, Madame, de vous acheter pour dix mille francs de glaces, de porcelaines et de bureaux. Ils sont d'un goût exquis; je les ai choisis moi-même.

LA BARONNE.

Vous êtes universel, Monsieur, vous vous connoissez à tout.

M. TURCARET.

Oui! grâce au Ciel, et surtout en bâtiment. Vous verrez, vous verrez l'hôtel que je vais faire bâtir.

LA BARONNE.

Quoi! vous allez faire bâtir un hôtel?

M. TURCARET.

J'ai déjà acheté la place, qui contient quatre arpents, six perches, neuf toises, trois pieds et onze pouces. N'est-ce pas là une belle étendue?

LA BARONNE.

Fort belle!

M. TURCARET.

Le logis sera magnifique. Je ne veux pas qu'il y manque un zéro; je le ferois plutôt abattre deux ou trois fois.

LA BARONNE.

Je n'en doute pas.

M. TURCARET.

Malepeste! je n'ai garde de faire quelque chose de commun, je me ferois siffler de tous les gens d'affaires.

LA BARONNE.

Assurément.

M. TURCARET voyant entrer le marquis.

Quel homme entre ici?

LA BARONNE bas.

C'est ce jeune marquis dont je vous ai dit que

Marine avoit épousé les intérêts. Je me passerois bien de ses visites; elles ne me font aucun plaisir.

SCÈNE V.

LE MARQUIS, M. TURCARET, LA BARONNE.

LE MARQUIS à part.

Je parie que je ne trouverai point encore ici le chevalier.

M. TURCARET à part.

Ah! morbleu! c'est le marquis de La Tribaudière.... La fâcheuse rencontre!

LE MARQUIS à part.

Il y a près de deux jours que je le cherche.... (apercevant M. Turcaret.) Eh! que vois-je?... Oui... Non... Pardonnez-moi... Justement... c'est lui-même, c'est monsieur Turcaret...(à la baronne.) Que faites-vous de cet homme-là, Madame? Vous le connoissez... Vous empruntez sur gages? Palsembleu! il vous ruinera.

LA BARONNE.

Monsieur le marquis!...

LE MARQUIS l'interrompant.

Il vous pillera, il vous écorchera, je vous en avertis. C'est l'usurier le plus juif : il vend son argent au poids de l'or.

M. TURCARET à part.

J'aurois mieux fait de m'en aller.

LA BARONNE au marquis.

Vous vous méprenez, monsieur le Marquis. M. Turcaret passe dans le monde pour un homme de bien et d'honneur.

LE MARQUIS.

Aussi l'est-il, Madame, aussi l'est-il. Il aime le bien des hommes et l'honneur des femmes : il a cette réputation-là.

M. TURCARET.

Vous aimez à plaisanter, monsieur le marquis... (à la baronne.) Il est badin, Madame, il est badin. Ne le connoissez-vous pas sur ce pied-là?

LA BARONNE.

Oui; je comprends bien qu'il badine, ou qu'il est mal informé.

LE MARQUIS.

Mal informé? morbleu! Madame, personne ne sauroit vous en parler mieux que moi : il a de mes nippes actuellement.

M. TURCARET.

De vos nippes, Monsieur? Oh! je ferois bien serment du contraire.

LE MARQUIS.

Ah! parbleu vous avez raison. Le diamant est à vous à l'heure qu'il est, selon nos conventions; j'ai laissé passer le terme.

LA BARONNE.

Expliquez-moi tous deux cette énigme.

M. TURCARET.

Il n'y a point d'énigme là-dedans, Madame. Je ne sais ce que c'est.

LE MARQUIS à la baronne.

Il a raison : cela est fort clair; il n'y a point d'énigme. J'eus besoin d'argent il y a quinze mois. J'avois un brillant de cinq cents louis ; on m'adressa à M. Turcaret. M. Turcaret me renvoya à un de ses commis, à un certain M. Ra...Ra... Rafle. C'est celui qui tient son bureau d'usure. Cet honnête M. Rafle me prêta, sur ma bague, onze cent trente-deux livres six sous huit deniers. Il me prescrivit un temps pour la retirer. Je ne suis pas fort exact, moi : le temps est passé ; mon diamant est perdu.

M. TURCARET.

Monsieur le marquis, monsieur le marquis, ne me confondez point avec M. Rafle, je vous prie. C'est un fripon que j'ai chassé de chez moi. S'il a fait quelque mauvaise manœuvre, vous avez la voie de la justice. Je ne sais ce que c'est que votre brillant : je ne l'ai jamais vu ni manié.

LE MARQUIS.

Il me venoit de ma tante. C'étoit un des plus beaux brillants. Il étoit d'une netteté, d'une forme, d'une grosseur, à peu près comme..... (*regardant le diamant de la baronne*). Eh !..... le voilà, Madame. Vous vous en êtes accommodée avec M. Turcaret, apparemment?

LA BARONNE.

Autre méprise, Monsieur. Je l'ai acheté, assez cher même, d'une revendeuse à la toilette.

LE MARQUIS.

Cela vient de lui, Madame. Il a des revendeuses à sa disposition, et, à ce qu'on dit, même dans sa famille

M. TURCARET.

Monsieur ! Monsieur !.....

LA BARONNE au marquis.

Vous êtes insultant, Monsieur le marquis.

LE MARQUIS.

Non, Madame; mon dessein n'est pas d'insulter : je suis trop serviteur de M. Turcaret, quoiqu'il me traite durement. Nous avons eu autrefois ensemble un petit commerce d'amitié. Il étoit laquais de mon grand-père; il me portoit sur ses bras. Nous jouions tous les jours ensemble; nous ne nous quittions presque point. Le petit ingrat ne s'en souvient plus.

M. TURCARET.

Je me souviens..... je me souviens..... Le passé est passé; je ne songe qu'au présent.

LA BARONNE au marquis.

De grâce, monsieur le marquis, changeons de discours. Vous cherchez M. le chevalier.

LE MARQUIS.

Je le cherche partout, Madame; aux spectacles, au cabaret, au bal, au lansquenet : je ne le trouve nulle part. Ce coquin-là se débauche; il devient libertin.

LA BARONNE.

Je lui en ferai des reproches.

LE MARQUIS

Je vous en prie..... Pour moi, je ne change point : je mène une vie réglée; je suis toujours à table, et l'on me fait crédit chez Fite et chez Lamorlière [1], parce que l'on sait que je dois bientôt hériter d'une vieille tante, et qu'on me voit une disposition plus que prochaine à manger sa succession.

LA BARONNE.

Vous n'êtes pas une mauvaise pratique pour les traiteurs.

---

[1] Autre traiteur du temps.

ACTE III, SCÈNE V.

LE MARQUIS.

Non, Madame, ni pour les traitants. N'est-ce pas, monsieur Turcaret? Ma tante, pourtant, veut que je me corrige; et, pour lui faire accroire qu'il y a déjà du changement dans ma conduite, je vais la voir dans l'état où je suis. Elle sera tout étonnée de me trouver si raisonnable, car elle m'a presque toujours vu ivre.

LA BARONNE.

Effectivement, monsieur le marquis, c'est une nouveauté que de vous voir autrement. Vous avez fait aujourd'hui un excès de sobriété.

LE MARQUIS.

J'ai soupé hier avec trois des plus jolies femmes de Paris. Nous avons bu jusqu'au jour; et j'ai été faire un petit somme chez moi, afin de pouvoir me présenter à jeun devant ma tante.

LA BARONNE.

Vous avez bien de la prudence.

LE MARQUIS.

Adieu, ma tout aimable!.... Dites au chevalier qu'il se rende un peu à ses amis. Prêtez-le nous quelquefois, ou je viendrai si souvent ici que je l'y trouverai. Adieu, monsieur Turcaret. Je n'ai point de rancune, au moins (lui présentant la main). Touchez-là : renouvelons notre ancienne amitié. Mais dites un peu à votre âme damnée, à ce M. Rafle, qu'il me traite plus humainement la première fois que j'aurai besoin de lui.

(Il sort.)

SCÈNE VI.

M. TURCARET, LA BARONNE.

M. TURCARET.

Voilà une mauvaise connoissance, Madame : c'est le plus grand fou et le plus grand menteur que je connoisse.

LA BARONNE.

C'est en dire beaucoup.

M. TURCARET.

Que j'ai souffert pendant cet entretien!

LA BARONNE.

Je m'en suis aperçue.

M. TURCARET.

Je n'aime point les malhonnêtes gens.

LA BARONNE.

Vous avez bien raison.

M. TURCARET.

J'ai été si surpris d'entendre les choses qu'il a dites, que je n'ai pas eu la force de répondre. Ne l'avez-vous pas remarqué?

LA BARONNE.

Vous en avez usé sagement. J'ai admiré votre modération.

M. TURCARET.

Moi, usurier? quelle calomnie!

LA BARONNE.

Cela regarde plus M. Rafle que vous.

M. TURCARET.

Vouloir faire aux gens un crime de leur prêter sur gages!... Il vaut mieux prêter sur gages que prêter sur rien.

LA BARONNE.

Assurément.

M. TURCARET.

Me venir dire au nez que j'ai été laquais de son grand-père! rien n'est plus faux : je n'ai jamais été que son homme d'affaires.

LA BARONNE.

Quand cela seroit vrai; le beau reproche! il y a si long-temps... cela est prescrit.

M. TURCARET.

Oui, sans doute.

LA BARONNE.

Ces sortes de mauvais contes ne font aucune impression sur mon esprit; vous êtes trop bien établi dans mon cœur.

M. TURCARET.

C'est trop de grâce que vous me faites.

LA BARONNE.

Vous êtes un homme de mérite.

M. TURCARET.

Vous vous moquez.

LA BARONNE.

Un vrai homme d'honneur.

M. TURCARET.

Oh! point du tout.

LA BARONNE.

Et vous avez trop l'air et les manières d'une personne de condition pour pouvoir être soupçonné de ne l'être pas.

SCÈNE VII.

LA BARONNE, M. TURCARET, FLAMAND.

FLAMAND à M. Turcaret.

Monsieur...

M. TURCARET.

Que me veux-tu?

FLAMAND.

Il est là-bas, qui vous demande.

M. TURCARET.

Qui? butor!

FLAMAND.

Ce monsieur que vous savez... là, ce monsieur... monsieur... chose...

M. TURCARET.

Monsieur chose?

FLAMAND.

Eh! oui ce commis que vous aimez tant. Drès qu'il vient pour deviser avec vous, tout aussitôt vous faites sortir tout le monde, et ne voulez pas que personne vous écoute.

M. TURCARET.

C'est M. Rafle, apparemment?

FLAMAND.

Oui, tout fin dret, Monsieur; c'est lui-même.

M. TURCARET.

Je vais le trouver; qu'il m'attende.

LA BARONNE.

Ne disiez-vous pas que vous l'aviez chassé?

M. TURCARET.

Oui; et c'est pour cela qu'il vient ici. Il cherche à se raccommoder. Dans le fond, c'est un assez bon homme, homme de confiance. Je vais savoir ce qu'il me veut.

LA BARONNE.

Eh! non, non... (à Flamand.) Faites-le monter, Flamand. (Flamand sort.)

SCÈNE VIII.

M. TURCARET, LA BARONNE.

LA BARONNE.

Monsieur, vous lui parlerez dans cette salle. N'êtes-vous pas ici chez vous?

M. TURCARET.

Vous êtes bien honnête, Madame.

LA BARONNE.

Je ne veux point troubler votre conversation. Je vous laisse... N'oubliez pas la prière que je vous ai faite en faveur de Flamand.

M. TURCARET.

Mes ordres sont déja donnés pour cela : vous serez contente.

(La baronne rentre dans sa chambre.)

SCÈNE IX.

M. TURCARET, M. RAFLE.

M. TURCARET.

De quoi est-il question, monsieur Rafle? Pourquoi me venir chercher jusqu'ici? Ne savez-vous pas bien que quand on vient chez les dames, ce n'est pas pour y entendre parler d'affaires?

M. RAFLE.

L'importance de celles que j'ai à vous communiquer doit me servir d'excuse.

M. TURCARET.

Qu'est-ce que c'est donc que ces choses d'importance?

M. RAFLE.

Peut-on parler ici librement?

M. TURCARET.

Oui, vous le pouvez; je suis le maître : parlez.

M. RAFLE *tirant des papiers de sa poche et regardant dans un bordereau.*

Premièrement, cet enfant de famille à qui nous prêtâmes l'année passée trois mille livres, et à qui je fis faire un billet de neuf par votre ordre, se voyant sur le point d'être inquiété pour le paiement, a déclaré la chose à son oncle le président, qui, de concert avec toute la famille, travaille actuellement à vous perdre.

M. TURCARET.

Peine perdue que ce travail-là... Laissons-les venir; je ne prends pas facilement l'épouvante.

M. RAFLE après avoir regardé de nouveau dans son bordereau.

Ce caissier que vous avez cautionné, et qui vient de faire banqueroute de deux cent mille écus...

M. TURCARET l'interrompant.

C'est par mon ordre qu'il... Je sais où il est.

M. RAFLE.

Mais les procédures se font contre vous. L'affaire est sérieuse et pressante.

M. TURCARET.

On l'accommodera. J'ai pris mes mesures : cela sera réglé demain.

M. RAFLE.

J'ai peur que ce ne soit trop tard.

M. TURCARET.

Vous êtes trop timide... Avez-vous passé chez ce jeune homme de la rue Quincampoix, à qui j'ai fait avoir une caisse?

M. RAFLE.

Oui, Monsieur. Il veut bien vous prêter vingt mille francs des premiers deniers qu'il touchera, à condition qu'il fera valoir à son profit ce qui pourra lui rester à la compagnie, et que vous prendrez son parti si l'on vient à s'apercevoir de la manœuvre.

M. TURCARET.

Cela est dans les règles; il n'y a rien de plus juste : voilà un garçon raisonnable. Vous lui direz, monsieur Rafle, que je le protégerai dans toutes ses affaires... Y a-t-il encore quelque chose?

M. RAFLE après avoir encore regardé dans le bordereau.

Ce grand homme sec qui vous donna, il y a deux mois, deux mille francs pour une direction que vous lui avez fait avoir à Valogne...

M. TURCARET l'interrompant.

Eh bien?

M. RAFLE.

Il lui est arrivé un malheur.

M. TURCARET.

Quoi?

M. RAFLE.

On a surpris sa bonne foi; on lui a volé quinze mille francs... Dans le fond, il est trop bon.

M. TURCARET.

Trop bon! trop bon! Eh! pourquoi diable s'est-il donc mis dans les affaires?... Trop bon! trop bon!

M. RAFLE.

Il m'a écrit une lettre fort touchante, par laquelle il vous prie d'avoir pitié de lui.

M. TURCARET.

Papier perdu, lettre inutile.

M. RAFLE.

Et de faire en sorte qu'il ne soit point révoqué.

M. TURCARET.

Je ferai plutôt en sorte qu'il le soit : l'emploi me reviendra; je le donnerai à un autre pour le même prix.

M. RAFLE.

C'est ce que j'ai pensé comme vous.

M. TURCARET.

J'agirois contre mes intérêts; je mériterois d'être cassé à la tête de la compagnie.

M. RAFLE.

Je ne suis pas plus sensible que vous aux plaintes des sots... Je lui ai déjà fait réponse, et lui ai mandé tout net qu'il ne devoit point compter sur vous.

ACTE III, SCÈNE IX.

M. TURCARET.

Non, parbleu!

M. RAFLE regardant pour la dernière fois dans son bordereau.

Voulez-vous prendre, au denier quatorze, cinq mille francs qu'un honnête serrurier de ma connoissance a amassés par son travail et par ses épargnes?

M. TURCARET.

Oui, oui, cela est bon : je lui ferai ce plaisir-là. Allez me le chercher; je serai au logis dans un quart d'heure. Qu'il apporte l'espèce. Allez, allez.

M. RAFLE faisant quelques pas pour sortir et revenant.

J'oubliois la principale affaire : je ne l'ai pas mise sur mon agenda.

M. TURCARET.

Qu'est-ce que c'est que cette principale affaire?

M. RAFLE.

Une nouvelle qui vous surprendra fort. Madame Turcaret est à Paris.

M. TURCARET à demi-voix.

Parlez bas, monsieur Rafle, parlez bas.

M. RAFLE à demi-voix.

Je la rencontrai hier dans un fiacre avec une manière de jeune seigneur, dont le visage ne m'est pas tout-à-fait inconnu, et que je viens de trouver dans cette rue-ci en arrivant.

M. TURCARET à demi-voix.

Vous ne lui parlâtes point?

M. RAFLE à demi-voix.

Non; mais elle m'a fait prier ce matin de ne vous en rien dire, et de vous faire souvenir seulement qu'il lui est dû quinze mois de la pension de quatre mille livres que vous lui donnez pour la tenir en province : elle ne s'en retournera point qu'elle ne soit payée.

M. TURCARET à demi-voix.

Oh! ventrebleu! monsieur Rafle, qu'elle le soit. Défaisons-nous promptement de cette créature-là. Vous lui porterez dès aujourd'hui les cinq cents pistoles du serrurier; mais qu'elle parte dès demain.

M. RAFLE à demi-voix.

Oh! elle ne demandera pas mieux. Je vais chercher le bourgeois et le mener chez vous.

M. TURCARET à demi-voix.

Vous m'y trouverez.

(M. Rafle sort.)

SCÈNE X.

M. TURCARET seul.

Malpeste! ce seroit une sotte aventure si madame Turcaret s'avisoit de venir en cette maison : elle me perdroit dans l'esprit de ma baronne, à qui j'ai fait accroire que j'étois veuf.

SCÈNE XI.

LISETTE, M. TURCARET.

LISETTE.

Madame m'a envoyée savoir, Monsieur, si vous étiez encore ici en affaire.

M. TURCARET.

Je n'en avois point, mon enfant. Ce sont des bagatelles dont de pauvres diables de commis s'embarrassent la tête, parce qu'ils ne sont pas faits pour les grandes choses.

SCÈNE XII.

M. TURCARET, LISETTE, FRONTIN.

FRONTIN à M. Turcaret.

Je suis ravi, Monsieur, de vous trouver en conversation avec cette aimable personne. Quelque intérêt que j'y prenne, je me garderai bien de troubler un si doux entretien.

M. TURCARET.

Tu ne seras point de trop. Approche, Frontin, je te regarde comme un homme tout à moi, et je veux que tu m'aides à gagner l'amitié de cette fille-là.

LISETTE.

Cela ne sera pas bien difficile.

FRONTIN à M. Turcaret.

Oh! pour cela non. Je ne sais pas, Monsieur, sous quelle heureuse étoile vous êtes né; mais tout le monde a naturellement un grand foible pour vous.

M. TURCARET.

Cela ne vient point de l'étoile, cela vient des manières.

LISETTE.

Vous les avez si belles, si prévenantes!

M. TURCARET.

Comment le sais-tu?

LISETTE.

Depuis le temps que je suis ici, je n'entends dire autre chose à madame la baronne.

M. TURCARET.

Tout de bon?

FRONTIN.

Cette femme-là ne sauroit cacher sa foiblesse : elle vous aime si tendrement!.... Demandez, demandez à Lisette.

LISETTE.

Oh! c'est vous qu'il faut en croire, M. Frontin.

FRONTIN.

Non, je ne comprends pas moi-même tout ce que je sais là-dessus; et ce qui m'étonne davantage, c'est l'excès où cette passion est parvenue, sans pourtant que M. Turcaret se soit donné beaucoup de peine pour chercher à la mériter.

M. TURCARET.

Comment, comment l'entends-tu?

FRONTIN.

Je vous ai vu vingt fois, Monsieur, manquer d'attention pour certaines choses....

M. TURCARET l'interrompant.

Oh! parbleu! je n'ai rien à me reprocher là-dessus.

LISETTE.

Oh! non : je suis sûre que Monsieur n'est pas homme à laisser échapper la moindre occasion de faire plaisir aux personnes qu'il aime. Ce n'est que par-là qu'on mérite d'être aimé.

FRONTIN à M. Turcaret

Cependant, Monsieur ne le mérite pas autant que je le voudrois.

ACTE III, SCÈNE XII.

M. TURCARET.

Explique-toi donc.

FRONTIN.

Oui ; mais ne trouvez-vous point mauvais qu'en serviteur fidèle et sincère je prenne la liberté de vous parler à cœur ouvert.

M. TURCARET.

Parle.

FRONTIN.

Vous ne répondez pas assez à l'amour que madame la baronne a pour vous.

M. TURCARET.

Je n'y réponds pas ?

FRONTIN.

Non, Monsieur..... (A Lisette.) Je t'en fais juge, Lisette. Monsieur, avec tout son esprit, fait des fautes d'attention.

M. TURCARET.

Qu'appelles-tu donc des fautes d'attention ?

FRONTIN.

Un certain oubli, certaine négligence...

M. TURCARET.

Mais encore ?

FRONTIN.

Mais, par exemple, n'est-ce pas une chose honteuse que vous n'ayez pas encore songé à lui faire présent d'un équipage ?

LISETTE à M. Turcaret.

Ah ! pour cela, Monsieur, il a raison. Vos commis en donnent bien à leurs maîtresses.

Le Sage. Théâtre. 29

M. TURCARET.

A quoi bon un équipage? N'a-t-elle pas le mien dont elle dispose quand il lui plaît?

FRONTIN.

Oh! Monsieur, avoir un carrosse à soi, ou être obligé d'emprunter ceux de ses amis, cela est bien différent.

LISETTE à M. Turcaret.

Vous êtes trop dans le monde pour ne le pas connoître. La plupart des femmes sont plus sensibles à la vanité d'avoir un équipage qu'au plaisir même de s'en servir.

M. TURCARET.

Oui, je comprends cela.

FRONTIN.

Cette fille-là, Monsieur, est de fort bon sens. Elle ne parle pas mal, au moins.

M. TURCARET.

Je ne te trouve pas si sot, non plus, que je t'ai cru d'abord, toi, Frontin.

FRONTIN.

Depuis que j'ai l'honneur d'être à votre service, je sens, de moment en moment, que l'esprit me vient. Oh! je prévois que je profiterai beaucoup avec vous.

M. TURCARET.

Il ne tiendra qu'à toi.

FRONTIN.

Je vous proteste, Monsieur, que je ne manque pas de bonne volonté. Je donnerois donc à madame la baronne un bon grand carrosse, bien étoffé.

M. TURCARET.

Elle en aura un. Vos réflexions sont justes : elles me déterminent.

FRONTIN.

Je savois bien que ce n'étoit qu'une faute d'attention.

M. TURCARET.

Sans doute ; et, pour marque de cela, je vais de ce pas commander un carrosse.

FRONTIN.

Fi donc ! Monsieur, il ne faut pas que vous paroissiez là-dedans, vous ; il ne seroit pas honnête que l'on sût dans le monde que vous donnez un carrosse à madame la baronne. Servez-vous d'un tiers, d'une main étrangère, mais fidèle. Je connois deux ou trois selliers qui ne savent point encore que je suis à vous ; si vous voulez, je me chargerai du soin.

M. TURCARET l'interrompant.

Volontiers. Tu me parois assez entendu ; je m'en rapporte à toi... (Lui donnant sa bourse.) Voilà soixante pistoles que j'ai de reste dans ma bourse, tu les donneras à compte.

FRONTIN prenant la bourse.

Je n'y manquerai pas, Monsieur. A l'égard des chevaux, j'ai un maître maquignon, qui est mon neveu à la mode de Bretagne ; il vous en fournira de fort beaux.

M. TURCARET.

Qu'il me vendra bien cher, n'est-ce pas ?

FRONTIN.

Non, Monsieur ; il vous les vendra en conscience.

M TURCARET.

La conscience d'un maquignon!

FRONTIN.

Oh! je vous en réponds, comme la mienne.

M. TURCARET.

Sur ce pied-là, je me servirai de lui.

FRONTIN.

Autre faute d'attention...

M. TURCARET l'interrompant.

Oh! va te promener avec tes fautes d'attention... Ce coquin-là me ruineroit à la fin... Tu diras, de ma part, à madame la baronne, qu'une affaire, qui sera bientôt terminée, m'appelle au logis.

(Il sort.)

SCÈNE XIII.

FRONTIN, LISETTE.

FRONTIN.

Cela ne commence pas mal.

LISETTE.

Non, pour madame la baronne; mais pour nous?

FRONTIN.

Voilà toujours soixante pistoles que nous pouvons garder. Je les gagnerai bien sur l'équipage; serre-les: ce sont les premiers fondemens de notre communauté.

LISETTE.

Oui; mais il faut promptement bâtir sur ces fondemens-là; car je fais des réflexions morales, je t'en avertis.

FRONTIN.

Peut-on les savoir?

LISETTE.

Je m'ennuie d'être soubrette.

FRONTIN.

Comment, diable! tu deviens ambitieuse?

LISETTE.

Oui, mon enfant. Il faut que l'air qu'on respire dans une maison fréquentée par un financier soit contraire à la modestie; car, depuis le peu de temps que j'y suis, il me vient des idées de grandeur que je n'ai jamais eues. Hâte-toi d'amasser du bien, autrement quelque engagement que nous ayons ensemble, le premier riche faquin qui viendra pour m'épouser...

FRONTIN.

Mais donne-moi donc le temps de m'enrichir.

LISETTE.

Je te donne trois ans; c'est assez pour un homme d'esprit.

FRONTIN.

Je ne te demande pas davantage... C'est assez, ma princesse. Je vais ne rien épargner pour vous mériter; et, si je manque d'y réussir, ce ne sera pas faute d'attention.

SCENE XIV.

LISETTE seule.

Je ne saurois m'empêcher d'aimer ce Frontin : c'est mon chevalier, à moi; et, au train que je lui vois prendre, j'ai un secret pressentiment qu'avec ce garçon-là je deviendrai quelque jour femme de qualité.

FIN DU TROISIÈME ACTE.

ACTE IV.

SCÈNE PREMIÈRE.

LE CHEVALIER, FRONTIN.

LE CHEVALIER.

Que fais-tu ici? Ne m'avois-tu pas dit que tu retournerois chez ton agent de change? Est-ce que tu ne l'aurois pas encore trouvé au logis?

FRONTIN.

Pardonnez-moi, Monsieur; mais il n'étoit pas en fonds : il n'avoit pas chez lui toute la somme. Il m'a dit de retourner ce soir. Je vais vous rendre le billet, si vous voulez.

LE CHEVALIER.

Eh! garde-le; que veux-tu que j'en fasse?... La baronne est là-dedans? Que fait-elle?

FRONTIN.

Elle s'entretient avec Lisette d'un carrosse que je vais ordonner pour elle, et d'une certaine maison de campagne qui lui plaît, et qu'elle veut louer, en attendant que je lui en fasse faire l'acquisition.

LE CHEVALIER.

Un carrosse, une maison de campagne? Quelle folie!

FRONTIN.

Oui; mais tout cela se doit faire aux dépens de M. Turcaret. Quelle sagesse!

LE CHEVALIER.

Cela change la thèse.

FRONTIN.

Il n'y a qu'une chose qui l'embarrassoit.

LE CHEVALIER.

Eh! quoi?

FRONTIN.

Une petite bagatelle.

LE CHEVALIER.

Dis-moi donc ce que c'est?

FRONTIN.

Il faut meubler cette maison de campagne. Elle ne savoit comment engager à cela M. Turcaret; mais le génie supérieur qu'elle a placé auprès de lui s'est chargé de ce soin-là.

LE CHEVALIER.

De quelle manière t'y prendras-tu?

FRONTIN.

Je vais chercher un vieux coquin de ma connoissance, qui nous aidera à tirer dix mille francs dont nous avons besoin pour nous meubler.

LE CHEVALIER.

As-tu bien fait attention à ton stratagème?

FRONTIN.

Oh! que oui, Monsieur; c'est mon fort que l'attention. J'ai tout cela dans ma tête; ne vous mettez pas en peine. Un petit acte supposé..... un faux exploit.....

LE CHEVALIER l'interrompant.

Mais, prends-y garde, Frontin; M. Turcaret sait les affaires.

FRONTIN.

Mon vieux coquin les sait encore mieux que lui. C'est le plus habile, le plus intelligent écrivain!...

LE CHEVALIER.

C'est une autre chose.

FRONTIN.

Il a presque toujours eu son logement dans les maisons du roi, à cause de ses écritures.

LE CHEVALIER.

Je n'ai plus rien à te dire.

FRONTIN.

Je sais où le trouver, à coup sûr; et nos machines seront bientôt prêtes... Adieu; voilà M. le marquis qui vous cherche. (Il sort.)

SCÈNE II.

LE MARQUIS, LE CHEVALIER.

LE MARQUIS.

Ah! palsembleu! chevalier, tu deviens bien rare. On ne te trouve nulle part. Il y a vingt-quatre heures que je te cherche, pour te consulter sur une affaire de cœur.

LE CHEVALIER.

Eh! depuis quand te mêles-tu de ces sortes d'affaires, toi?

LE MARQUIS.

Depuis trois ou quatre jours.

LE CHEVALIER.

Et tu m'en fais aujourd'hui la première confidence? Tu deviens bien discret.

LE MARQUIS.

Je me donne au diable si j'y ai songé. Une affaire de cœur ne me tient au cœur que très foiblement, comme tu sais. C'est une conquête que j'ai faite par hasard, que je conserve par amusement, et dont je me déferai par caprice, ou par raison, peut-être.

LE CHEVALIER.

Voilà un bel attachement!

LE MARQUIS.

Il ne faut pas que les plaisirs de la vie nous occupent trop sérieusement. Je ne m'embarrasse de rien, moi.... Elle m'avoit donné son portrait; je l'ai perdu. Un autre s'en pendroit : (*faisant le geste de montrer quelque chose qui n'a nulle valeur.*) je m'en soucie comme de cela.

LE CHEVALIER.

Avec de pareils sentiments tu dois te faire adorer.... Mais, dis-moi un peu, qu'est-ce que cette femme-là?

LE MARQUIS.

C'est une femme de qualité, une comtesse de province; car elle me l'a dit.

LE CHEVALIER.

Eh! quel temps as-tu pris pour faire cette conquête-là? Tu dors tout le jour, et bois toute la nuit ordinairement.

LE MARQUIS.

Oh! non pas, non pas, s'il vous plaît; dans ce temps-ci il y a des heures de bal; c'est là qu'on trouve de bonnes occasions.

LE CHEVALIER.

C'est-à-dire que c'est une connoissance de bal?

LE MARQUIS.

Justement. J'y allai l'autre jour, un peu chaud de vin : j'étois en pointe; j'agaçois les jolis masques.

J'aperçois une taille, un air de gorge, une tournure de hanches..... J'aborde, je prie, je presse, j'obtiens qu'on se démasque; je vois une personne.....

LE CHEVALIER l'interrompant.

Jeune, sans doute?

LE MARQUIS.

Non, assez vieille.

LE CHEVALIER.

Mais belle encore, et des plus agréables?

LE MARQUIS.

Pas trop belle.

LE CHEVALIER.

L'amour, à ce que je vois, ne t'aveugle pas.

LE MARQUIS.

Je rends justice à l'objet aimé.

LE CHEVALIER.

Elle a donc de l'esprit?

LE MARQUIS.

Oh! pour de l'esprit, c'est un prodige! Quel flux de pensées! quelle imagination! Elle me dit cent extravagances qui me charmèrent.

LE CHEVALIER.

Quel fut le résultat de la conversation?

LE MARQUIS.

Le résultat? Je la ramenai chez elle avec sa compagnie : je lui offris mes services; et la vieille folle les accepta.

LE CHEVALIER.

Tu l'as revue depuis?

LE MARQUIS.

Le lendemain au soir, dès que je fus levé, je me rendis à son hôtel.

ACTE IV, SCENE II.

LE CHEVALIER.

Hôtel garni, apparemment?

LE MARQUIS.

Oui, hôtel garni.

LE CHEVALIER.

Eh bien?

LE MARQUIS.

Eh bien! autre vivacité de conversation, nouvelles folies, tendres protestations de ma part, vives reparties de la sienne. Elle me donna ce maudit portrait que j'ai perdu avant-hier; je ne l'ai pas revue depuis. Elle m'a écrit; je lui ai fait réponse : elle m'attend aujourd'hui; mais je ne sais ce que je dois faire. Irai-je, ou n'irai-je pas? Que me conseilles-tu? C'est pour cela que je te cherche.

LE CHEVALIER.

Si tu n'y vas pas, cela sera malhonnête.

LE MARQUIS.

Oui; mais si j'y vais aussi, cela paroîtra bien empressé. La conjoncture est délicate. Marquer tant d'empressement, c'est courir après une femme; cela est bien bourgeois! qu'en dis-tu?

LE CHEVALIER.

Pour te donner conseil là-dessus, il faudroit connoître cette personne-là.

LE MARQUIS.

Il faut te la faire connoître. Je veux te donner ce soir à souper chez elle avec ta baronne.

LE CHEVALIER.

Cela ne se peut pas pour ce soir; car je donne à souper ici.

LE MARQUIS.

A souper ici? je t'amène ma conquête.

LE CHEVALIER.

Mais la baronne.....

LE MARQUIS l'interrompant.

Oh! la baronne s'accommodera fort de cette femme-là; il est bon même qu'elles fassent connoissance : nous ferons quelquefois de petites parties carrées.

LE CHEVALIER.

Mais ta comtesse ne fera-t-elle pas difficulté de venir avec toi, tête-à-tête, dans une maison?

LE MARQUIS l'interrompant.

Des difficultés, oh! ma comtesse n'est point difficultueuse; c'est une personne qui sait vivre, une femme revenue des préjugés de l'éducation.

LE CHEVALIER.

Eh bien! amène-la, tu nous feras plaisir.

LE MARQUIS.

Tu en seras charmé, toi. Les jolies manières! Tu verras une femme vive, pétulante, distraite, étourdie, dissipée, et toujours barbouillée de tabac. On ne la prendroit pas pour une femme de province.

LE CHEVALIER.

Tu en fais un beau portrait! Nous verrons si tu n'es pas un peintre flatteur.

LE MARQUIS.

Je vais la chercher. Sans adieu, chevalier.

LE CHEVALIER.

Serviteur, marquis. (le marquis sort.)

SCÈNE III.

LE CHEVALIER seul.

Cette charmante conquête du marquis est apparemment une comtesse comme celle que j'ai sacrifiée à la baronne.

SCÈNE IV.

LA BARONNE, LE CHEVALIER.

LA BARONNE.
Que faites-vous donc là seul, chevalier? Je croyois que le marquis étoit avec vous.

LE CHEVALIER riant.
Il sort dans le moment, Madame...! Ah! ah! ah!

LA BARONNE.
De quoi riez-vous donc?

LE CHEVALIER.
Ce fou de marquis est amoureux d'une femme de province, d'une comtesse qui loge en chambre garnie. Il est allé la prendre chez elle pour l'amener ici. Nous en aurons le divertissement.

LA BARONNE.
Mais, dites-moi, chevalier, les avez-vous priés à souper?

LE CHEVALIER.
Oui, Madame : augmentation de convives, surcroît de plaisir. Il faut amuser M. Turcaret, le dissiper.

LA BARONNE.

La présence du marquis le divertira mal. Vous ne savez pas qu'ils se connoissent. Ils ne s'aiment point. Il s'est passé tantôt entre eux une scène ici...

LE CHEVALIER l'interrompant.

Le plaisir de la table raccommode tout. Ils ne sont peut-être pas si mal ensemble qu'il soit impossible de les réconcilier. Je me charge de cela : reposez-vous sur moi. M. Turcaret est un bon sot.

LA BARONNE voyant entrer M. Turcaret.

Taisez-vous ; je crois que le voici... Je crains qu'il ne vous ait entendu.

SCÈNE V.

M. TURCARET, LA BARONNE, LE CHEVALIER.

LE CHEVALIER à M. Turcaret, en l'embrassant.

M. Turcaret veut bien permettre qu'on l'embrasse, et qu'on lui témoigne la vivacité du plaisir qu'on aura tantôt de se trouver avec lui le verre à la main ?

M. TURCARET avec embarras.

Le plaisir de cette vivacité-là... Monsieur, sera... bien réciproque. L'honneur que je reçois d'une part, joint à... la satisfaction que... l'on trouve de l'autre... (montrant la baronne) avec Madame, fait en vérité que... je vous assure..... que..... je suis fort aise de cette partie-là.

LA BARONNE.

Vous allez, Monsieur, vous engager dans des compliments qui embarrasseront aussi M. le chevalier ; vous ne finirez ni l'un ni l'autre.

ACTE IV, SCÈNE V.

LE CHEVALIER à M. Turcaret.

Ma cousine a raison; supprimons la cérémonie, et ne songeons qu'à nous réjouir. Vous aimez la musique?

M. TURCARET.

Si je l'aime? malepeste! Je suis abonné à l'Opéra.

LE CHEVALIER.

C'est la passion dominante des gens du beau monde.

M. TURCARET.

C'est la mienne.

LE CHEVALIER.

La musique remue les passions.

M. TURCARET.

Terriblement! Une belle voix soutenue d'une trompette, cela jette dans une douce rêverie.

LA BARONNE.

Que vous avez le goût bon.

LE CHEVALIER à M. Turcaret.

Oui, vraiment... Que je suis un grand sot de n'avoir pas songé à cet instrument-là!... (voulant sortir.) Oh! parbleu! puisque vous êtes dans le goût des trompettes, je vais moi-même donner ordre...

M. TURCARET l'arrêtant.

Je ne souffrirai point cela, monsieur le chevalier. Je ne prétends point que pour une trompette...

LA BARONNE bas à M. Turcar

Laissez-le aller, Monsieur.

(Le chevalier sort.)

SCÈNE VI.

M. TURCARET, LA BARONNE.

LA BARONNE.

Et quand nous pouvons être seuls quelques moments ensemble, épargnons-nous, autant qu'il nous sera possible, la présence des importuns.

M. TURCARET.

Vous m'aimez plus que je ne mérite, Madame.

LA BARONNE.

Qui ne vous aimeroit pas? Mon cousin le chevalier lui-même a toujours eu un attachement pour vous...

M. TURCARET l'interrompant.

Je lui suis bien obligé.

LA BARONNE.

Une attention pour tout ce qui peut vous plaire...

M. TURCARET l'interrompant.

Il me paroît fort bon garçon.

SCÈNE VII.

LA BARONNE, M. TURCARET, LISETTE.

LA BARONNE à Lisette.

Qu'y a-t-il, Lisette?

LISETTE.

Un homme vêtu de gris-noir, avec un rabat sale et une vieille perruque... (bas.) Ce sont les meubles de la maison de campagne.

LA BARONNE.

Qu'on fasse entrer.

SCÈNE VIII.

M. TURCARET, LA BARONNE, FRONTIN, LISETTE, M. FURET.

M. FURET à la baronne et à Lisette.

Qui de vous deux, Mesdames, est la maîtresse de céans?

LA BARONNE.

C'est moi. Que voulez-vous?

M. FURET.

Je ne répondrai point qu'au préalable je ne me sois donné l'honneur de vous saluer, vous, Madame, et toute l'honorable compagnie, avec tout le respect dû et requis.

M. TURCARET à part.

Voilà un plaisant original!

LISETTE à M. Furet.

Sans tant de façons, Monsieur, dites-nous au préalable qui vous êtes.

M. FURET.

Je suis huissier à verge, à votre service; et je me nomme M. Furet.

LA BARONNE.

Chez moi un huissier!

FRONTIN.

Cela est bien insolent.

M. TURCARET à la baronne.

Voulez-vous, Madame, que je jette ce drôle-là par les fenêtres? Ce n'est pas le premier coquin que...

M. FURET l'interrompant.

Tout beau, Monsieur! D'honnêtes huissiers comme moi ne sont point exposés à de pareilles aventures. J'exerce mon petit ministère d'une façon si obligeante, que toutes les personnes de qualité se font un plaisir de recevoir un exploit de ma main. (tirant un papier de sa poche.) En voici un que j'aurai, s'il vous plaît, l'honneur (avec votre permission, Monsieur), que j'aurai l'honneur de présenter respectueusement à Madame... sous votre bon plaisir, Monsieur.

LA BARONNE.

Un exploit à moi?... (à Lisette.) Voyez ce que c'est, Lisette!

LISETTE.

Moi, Madame, je n'y connois rien : je ne sais lire que des billets doux... (à Frontin.) Regarde, toi, Frontin.

FRONTIN.

Je n'entends pas encore les affaires.

M. FURET à la baronne.

C'est pour une obligation que défunt M. le baron de Porcandorf, votre époux...

LA BARONNE l'interrompant.

Feu mon époux, Monsieur? Cela ne me regarde point; j'ai renoncé à la communauté.

M. TURCARET.

Sur ce pied-là, on n'a rien à vous demander.

M. FURET.

Pardonnez-moi, Monsieur, l'acte étant signé par Madame.

ACTE IV, SCÈNE VIII.

M. TURCARET l'interrompant.

L'acte est donc solidaire?

M. FURET.

Oui, Monsieur, très solidaire, et même avec déclaration d'emploi... Je vais vous en lire les termes; ils sont énoncés dans l'exploit.

M. TURCARET.

Voyons si l'acte est en bonne forme.

M. FURET, après avoir mis des lunettes, lisant son exploit.

« Par-devant, etc., furent présents, en leurs per-
« sonnes, haut et puissant seigneur, George-Guillaume
« de Porcandorf, et dame Agnès-Ildegonde de La Do-
« linvillière, son épouse, de lui dûment autorisée à
« l'effet des présentes, lesquels ont reconnu devoir à
« Éloi-Jérôme Poussif, marchand de chevaux, la somme
« de dix mille livres... »

LA BARONNE l'interrompant.

Dix mille livres!

LISETTE.

La maudite obligation!

M. FURET continuant à lire son exploit.

« Pour un équipage fourni par ledit Poussif, con-
« sistant en douze mulets, quinze chevaux normands
« sous poil roux, et trois bardeaux d'Auvergne, ayant
« tous crins, queues et oreilles, et garnis de leurs bâts,
« selles, brides et licols... »

LISETTE l'interrompant.

Brides et licols! Est-ce à une femme à payer ces sortes de nippes-là?

M. TURCARET.

Ne l'interrompons point.... (à M. Furet.) Achevez, mon ami.

M. FURET *achevant de lire son exploit.*

« Au paiement desquelles dix mille livres lesdits
« débiteurs ont obligé, affecté et hypothéqué généra-
« lement tous leurs biens présents et à venir, sans
« division ni discussion, renonçant auxdits droits; et
« pour l'exécution des présentes, ont élu domicile
« chez Innocent-Blaise Le Juste, ancien procureur au
« Châtelet, demeurant rue du Bout-du-Monde. Fait
« et passé, etc. »

FRONTIN *à* M. Turcaret.

L'acte est-il en bonne forme, Monsieur?

M. TURCARET.

Je n'y trouve rien à redire que la somme.

M. FURET.

Que la somme, Monsieur? Oh! il n'y a rien à redire
à la somme; elle est fort bien énoncée.

M. TURCARET *à la baronne.*

Cela est chagrinant.

LA BARONNE.

Comment! chagrinant? Est-ce qu'il faudra qu'il
m'en coûte sérieusement dix mille livres pour avoir
signé?

LISETTE.

Voilà ce que c'est que d'avoir trop de complaisance
pour un mari! Les femmes ne se corrigeront-elles
jamais de ce défaut-là?

LA BARONNE.

Quelle injustice!.... (*à* M. Turcaret.) N'y a-t-il pas
moyen de revenir contre cet acte-là, monsieur Turcaret?

M. TURCARET.

Je n'y vois point d'apparence. Si dans l'acte vous

ACTE IV, SCÈNE VIII.

n'aviez pas expressément renoncé aux droits de division et de discussion, nous pourrions chicaner ledit Poussif.

LA BARONNE.

Il faut donc se résoudre à payer, puisque vous m'y condamnez, Monsieur. Je n'appelle pas de vos décisions.

FRONTIN bas à M. Turcaret.

Quelle déférence on a pour vos sentiments !

LA BARONNE à M. Turcaret.

Cela m'incommodera un peu ; cela dérangera la destination que j'avois faite de certain billet au porteur que vous savez.

LISETTE.

Il n'importe, payons, Madame : ne soutenons pas un procès contre l'avis de M. Turcaret.

LA BARONNE.

Le Ciel m'en préserve ! Je vendrois plutôt mes bijoux, mes meubles.

FRONTIN bas à M. Turcaret.

Vendre ses meubles, ses bijoux, et pour l'équipage d'un mari encore ! La pauvre femme !

M. TURCARET à la baronne.

Non, Madame, vous ne vendrez rien. Je me charge de cette dette-là ; j'en fais mon affaire.

LA BARONNE.

Vous vous moquez. Je me servirai de ce billet, vous dis-je.

M. TURCARET.

Il faut le garder pour un autre usage.

LA BARONNE.

Non, Monsieur, non ; la noblesse de votre procédé m'embarrasse plus que l'affaire même.

M. TURCARET.

N'en parlons plus, Madame; je vais, tout de ce pas, y mettre ordre.

FRONTIN.

La belle âme!..... (à M. Furet.) Suis-nous, sergent: on va te payer.

LA BARONNE à M. Turcaret.

Ne tardez pas, au moins. Songez que l'on vous attend.

M TURCARET.

J'aurai promptement terminé cela; et puis je reviendrai des affaires aux plaisirs.

(Il sort avec M. Furet et Frontin.)

SCÈNE IX.

LA BARONNE, LISETTE.

LISETTE à part.

Et nous vous renverrons des plaisirs aux affaires, sur ma parole! Les habiles fripons que messieurs Furet et Frontin! et la bonne dupe que M. Turcaret!

LA BARONNE.

Il me paroît qu'il l'est trop, Lisette.

LISETTE.

Effectivement, on n'a point assez de mérite à le faire donner dans le panneau.

LA BARONNE.

Sais-tu bien que je commence à le plaindre?

LISETTE.

Mort de ma vie! point de pitié indiscrète! Ne plaignons point un homme qui ne plaint personne.

LA BARONNE.

Je sens naître, malgré moi, des scrupules.

LISETTE.

Il faut les étouffer.

LA BARONNE.

J'ai peine à les vaincre.

LISETTE.

Il n'est pas encore temps d'en avoir ; et il vaut mieux sentir quelque jour des remords pour avoir ruiné un homme d'affaires que le regret d'en avoir manqué l'occasion.

SCÈNE X.

LA BARONNE, LISETTE, JASMIN.

JASMIN à la baronne.

C'est de la part de madame Dorimène.

LA BARONNE.

Faites entrer.

(Jasmin sort.)

SCÈNE XI.

LA BARONNE, LISETTE.

LA BARONNE.

Elle m'envoie peut-être proposer une partie de plaisir ; mais...

SCÈNE XII.

LA BARONNE, LISETTE, Mme JACOB.

Mme JACOB à la baronne.

Je vous demande pardon, Madame, de la liberté que je prends. Je revends à la toilette, et je me nomme madame Jacob. J'ai l'honneur de vendre quelquefois des dentelles et toutes sortes de pommades à madame Dorimène. Je viens de l'avertir que j'aurai tantôt un bon hasard; mais elle n'est point en argent, et elle m'a dit que vous pourriez vous en accommoder.

LA BARONNE.

Qu'est-ce que c'est?

Mme JACOB.

Une garniture de quinze cents livres, que veut revendre une fermière des regrats. Elle ne l'a mise que deux fois. La dame en est dégoûtée : elle la trouve trop commune; elle veut s'en défaire.

LA BARONNE.

Je ne serois pas fâchée de voir cette coiffure.

Mme JACOB.

Je vous l'apporterai dès que je l'aurai, Madame; je vous en ferai avoir bon marché.

LISETTE.

Vous n'y perdrez pas, madame est généreuse.

Mme JACOB.

Ce n'est pas l'intérêt qui me gouverne; et j'ai, Dieu merci, d'autres talents que de revendre à la toilette.

LA BARONNE.

J'en suis persuadée.

LISETTE à madame Jacob.

Vous en avez bien la mine.

Mme JACOB.

Eh! vraiment, si je n'avois pas d'autres ressources, comment pourrois-je élever mes enfants aussi honnêtement que je le fais! J'ai un mari, à la vérité, mais il ne sert qu'à faire grossir ma famille, sans m'aider à l'entretenir.

LISETTE.

Il y a bien des maris qui font tout le contraire

LA BARONNE.

Eh! que faites-vous donc, madame Jacob, pour fournir ainsi toute seule aux dépenses de votre famille?

Mme JACOB.

Je fais des mariages, ma bonne dame. Il est vrai que ce sont des mariages légitimes : ils ne produisent pas tant que les autres; mais, voyez-vous, je ne veux rien avoir à me reprocher.

LISETTE.

C'est fort bien fait.

Mme JACOB.

J'ai marié, depuis quatre mois, un jeune mousquetaire avec la veuve d'un auditeur des comptes. La belle union! ils tiennent tous les jours table ouverte; ils mangent la succession de l'auditeur le plus agréablement du monde.

LISETTE.

Ces deux personnes-là sont bien assorties.

Mme JACOB.

Oh! tous mes mariages sont heureux... (à la baronne.) Et si madame étoit dans le goût de se marier, j'ai en main le plus excellent sujet.

LA BARONNE.

Pour moi, madame Jacob?

Mme JACOB.

C'est un gentilhomme Limousin. La bonne pâte de mari! il se laissera mener par une femme comme un Parisien.

LISETTE à la baronne.

Voilà encore un bon hasard, Madame.

LA BARONNE.

Je ne me sens point en disposition d'en profiter; je ne veux pas sitôt me marier; je ne suis point encore dégoûtée du monde.

LISETTE à madame Jacob.

Oh bien! je le suis, moi, madame Jacob. Mettez-moi sur vos tablettes.

Mme JACOB.

J'ai votre affaire. C'est un gros commis qui a déjà quelque bien, mais peu de protection. Il cherche une jolie femme pour s'en faire.

LISETTE.

Le bon parti! voilà mon fait.

LA BARONNE, à madame Jacob.

Vous devez être riche, madame Jacob?

Mme JACOB.

Hélas! hélas! je devrois faire dans Paris une autre figure..... je devrois rouler carrosse, ma chère dame, ayant un frère comme j'en ai un dans les affaires.

LA BARONNE.

Vous avez un frère dans les affaires?

Mme JACOB.

Et dans les grandes affaires encore! Je suis sœur

ACTE IV, SCENE XII.

de M. Turcaret, puisqu'il faut vous le dire..... Il n'est pas que vous n'en ayez ouï parler?

LA BARONNE, avec étonnement.

Vous êtes sœur de M. Turcaret?

Mme JACOB.

Oui, Madame, je suis sa sœur de père et de mère même.

LISETTE, étonnée aussi.

M. Turcaret est votre frère, madame Jacob?

Mme JACOB.

Oui, mon frère, Mademoiselle, mon propre frère; et je n'en suis pas plus grande dame pour cela..... Je vous vois toutes deux bien étonnées; c'est sans doute à cause qu'il me laisse prendre toute la peine que je me donne?

LISETTE.

Eh! oui; c'est ce qui fait le sujet de notre étonnement.

Mme JACOB.

Il fait bien pis, le dénaturé qu'il est! il m'a défendu l'entrée de sa maison, et il n'a pas le cœur d'employer mon époux.

LA BARONNE.

Cela crie vengeance.

LISETTE, à madame Jacob.

Ah! le mauvais frère!

Mme JACOB.

Aussi mauvais frère que mauvais mari. N'a-t-il pas chassé sa femme de chez lui!

LA BARONNE.

Ils faisoient donc mauvais ménage?

Mme JACOB.

Ils le font encore, Madame : ils n'ont ensemble aucun commerce; et ma belle-sœur est en province.

LA BARONNE.

Quoi! M. Turcaret n'est pas veuf?

Mme JACOB.

Bon! il y a dix ans qu'il est séparé de sa femme à qui il fait tenir une pension à Valogne, afin de l'empêcher de venir à Paris.

LA BARONNE bas à Lisette.

Lisette?

LISETTE bas.

Par ma foi! Madame, voilà un méchant homme.

Mme JACOB.

Oh! le Ciel le punira tôt ou tard; cela ne lui peut manquer. J'ai déjà ouï dire dans une maison qu'il y avoit du dérangement dans ses affaires.

LA BARONNE.

Du dérangement dans ses affaires?

Mme JACOB.

Eh! le moyen qu'il n'y en ait pas : c'est un vieux fou, qui a toujours aimé toutes les femmes, hors la sienne. Il jette tout par les fenêtres, dès qu'il est amoureux, c'est un panier percé.

LISETTE bas à la baronne.

A qui le dit-elle, qui le sait mieux que nous?

Mme JACOB à la baronne.

Je ne sais à qui il est attaché présentement; mais il a toujours quelques demoiselles qui le plument, qui l'attrapent, et il s'imagine les attraper, lui, parce qu'il leur promet de les épouser. N'est-ce pas là un grand sot? qu'en dites-vous, Madame?

ACTE IV, SCÈNE XII. 477

LA BARONNE déconcertée.

Oui ; cela n'est pas tout-à-fait.....

Mme JACOB l'interrompant.

Oh! que j'en suis aise! Il le mérite bien, le malheureux! il le mérite bien. Si je connoissois sa maîtresse, j'irois lui conseiller de le piller, de le manger, de le ronger, de l'abîmer. (à Lisette.) N'en feriez-vous pas autant, Mademoiselle?

LISETTE.

Je n'y manquerois pas, madame Jacob.

Mme JACOB à la baronne.

Je vous demande pardon de vous étourdir ainsi de mes chagrins; mais, quand il m'arrive d'y faire réflexion, je me sens si pénétrée, que je ne puis me taire... Adieu, Madame; sitôt que j'aurai la garniture, je ne manquerai pas de vous l'apporter.

LA BARONNE.

Cela ne presse pas, Madame, cela ne presse pas.

(Madame Jacob sort.)

SCÈNE XIII.

LA BARONNE, LISETTE.

LA BARONNE.

Eh! bien, Lisette?

LISETTE.

Eh! bien, Madame?

LA BARONNE.

Aurois-tu deviné que M. Turcaret eût une sœur revendeuse à la toilette?

LISETTE.

Auriez-vous cru, vous, qu'il eût une vraie femme en province?

LA BARONNE.

Le traître! il m'avoit assuré qu'il étoit veuf, et je le croyois de bonne foi.

LISETTE.

Ah! le vieux fourbe!... (voyant rêver la baronne.) Mais, qu'est-ce donc que cela?... Qu'avez-vous?.... Je vous vois toute chagrine. Merci de ma vie! vous prenez la chose aussi sérieusement que si vous étiez amoureuse de M. Turcaret.

LA BARONNE.

Quoique je ne l'aime pas, puis-je perdre sans chagrin l'espérance de l'épouser? Le scélérat! il a une femme; il faut que je rompe avec lui.

LISETTE.

Oui; mais l'intérêt de votre fortune veut que vous le ruiniez auparavant. Allons, Madame, pendant que nous le tenons, brusquons son coffre-fort, saisissons ses billets; mettons M. Turcaret à feu et à sang; rendons-le enfin si misérable, qu'il puisse un jour faire pitié, même à sa femme, et redevenir frère de madame Jacob.

FIN DU QUATRIÈME ACTE.

ACTE V.

SCÈNE PREMIÈRE.

LISETTE seule.

La bonne maison que celle-ci pour Frontin et pour moi! Nous avons déjà soixante pistoles, et il nous en reviendra peut-être autant de l'acte solidaire. Courage! si nous gagnons souvent de ces petites sommes-là, nous en aurons à la fin une raisonnable.

SCÈNE II.

LA BARONNE, LISETTE.

LA BARONNE.

Il me semble que M. Turcaret devroit bien être de retour, Lisette.

LISETTE.

Il faut qu'il lui soit survenu quelque nouvelle affaire... (voyant entrer Flamand, sans le reconnoître d'abord, parce qu'il n'est plus en livrée.) Mais, que veut ce monsieur?

SCÈNE III.

LA BARONNE, LISETTE, FLAMAND.

LA BARONNE à Lisette.

Pourquoi laisse-t-on entrer sans avertir?

FLAMAND.

Il n'y a pas de mal à cela, Madame; c'est moi.

LISETTE à la baronne, en reconnoissant Flamand.

Eh! c'est Flamand, Madame; Flamand sans livrée! Flamand, l'épée au côté! quelle métamorphose!

FLAMAND.

Doucement, Mademoiselle, doucement! on ne doit pas, s'il vous plaît, m'appeler Flamand tout court. Je ne suis plus laquais de M. Turcaret, non; il vient de me faire donner un bon emploi, oui. Je suis présentement dans les affaires, dà! et, par ainsi, il faut m'appeler monsieur Flamand; entendez-vous?

LISETTE.

Vous avez raison, monsieur Flamand; puisque vous êtes devenu commis, on ne doit plus vous traiter comme un laquais.

FLAMAND montrant la baronne.

C'est à madame que j'en ai l'obligation; et je viens ici tout exprès pour la remercier. C'est une bonne dame qui a bien de la bonté pour moi de m'avoir fait bailler une bonne commission, qui me vaudra bien cent bons écus par chacun an, et qui est dans un bon pays encore; car c'est à Falaise, qui est une si bonne ville, et où il y a, dit-on, de si bonnes gens.

ACTE V, SCÈNE III.

LISETTE.

Il y a du bon dans tout cela, monsieur Flamand.

FLAMAND.

Je suis capitaine-concierge de la porte de Guibrai. J'aurai les clefs, et pourrai faire entrer et sortir tout ce qu'il me plaira. L'on m'a dit que c'étoit un bon droit que celui-là.

LISETTE.

Peste!

FLAMAND.

Oh! ce qu'il y a de meilleur, c'est que cet emploi-là porte bonheur à ceux qui l'ont; car ils s'y enrichissent tretous. M. Turcaret a, dit-on, commencé par-là.

LA BARONNE.

Cela est bien glorieux pour vous, monsieur Flamand, de marcher ainsi sur les pas de votre maître!

LISETTE à Flamand.

Et nous vous exhortons, pour votre bien, à être honnête comme lui.

FLAMAND à la baronne.

Je vous enverrai, Madame, de petits présents, de fois à autres.

LA BARONNE.

Non, mon pauvre Flamand, je ne te demande rien.

FLAMAND.

Oh! que si fait. Je sais bien comme les commis en usent avec les demoiselles qui les placent... Mais tout ce que je crains, c'est d'être révoqué; car, dans les commissions, on est grandement sujet à ça, voyez-vous!

LISETTE.

Cela est désagréable.

FLAMAND à la baronne.

Par exemple, le commis que l'on révoque aujourd'hui, pour me mettre à sa place, a eu cet emploi-là par le moyen d'une certaine dame que M. Turcaret a aimée et qu'il n'aime plus. Prenez bien garde, Madame, de me faire révoquer aussi.

LA BARONNE.

J'y donnerai toute mon attention, monsieur Flamand.

FLAMAND.

Je vous prie de plaire toujours à M. Turcaret, Madame.

LA BARONNE.

J'y ferai tout mon possible, puisque vous y êtes intéressé.

FLAMAND s'approchant de la baronne.

Mettez toujours de ce beau rouge, pour lui donner dans la vue...

LISETTE le repoussant.

Allez, monsieur le capitaine-concierge; allez à votre porte de Guibrai. Nous savons ce que nous avons à faire... Oui; nous n'avons pas besoin de vos conseils... Non; vous ne serez jamais qu'un sot. C'est moi qui vous le dis, da! entendez-vous?

(Flamand sort.)

SCÈNE IV.

LA BARONNE, LISETTE.

LA BARONNE.

Voilà le garçon le plus ingénu...

LISETTE l'interrompant.

Il y a pourtant long-temps qu'il est laquais; il devroit bien être déniaisé.

SCÈNE V.

LA BARONNE, LISETTE, JASMIN.

JASMIN à la baronne.

C'est M. le marquis avec une grosse et grande madame. (Il sort.)

SCÈNE VI.

LA BARONNE, LISETTE.

LA BARONNE.

C'est sa belle conquête. Je suis curieuse de la voir.

LISETTE.

Je n'en ai pas moins d'envie que vous; je m'en fais une plaisante image.

SCÈNE VII.

LA BARONNE, LE MARQUIS, Mme TURCARET, LISETTE.

LE MARQUIS à la baronne.

Je viens, ma charmante baronne, vous présenter une aimable dame; la plus spirituelle, la plus galante, la plus amusante personne... Tant de bonnes qualités, qui vous sont communes, doivent vous lier d'estime et d'amitié.

LA BARONNE.

Je suis très disposée à cette union... (bas à Lisette.) C'est l'original du portrait que le chevalier m'a sacrifié.

Mme TURCARET.

Je crains, Madame, que vous ne perdiez bientôt ces bons sentiments. Une personne du grand monde, du monde brillant, comme vous, trouvera peu d'agrément dans le commerce d'une femme de province.

LA BARONNE.

Ah! vous n'avez point l'air provincial, Madame; et nos dames le plus de mode n'ont pas des manières plus agréables que les vôtres.

LE MARQUIS en montrant madame Turcaret.

Ah! palsembleu! non. Je m'y connois, Madame; et vous conviendrez avec moi, en voyant cette taille et ce visage-là, que je suis le seigneur de France du meilleur goût.

Mme TURCARET.

Vous êtes trop poli, monsieur le marquis. Ces flatteries-là pourroient me convenir en province, où je brille assez, sans vanité. J'y suis toujours à l'affût des modes; on me les envoie toutes dès le moment qu'elles sont inventées, et je puis me vanter d'être la première qui ait porté des pretintailles dans la ville de Valogne.

LISETTE à part.

Quelle folle!

LA BARONNE.

Il est beau de servir de modèle à une ville comme celle-là.

MME TURCARET.

Je l'ai mise sur un pied! j'en ai fait un petit Paris, par la belle jeunesse que j'y attire.

LE MARQUIS avec ironie.

Comment un petit Paris? Savez-vous bien qu'il faut trois mois de Valogne pour achever un homme de cour?

MME TURCARET à la baronne.

Oh! je ne vis pas comme une dame de campagne, au moins. Je ne me tiens point enfermée dans un château; je suis trop faite pour la société. Je demeure en ville, et j'ose dire que ma maison est une école de politesse et de galanterie pour les jeunes gens.

LISETTE.

C'est une façon de collége pour toute la Basse-Normandie.

MME TURCARET à la baronne.

On joue chez moi, on s'y rassemble pour médire; on y lit tous les ouvrages d'esprit qui se font à Cherbourg, à Saint-Lô, à Coutances, et qui valent bien les ouvrages de Vire et de Caen. J'y donne aussi quelquefois des fêtes galantes, des soupés-collations. Nous avons des cuisiniers qui ne savent faire aucun ragoût, à la vérité; mais ils tirent les viandes si à propos, qu'un tour de broche de plus ou de moins, elles seroient gâtées.

LE MARQUIS.

C'est l'essentiel de la bonne chère... Ma foi vive Valogne pour le rôti!

MME TURCARET.

Et pour les bals, nous en donnons souvent. Que

l'on s'y divertit! Cela est d'une propreté! les dames de Valogne sont les premières dames du monde pour savoir l'art de se bien masquer, et chacune a son déguisement favori. Devinez quel est le mien.

LISETTE.

Madame se déguise en Amour, peut-être?

Mme TURCARET.

Oh! pour cela non.

LA BARONNE.

Vous vous mettez en Déesse apparemment, en Grâce?

Mme TURCARET.

En Vénus, ma chère, en Vénus.

LE MARQUIS ironiquement.

En Vénus? Ah! Madame, que vous êtes bien déguisée!

LISETTE à madame Turcaret.

On ne peut pas mieux.

SCÈNE VIII.

LA BARONNE, LE MARQUIS, Mme TURCARET, LE CHEVALIER, LISETTE.

LE CHEVALIER à la baronne.

Madame, nous aurons tantôt le plus ravissant concert..... (à part, apercevant madame Turcaret.) Mais, que vois-je?

Mme TURCARET à part.

O Ciel!

LA BARONNE bas à Lisette.

Je m'en doutois bien.

LE CHEVALIER au marquis.

Est-ce là cette dame dont tu m'as parlé, marquis?

LE MARQUIS.

Oui; c'est ma comtesse. Pourquoi cet étonnement?

LE CHEVALIER.

Oh! parbleu! je ne m'attendois pas à celui-là.

Mme TURCARET à part.

Quel contre-temps!

LE MARQUIS au chevalier.

Explique-toi, chevalier. Est-ce que tu connoîtrois ma comtesse?

LE CHEVALIER.

Sans doute; il y a huit jours que je suis en liaison avec elle.

LE MARQUIS.

Qu'entends-je! Ah! l'infidèle! l'ingrate!

LE CHEVALIER.

Et ce matin même elle a eu la bonté de m'envoyer son portrait.

LE MARQUIS.

Comment diable! elle a donc des portraits à donner à tout le monde?

SCÈNE IX.

LA BARONNE, LE MARQUIS, Mme TURCARET, LE CHEVALIER, Mme JACOB, LISETTE.

Mme JACOB à la baronne.

Madame, je vous apporte la garniture que j'ai promis de vous faire voir.

LA BARONNE.

Que vous prenez mal votre temps, madame Jacob! Vous me voyez en compagnie.

Mme JACOB.

Je vous demande pardon, Madame; je reviendrai une autre fois....... (apercevant madame Turcaret.) Mais, qu'est-ce que je vois? Ma belle-sœur ici! Madame Turcaret!

LE CHEVALIER.

Madame Turcaret!

LA BARONNE à madame Jacob.

Madame Turcaret!

LISETTE à madame Jacob.

Madame Turcaret!

LE MARQUIS à part.

Le plaisant incident!

Mme JACOB à madame Turcaret.

Par quelle aventure, Madame, vous rencontré-je en cette maison?

Mme TURCARET à part.

Payons de hardiesse... (à madame Jacob). Je ne vous connois pas, ma bonne.

Mme JACOB.

Vous ne connoissez pas madame Jacob?... Tredame! est-ce à cause que depuis dix ans vous êtes séparée de mon frère, qui n'a pu vivre avec vous, que vous feignez de ne me pas connoître?

LE MARQUIS.

Vous n'y pensez pas, madame Jacob; savez-vous bien que vous parlez à une comtesse?

Mme JACOB.

A une comtesse? Eh! dans quel lieu, s'il vous plaît,

est sa comté ? Ah ! vraiment, j'aime assez ces gros airs-là

MME TURCARET.

Vous êtes une insolente, ma mie.

MME JACOB.

Une insolente ! moi ! je suis une insolente !... Jour de Dieu ! ne vous y jouez pas ! S'il ne tient qu'à dire des injures, je m'en acquitterai aussi bien que vous.

MME TURCARET.

Oh ! je n'en doute pas : la fille d'un maréchal de Domfront ne doit point demeurer en reste de sottises.

MME JACOB.

La fille d'un maréchal ? Pardi ! voilà une dame bien relevée pour venir me reprocher ma naissance ? Vous avez apparemment oublié que M. Briochais, votre père, étoit pâtissier dans la ville de Falaise. Allez, madame la comtesse, puisque comtesse y a, nous nous connoissons toutes deux.... Mon frère rira bien quand il saura que vous avez pris ce nom burlesque, pour venir vous requinquer à Paris. Je voudrois, par plaisir, qu'il vînt ici tout à l'heure.

LE CHEVALIER.

Vous pourrez avoir ce plaisir-là, Madame ; nous attendons, à souper, M. Turcaret.

MME TURCARET à part.

Aïe !

LE MARQUIS à madame Jacob.

Et vous souperez aussi avec nous, madame Jacob, car j'aime les soupers de famille.

MME TURCARET à part.

Je suis au déséspoir d'avoir mis le pied dans cette maison.

LISETTE à part.

Je le crois bien.

Mme TURCARET à part voulant sortir.

J'en vais sortir tout à l'heure.

LE MARQUIS l'arrêtant.

Vous ne vous en irez pas, s'il vous plaît, que vous n'ayez vu M. Turcaret.

Mme TURCARET.

Ne me retenez point, monsieur le marquis, ne me retenez point.

LE MARQUIS.

Oh! palsembleu! mademoiselle Briochais, vous ne sortirez point, comptez là-dessus.

LE CHEVALIER.

Eh! marquis, cesse de l'arrêter.

LE MARQUIS.

Je n'en ferai rien. Pour la punir de nous avoir trompés tous deux, je la veux mettre aux prises avec son mari.

LA BARONNE.

Non, marquis, de grâce, laissez-la sortir.

LE MARQUIS.

Prière inutile : tout ce que je puis faire pour vous, Madame, c'est de lui permettre de se déguiser en Vénus, afin que son mari ne la reconnoisse pas.

LISETTE voyant arriver M. Turcaret.

Ah! par ma foi, voici M. Turcaret.

Mme JACOB à part.

J'en suis ravie.

Mme TURCARET à part.

La malheureuse journée!

LA BARONNE à part.

Pourquoi faut-il que cette scène se passe chez moi?

LE MARQUIS à part.

Je suis au comble de la joie.

SCÈNE X.

LA BARONNE, LE MARQUIS, Mᵐᵉ TURCARET, LE CHEVALIER, M. TURCARET, Mᵐᵉ JACOB, LISETTE.

M. TURCARET à la baronne.

J'ai renvoyé l'huissier, Madame, et terminé.. (à part apercevant sa sœur.) Ah! en croirai-je mes yeux? Ma sœur ici!... (apercevant sa femme.) et, qui pis est, ma femme!

LE MARQUIS.

Vous voilà en pays de connoissance, monsieur Turcaret... (montrant madame Turcaret.) Vous voyez une belle comtesse dont je porte les chaînes; vous voulez bien que je vous la présente, sans oublier madame Jacob?

Mᵐᵉ JACOB à M. Turcaret.

Ah! mon frère!

M. TURCARET.

Ah! ma sœur!... (à part.) Qui diable les a amenées ici?

LE MARQUIS.

C'est moi, M. Turcaret, vous m'avez cette obligation-là. Embrassez ces deux objets chéris... Ah! qu'il paroît ému! J'admire la force du sang et de l'amour conjugal.

M. TURCARET à part.

Je n'ose la regarder; je crois voir mon mauvais génie.

MME TURCARET à part.

Je ne puis l'envisager sans horreur.

LE MARQUIS à M. et à madame Turcaret.

Ne vous contraignez point, tendres époux; laissez éclater toute la joie que vous devez sentir de vous revoir après dix années de séparation.

LA BARONNE à M. Turcaret.

Vous ne vous attendiez pas, Monsieur, à rencontrer ici madame Turcaret; et je conçois bien l'embarras où vous êtes. Mais pourquoi m'avoir dit que vous étiez veuf.

LE MARQUIS.

Il vous a dit qu'il étoit veuf? Eh! parbleu! sa femme m'a dit aussi qu'elle étoit veuve. Ils ont la rage tous deux de vouloir être veufs.

LA BARONNE à M. Turcaret.

Parlez, pourquoi m'avez-vous trompée?

M. TURCARET interdit.

J'ai cru, Madame... qu'en vous faisant accroire que... je croyois être veuf... vous croiriez que... je n'aurois point de femme... (à part.) J'ai l'esprit troublé, je ne sais ce que je dis.

LA BARONNE.

Je devine votre pensée, Monsieur, et je vous pardonne une tromperie que vous avez cru nécessaire pour vous faire écouter. Je passerai même plus avant. Au lieu d'en venir aux reproches, je veux vous raccommoder avec madame Turcaret.

M. TURCARET.

Qui? moi! Madame. Oh! pour cela non. Vous ne la connoissez pas; c'est un démon. J'aimerois mieux vivre avec la femme du Grand-Mogol.

ACTE V, SCÈNE X.

MME TURCARET.

Oh! Monsieur, ne vous en défendez pas tant. Je n'en ai pas plus d'envie que vous au moins; et je ne viendrois point à Paris troubler vos plaisirs, si vous étiez plus exact à payer la pension que vous me faites pour me tenir en province.

LE MARQUIS à M. Turcaret.

Pour la tenir en province!... Ah! monsieur Turcaret, vous avez tort; madame mérite qu'on lui paie les quartiers d'avance.

MME TURCARET.

Il m'en est dû cinq. S'il ne me les donne pas, je ne pars point; je demeure à Paris, pour le faire enrager. J'irai chez ses maîtresses faire un charivari; et je commencerai par cette maison-ci, je vous en avertis.

M. TURCARET à part.

Ah! l'insolente.

LISETTE à part.

La conversation finira mal.

LA BARONNE à madame Turcaret.

Vous m'insultez, Madame.

MME TURCARET.

J'ai des yeux, Dieu merci, j'ai des yeux; je vois bien tout ce qui se passe en cette maison. Mon mari est la plus grande dupe...

M. TURCARET l'interrompant.

Quelle impudence! Ah! ventrebleu! coquine! sans le respect que j'ai pour la compagnie...

LE MARQUIS l'interrompant.

Qu'on ne vous gêne point, monsieur Turcaret. Vous êtes avec vos amis; usez-en librement.

LE CHEVALIER à M. Turcaret, en se mettant entre lui et sa femme.

Monsieur...

LA BARONNE à madame Turcaret.

Songez que vous êtes chez moi.

SCÈNE XI.

LA BARONNE, LE MARQUIS, Mme TURCARET, LE CHEVALIER, M. TURCARET, Mme JACOB, LISETTE, JASMIN.

JASMIN à M. Turcaret.

Il y a, dans un carrosse qui vient de s'arrêter à la porte, deux gentilshommes qui se disent de vos associés : ils veulent vous parler d'une affaire importante.

(Il sort.)

SCÈNE XII.

LA BARONNE, LE MARQUIS, Mme TURCARET, LE CHEVALIER, M. TURCARET, Mme JACOB, LISETTE.

M. TURCARET à madame Turcaret.

Ah! je vais revenir... Je vous apprendrai, impudente, à respecter une maison...

Mme TURCARET l'interrompant.

Je crains peu vos menaces.

(M. Turcaret sort.)

SCÈNE XIII.

LA BARONNE, LE MARQUIS, Mme TURCARET, LE CHEVALIER, M^{nr} JACOB, LISETTE.

LE CHEVALIER à madame Turcaret.

Calmez votre esprit agité, Madame; que M. Turcaret vous retrouve adoucie.

Mme TURCARET.

Oh! tous ses emportements ne m'épouvantent point.

LA BARONNE.

Nous allons l'apaiser en votre faveur.

Mme TURCARET.

Je vous entends, Madame. Vous voulez me réconcilier avec mon mari, afin que, par reconnoissance, je souffre qu'il continue à vous rendre des soins.

LA BARONNE.

La colère vous aveugle. Je n'ai pour objet que la réunion de vos cœurs : je vous abandonne M. Turcaret; je ne veux le revoir de ma vie.

Mme TURCARET.

Cela est trop généreux.

LE MARQUIS au chevalier, en montrant la baronne.

Puisque Madame renonce au mari, de mon côté je renonce à la femme. Allons, renonces-y aussi, chevalier. Il est beau de se vaincre soi-même.

SCÈNE XIV.

LA BARONNE, LE MARQUIS, Mme TURCARET, LE CHEVALIER, Mme JACOB, LISETTE, FRONTIN.

FRONTIN à part.

O malheur imprévu! ô disgrâce cruelle!

LE CHEVALIER.

Qu'y a-t-il, Frontin?

FRONTIN.

Les associés de M. Turcaret ont mis garnison chez lui, pour deux cent mille écus que leur emporte un caissier qu'il a cautionné... Je venois ici en diligence, pour l'avertir de se sauver; mais je suis arrivé trop tard : ses créanciers se sont déjà assurés de sa personne.

Mme JACOB à part.

Mon frère entre les mains de ses créanciers!... Tout dénaturé qu'il est, je suis touchée de son malheur. Je vais employer pour lui tout mon crédit; je sens que je suis sa sœur.

(Elle sort.)

SCÈNE XV.

LA BARONNE, LE MARQUIS, Mme TURCARET, LE CHEVALIER, LISETTE, FRONTIN.

Mme TURCARET à part.

Et moi, je vais le chercher pour l'accabler d'injures; je sens que je suis sa femme.

(Elle sort.)

SCÈNE XVI.

LA BARONNE, LE MARQUIS, LE CHEVALIER, LISETTE, FRONTIN.

FRONTIN au chevalier.

Nous envisagions le plaisir de le ruiner; mais la justice est jalouse de ce plaisir-là : elle nous a prévenus.

LE MARQUIS.

Bon! bon! il a de l'argent de reste pour se tirer d'affaire.

FRONTIN.

J'en doute. On dit qu'il a follement dissipé des biens immenses ; mais ce n'est pas ce qui m'embarrasse à présent : ce qui m'afflige, c'est que j'étois chez lui quand ses associés y sont venus mettre garnison.

LE CHEVALIER.

Eh bien!

FRONTIN.

Eh bien, Monsieur, ils m'ont aussi arrêté et fouillé, pour voir si par hasard je ne serois point chargé de quelque papier qui pût tourner au profit des créanciers... (montrant la baronne.) Ils se sont saisis, à telle fin que de raison, du billet de madame, que vous m'avez confié tantôt.

LE CHEVALIER.

Qu'entends-je ? juste Ciel!

FRONTIN.

Ils m'en ont pris encore un autre de dix mille francs,

que M. Turcaret avoit donné pour l'acte solidaire, et que M. Furet venoit de me remettre entre les mains.

LE CHEVALIER.

Eh! pourquoi, maraud! n'as-tu pas dit que tu étois à moi?

FRONTIN.

Oh! vraiment, Monsieur, je n'y ai pas manqué. J'ai dit que j'appartenois à un chevalier; mais, quand ils ont vu les billets, ils n'ont pas voulu me croire.

LE CHEVALIER.

Je ne me possède plus; je suis au désespoir!

LA BARONNE.

Et moi, j'ouvre les yeux. Vous m'avez dit que vous aviez chez vous l'argent de mon billet. Je vois par-là que mon brillant n'a point été mis en gage; et je sais ce que je dois penser du beau récit que Frontin m'a fait de votre fureur d'hier au soir. Ah! chevalier, je ne vous aurois pas cru capable d'un pareil procédé... (*regardant Lisette.*) J'ai chassé Marine parce qu'elle n'étoit pas dans vos intérêts, et je chasse Lisette parce qu'elle y est... Adieu; je ne veux de ma vie entendre parler de vous.

(Elle se retire dans l'intérieur de son appartement.)

SCÈNE XVII.

LE MARQUIS, LE CHEVALIER, FRONTIN, LISETTE.

LE MARQUIS *riant, au chevalier, qui a l'air tout déconcerté.*

Ah! ah! ma foi, chevalier, tu me fais rire. Ta consternation me divertit... Allons souper chez le traiteur, et passer la nuit à boire.

FRONTIN *au chevalier.*

Vous suivrai-je, Monsieur?

LE CHEVALIER.

Non, je te donne ton congé. Ne t'offre jamais à mes yeux.

(Il sort avec le marquis.)

SCÈNE XVIII ET DERNIÈRE.

FRONTIN, LISETTE.

LISETTE.

Et nous, Frontin, quel parti prendrons-nous?

FRONTIN.

J'en ai un à te proposer. Vive l'esprit, mon enfant! je viens de payer d'audace; je n'ai point été fouillé.

LISETTE.

Tu as les billets?

FRONTIN.

J'en ai déjà touché l'argent; il est en sûreté : j'ai

quarante mille francs. Si ton ambition veut se borner à cette petite fortune, nous allons faire souche d'honnêtes gens.

LISETTE.

J'y consens.

FRONTIN.

Voilà le règne de M. Turcaret fini ; le mien va commencer.

FIN DU CINQUIÈME ET DERNIER ACTE.

CRITIQUE

DE

LA COMÉDIE DE TURCARET,

PAR LE DIABLE BOITEUX.

CRITIQUE

DE LA COMÉDIE

DE TURCARET,

PAR LE DIABLE BOITEUX.

DIALOGUE.

ASMODÉE, DON CLÉOPHAS.

ASMODÉE.

Puisque mon magicien m'a remis en liberté, je vais vous faire parcourir tout le monde, et je prétends chaque jour offrir à vos yeux de nouveaux objets.

DON CLÉOPHAS.

Vous aviez bien raison de me dire que vous alliez bon train, tout boiteux que vous êtes; comment diable! nous étions tout à l'heure à Madrid. Je n'ai fait que souhaiter d'être à Paris, et je m'y trouve. Ma foi, seigneur Asmodée, c'est un plaisir de voyager avec vous.

ASMODÉE.

N'est-il pas vrai?

DON CLÉOPHAS.

Assurément. Mais dites-moi, je vous prie, dans quel lieu vous m'avez transporté? Nous voici sur un théâtre, je vois des décorations, des loges, un parterre ; il faut que nous soyons à la comédie.

ASMODÉE.

Vous l'avez dit ; et l'on va représenter tout à l'heure une pièce nouvelle, dont j'ai voulu vous donner le divertissement. Nous pouvons, sans crainte d'être vus ni écoutés, nous entretenir en attendant qu'on commence.

DON CLÉOPHAS.

La belle assemblée ! que de dames !

ASMODÉE.

Il y en auroit encore davantage, sans les spectacles de la Foire : la plupart des femmes y courent avec fureur. Je suis ravi de les voir dans le goût de leurs laquais et de leurs cochers ; c'est à cause de cela que je m'oppose au dessein des comédiens. J'inspire tous les jours de nouvelles chicanes aux bateleurs. C'est moi qui leur ai fourni le Suisse.

DON CLÉOPHAS.

Que voulez-vous dire par votre Suisse ?

ASMODÉE.

Je vous expliquerai cela une autre fois ; ne soyons présentement occupés que de ce qui frappe nos yeux. Remarquez-vous combien on a de peine à trouver des places ? Savez-vous ce qui fait la foule ? C'est que c'est aujourd'hui la première représentation d'une comédie où l'on joue un homme d'affaires. Le public aime à rire aux dépens de ceux qui le font pleurer.

DON CLÉOPHAS.

C'est-à-dire que les gens d'affaires sont tous des......

ASMODÉE.

C'est ce qui vous trompe ; il y a de fort honnêtes

gens dans les affaires : j'avoue qu'il n'y en a pas un très grand nombre : mais il y en a qui, sans s'écarter des principes de l'honneur et de la probité, ont fait ou font actuellement leur chemin, et dont la robe et l'épée ne dédaignent pas l'alliance. L'auteur respecte ceux-là. Effectivement il auroit tort de les confondre avec les autres. Enfin il y a d'honnêtes gens dans toutes les professions. Je connois même des commissaires et des greffiers qui ont de la conscience.

DON CLÉOPHAS.

Sur ce pied-là cette comédie n'offense point les honnêtes gens qui sont dans les affaires.

ASMODÉE.

Comme le Tartuffe que vous avez lu offense les vrais dévots. Hé! pourquoi les gens d'affaires s'offenseroient-ils de voir sur la scène un sot, un fripon de leur corps? Cela ne tombe point sur le général. Ils seroient donc plus délicats que les courtisans et les gens de robe, qui voient tous les jours avec plaisir représenter des marquis fats et des juges ignorants et corruptibles.

DON CLÉOPHAS.

Je suis curieux de savoir de quelle manière la pièce sera reçue ; apprenez-le-moi, de grâce, par avance.

ASMODÉE.

Les diables ne connoissent point l'avenir; je vous l'ai déjà dit ; mais quand nous aurions cette connoissance, je crois que le succès des comédies en seroit excepté, tant il est impénétrable.

DON CLÉOPHAS.

L'auteur et les comédiens se flattent sans doute qu'elle réussira.

ASMODÉE.

Pardonnez-moi. Les comédiens n'en ont pas bonne opinion ; et leurs pressentiments, quoiqu'ils ne soient pas infaillibles, ne laissent pas d'effrayer l'auteur, qui s'est allé cacher aux troisièmes loges, où, pour surcroît de chagrin, il vient d'arriver auprès de lui un caissier et un agent-de-change qui disent avoir ouï parler de sa pièce, et qui la déchirent impitoyablement. Par bonheur pour lui, il est si sourd qu'il n'entend pas la moitié de leurs paroles.

DON CLÉOPHAS.

Oh ! je crois qu'il y a bien des caissiers et des agents-de-change dans cette assemblée.

ASMODÉE.

Oui, je vous assure ; je ne vois partout que des cabales de commis et d'auteurs, que des siffleurs dispersés et prêts à se répondre.

DON CLÉOPHAS.

Mais l'auteur n'a-t-il pas aussi ses partisans ?

ASMODÉE.

Oh ! qu'oui ! Il a ici tous ses amis, avec les amis de ses amis. De plus on a répandu dans le parterre quelques grenadiers de police pour tenir les commis en respect ; cependant avec tout cela je ne voudrois pas répondre de l'événement. Mais, taisons-nous, les acteurs paroissent. Vous entendez assez le françois pour juger de la pièce : écoutons-la ; et après que le parterre en aura décidé, nous réformerons son jugement, ou nous le confirmerons.

CONTINUATION DU DIALOGUE.

ASMODÉE, DON CLÉOPHAS.

ASMODÉE.

Hé bien, seigneur don Cléophas, que pensez-vous de cette comédie ? Elle vient de réussir en dépit des cabales; les ris sans cesse renaissants des personnes qui se sont livrées au spectacle ont étouffé la voix des commis et des auteurs.

DON CLÉOPHAS.

Oui ; mais je crois qu'ils vont bien se donner carrière présentement, et se dédommager du silence qu'ils ont été obligés de garder.

ASMODÉE.

N'en doutez point : les voilà déjà qui forment des pelotons dans le parterre, et qui répandent leur venin ; j'aperçois, entre autres, trois chefs de meutes, trois beaux esprits qui vont entraîner dans leur sentiment quelques petits génies qui les écoutent ; mais je vois à leurs trousses deux amis de l'auteur. Grande dispute; on s'échauffe de part et d'autre. Les uns disent de la pièce plus de mal qu'ils n'en pensent, et les autres en pensent moins de bien qu'ils n'en disent.

DON CLÉOPHAS.

Hé ! quels défauts y trouvent les critiques ?

ASMODÉE.

Cent mille.

DON CLÉOPHAS.

Mais encore?

ASMODÉE.

Ils disent que tous les personnages en sont vicieux, et que l'auteur a peint les mœurs de trop près.

DON CLÉOPHAS.

Ils n'ont, parbleu, pas tout le tort; les mœurs m'ont paru un peu gaillardes.

ASMODÉE.

Il est vrai; j'en suis assez content. La baronne tire fort sur votre dona Thomasa. J'aime à voir dans les comédies régner mes héroïnes; mais je n'aime pas qu'on les punisse au dénoûment; cela me chagrine. Heureusement il y a bien des pièces françoises où l'on m'épargne ce chagrin-là.

DON CLÉOPHAS.

Je vous entends. Vous n'approuvez pas que la baronne soit trompée dans son attente, que le chevalier perde toutes ses espérances, et que Turcaret soit arrêté : vous voudriez qu'ils fussent tous contents; car enfin leur châtiment est une leçon qui blesse vos intérêts.

ASMODÉE.

J'en conviens; mais ce qui me console, c'est que Lisette et Frontin sont bien récompensés.

DON CLÉOPHAS.

La belle récompense ! Les bonnes dispositions de Frontin ne font-elles pas assez prévoir que son règne finira comme celui de Turcaret.

ASMODÉE.

Vous êtes trop pénétrant. Venons au caractère de Turcaret; qu'en dites-vous?

DON CLÉOPHAS.

Je dis qu'il est manqué, si les gens d'affaires sont tels qu'on me les a dépeints. Les affaires ont des mystères qui ne sont point ici développés.

ASMODÉE.

Au grand Satan ne plaise que ces mystères se découvrent. L'auteur m'a fait plaisir de montrer simplement l'usage que mes partisans font des richesses que je leur fais acquérir.

DON CLÉOPHAS.

Vos partisans sont donc bien différents de ceux qui ne le sont pas?

ASMODÉE.

Oui, vraiment. Il est aisé de reconnoître les miens ils s'enrichissent par l'usure, qu'ils n'osent plus exercer que sous le nom d'autrui quand ils sont riches; ils prodiguent leurs richesses lorsqu'ils sont amoureux, et leurs amours finissent par la fuite ou par la prison.

DON CLÉOPHAS.

A ce que je vois, c'est un de vos amis que l'on vient de jouer. Mais, dites-moi, seigneur Asmodée, quel bruit est-ce que j'entends auprès de l'orchestre?

ASMODÉE.

C'est un cavalier espagnol, qui crie contre la sécheresse de l'intrigue.

DON CLÉOPHAS.

Cette remarque convient à un Espagnol. Nous ne sommes point accoutumés, comme les François, à des pièces de caractère, lesquelles sont pour la plupart fort foibles de ce côté-là.

ASMODÉE.

C'est en effet le défaut ordinaire de ces sortes de pièces ; elles ne sont point assez chargées d'événements. Les auteurs veulent toute l'attention du spectateur pour le caractère qu'ils dépeignent, et regardent comme des sujets de distraction les intrigues trop composées. Je suis de leur sentiment, pourvu que d'ailleurs la pièce soit intéressante.

DON CLÉOPHAS.

Mais celle-ci ne l'est point.

ASMODÉE.

Hé! c'est le plus grand défaut que j'y trouve. Elle seroit parfaite, si l'auteur avoit su engager à aimer les personnages ; mais il n'a pas eu assez d'esprit pour cela. Il s'est avisé mal à propos de rendre le vice haïssable. Personne n'aime la baronne, le chevalier ni Turcaret ; ce n'est pas là le moyen de faire réussir une comédie.

DON CLÉOPHAS.

Elle n'a pas laissé de me divertir ; j'ai eu le plaisir de voir bien rire ; je n'ai remarqué qu'un homme et une femme qui aient gardé leur sérieux ; les voilà encore dans leur loge : qu'ils ont l'air chagrin ! ils ne paroissent guère contents.

ASMODÉE.

Il faut le leur pardonner : c'est un Turcaret avec sa baronne. En récompense on a bien ri dans la loge voisine. Ce sont des personnes de robe qui n'ont point de Turcaret dans leur famille. Mais le monde achève de s'écouler ; sortons. Allons à la Foire voir de nouveaux visages.

DON CLÉOPHAS.

Je le veux. Mais apprenez-moi auparavant qui est cette jolie femme qui paroît aussi malsatisfaite.

ASMODÉE.

C'est une dame que les glaces et les porcelaines brisées par Turcaret ont étrangement révoltée. Je ne sais si c'est à cause que la même scène s'est passée chez elle ce carnaval.

FIN DU ONZIÈME VOLUME.

www.ingramcontent.com/pod-product-compliance
Lightning Source LLC
Chambersburg PA
CBHW051405230426
43669CB00011B/1768